ACADEMIA **S**OCIETY　杉田 米行 監修　　　　NO.**9**

北東アジアのことばと人々

樋口 謙一郎 編著

大学教育出版

まえがき

　北東アジアの言語文化、言語政策については、個別の国・地域に関する専門研究書は数多く刊行されているが、網羅的でありながら入門書としても読める書籍は限られているように思う。大阪大学の杉田米行教授より、本書を大学教育出版の AS シリーズに収めるようにとお勧めいただいたのは大変光栄で、ありがたいことだった。それまで編者は、勤務校で「言語文化論」という科目を担当しており、この科目が 2012 年度から「アジアのことば」という名称に変わることになっていた。しかし、ちょうどよい教材がなかなか見当たらず、自作のパワーポイント資料で対処していたのである。本書は、編者の講義の参考教材としての利用を考えて編んだが、一般読者の方々にも関心を持っていただければ大変幸いである。

　編者は現在、文化情報学部というところに勤務しているが、社会や日常生活に情報技術が浸透し、その活用が進んでいくなかで感じられるのは、時間的、距離的制約の大幅な減少である。研究室や自宅にいながら海外のメディア情報や学術文献にアクセスすることができ、SNS を使って外国の友人と常に情報交換をすることもでき、外国出張に行こうと思えば、自分のパソコンで航空券もホテルも数分のうちに予約できる。ところが、そのように情報化によって「便利な」時代になったといっても、現今の日中関係や日韓関係を持ちだすまでもなく、さまざまなレベルの外交や国際理解の上では、依然として、あるいは以前にも増して多くの困難がある。情報化によって時間・距離の制約が少なくなったとしたら、なおさら、私たちは情報の先にいる人々の心にふれ、互いの気持ちやその背景を考えていく必要があるのではないか。「情報」を学び、使う者は、さまざまな「文化」を知ることも大事なのである。「文化情報学部」の存在意義はこのようなところにあると編者は考えており、「アジアのことば」の講義も、そのような考え方のもと、情報化によって「近くなった」アジア諸国の人々を知り、そのことばについて考えるものにしたい。

　本書に収められた各章の著者はそれぞれ当該分野の専門家であり、大変忙し

いなか、執筆や編者の修正依頼に快く応じてくれた。なかには、普段はあまり交流がないが、本書の編集作業を通じてさまざまに御指導いただいた方々もおられる。大変うれしく、ありがたい。

お寄せいただいた原稿は、基本的に著者の意向通り掲載しているが、気づいた範囲で修正させていただいたところもある。注なども必要に応じて削除し、著者の了解を得た。ただ、各論稿の内容は多様であり、編者としては、各論稿のトーンや文体を整えた以外には、一貫性や一体感を強調することはしなかった。したがって、本書に収録された各論稿の情報・見解が執筆陣の総意というわけではないが、北東アジアのことばと人々に対するさまざまな考え方が反映される方がよいと考えた次第である。

本章のなかで、台湾の章を設けることができなかったのは残念だった。また、日本についても、沖縄やアイヌ、各地の方言などについても紹介したい事柄が多く、本書を増補する機会があれば、これらの点を改善したい。他方、北朝鮮の章や手話の章の内容は、まとまったかたちで目にすることが比較的少ないのではないかと思われ、本書の特色となると考えている。

このような書籍を公刊できるのは、大学教育出版の佐藤守社長、そして編集を担当してくださった同社の安田愛氏の御尽力のおかげである。また、このASシリーズを監修されている大阪大学の杉田米行先生からは、ASシリーズにお声がけいただき、最終原稿の段階でも貴重な御助言をいただいた。専門も出身も違う編者にさまざまなチャンスを与えてくださり、感謝の念にたえない。

当初、2012年中に本書を刊行することを目指していたが、諸般の事情で大変遅くなってしまった。監修者、著者、出版者の皆様にお詫び申し上げる。ようやくここに刊行の運びとなり、いまの正直な気持ちはといえば「ほっとした」の一言に尽きる。

最後に、本書における研究は、椙山女学園大学の学園研究費（B）、同（C）の成果の一部である。ここに記し、関係者に御礼申し上げる。

2013年7月

樋口謙一郎

北東アジアのことばと人々

目　次

まえがき ··· i

第1部　近隣諸国・地域のことばと人々

第1章　韓国のことばと言語政策・瞥見 ······················· 樋口謙一郎…2
　　1. 韓国の概況　2
　　2. 韓国語とはどのようなことばか　3
　　3. 韓国の「国語」政策　10
　　4. 韓国人と英語　13
　　むすびにかえて　16

第2章　北朝鮮のことばとしての「朝鮮語」················ 斉藤竜成…22
　　1. 北朝鮮の現勢　22
　　2. 現地語　25
　　3. 北朝鮮における「朝鮮語」の現在　34
　　4. 外国語教育　37
　　むすびにかえて―北朝鮮のアナウンサー―　39

第3章　中国における日本語熱―表象の裏を読み解く―
　　　　 ··· 田　雁（三嶋信行・訳）…44
　　1. 日本語熱の表象　44
　　2. 表象を読み解く　46
　　3. 表象の裏にある文化的背景　48
　　4. 日本語の複合型　51

第4章　中国のことばと言語政策・概観 ········· 田　雁・樋口謙一郎…55
　　1. 中国語とはどのような言語か　55
　　2. 中国の文字・「方言」・少数民族語　56

3. 言語政策　*57*
　　4. 英語教育政策　*62*

第5章　香港のことばと教育 …………………… 江　仁傑・樋口謙一郎…*64*
　　1. 公用語―「両文三語」―　*64*
　　2. 東南アジア系コミュニティのことば　*69*
　　3. 香港の言語政策　*71*
　　むすびにかえて　*78*

第6章　ロシア文化のなかのことば ………………………… 桜井厚二…*83*
　　はじめに　*83*
　　1. ロシア語の基本的特徴　*84*
　　2. ロシア社会・文化とロシア語　*92*
　　3. ロシアの外国語教育　*99*
　　4. 日ロ関係と日本語教育　*102*
　　おわりに　*103*

第2部　「日本のことば」を考える

第7章　日本の言語政策と言語使用 ……………………… 江　仁傑…*108*
　　はじめに　*108*
　　1. 日本語―標準語、敬語、国語教育―　*108*
　　2. アイヌ語と沖縄語　*114*
　　3. 英語教育の変遷　*117*
　　4. その他の外国語　*119*
　　おわりに　*121*

第8章　日本の英語教師―期待される英語教師像とその言語観―
　　　　　　　　　　　　　　　　　　　　　　　　仲　潔…127
　　はじめに　127
　　1. 制度的側面における英語教師の言語観　128
　　2. 現職英語教員の言語観　134
　　おわりに　146

第9章　「英語社内公用語」とはなにか―ビジネス雑誌記事タイトルに見られる英語観―……………………………柴田亜矢子…151
　　はじめに　151
　　1. 日本における英語公用語論の歴史的背景とその特徴　151
　　2. 英語の社内公用語化　153
　　3. 英語社内公用語ディスコース　156
　　おわりに　166

第3部　北東アジアにおけることばのダイナミズム

第10章　ろう者と手話―日本と中国の手話事情―
　　　　　　　　　………………………加藤三保子・小林昌之…170
　　1. 「ろう者」とは　170
　　2. 日本における「ろうコミュニティ」の形成　171
　　3. 一般社会への手話の広がり　172
　　4. 中国のろう者と手話　178
　　5. 手話とジェスチャー　185
　　6. ろう教育と手話　189
　　7. 言語的・文化的少数者としての「ろう」　193
　　おわりに　195

第11章　北東アジアにおける高等教育の国際化と英語プログラム
　　　　　　………………………………………………… 嶋内佐絵…*199*

1. 高等教育の国際化と言語　*199*
2. 高等教育における教授媒介言語としての英語の導入　*200*
3. 日中韓における高等教育国際化と英語による学位プログラムの発展　*202*
4. 地域的高等教育交流と共通言語のあり方　*206*
5. 英語＋北東アジア言語の学び　*210*

第12章　新渡戸稲造と「英語」
　　　　―「英学」との接触・「英文学」からの脱却―… 小林竜一…*218*

はじめに　*218*

1. 東京英語学校生としての新渡戸稲造―「英学」の黎明とM・M・スコット―　*218*
2. 札幌農学校生としての新渡戸稲造―「英文学」とJ・C・カッター―　*221*
3. コックスへの反発とアメリカ留学　*224*

おわりに―「文学」から「文化」へ―　*226*

執筆者・翻訳者紹介 ……………………………………………………… *230*

第1部

近隣諸国・地域のことばと人々

第1章

韓国のことばと言語政策・瞥見

1. 韓国の概況

　朝鮮半島は現在、南北に分断されている。1945年8月、日本が連合国のポツダム宣言を受諾することにより、朝鮮半島は、35年間にわたる日本統治から解放された。しかし、北緯38度線を境として、南では米軍、北ではソ連軍がそれぞれ占領を行った。その後、南には1948年8月15日に大韓民国（韓国）、北には同年9月9日に朝鮮民主主義人民共和国（北朝鮮）の政府が樹立された。

　韓国は、現行の大韓民国憲法（1987年制定）第3条で「大韓民国の領土は韓半島とそれに付随する島嶼とする」と、朝鮮半島全域を国土として規定しているが、実質的には南北軍事境界線以南と済州島などの周辺島嶼を統治している。

　人口は2012年に5,000万人を超え、1人当たり国民所得が2万ドルを超えている国では、世界で第7位という[1]。韓国人口のほぼ半数の約2,000万人がソウル都市圏（ソウル・仁川周辺）に集中している。2010年末基準の韓国の国土面積は10万33km^{2}で[2]、これは朝鮮半島全体のおよそ45%、日本の国土面積の約4分の1に相当する。

　政治体制は共和制であり、国民の直接選挙で選ばれる大統領制を採用している。大統領は国家元首であり、行政権と統帥権をもつ。

　現在の憲法は第六共和国憲法と呼ばれ、1987年10月29日に採択された。この憲法は、5年ごとの直接選挙による大統領の選出を定めているほか、大統領の再選禁止なども盛り込んでいる。この憲法に基づいた第六共和国は、1988年2月25日に盧泰愚が大統領に就任して以来、今日まで持続している。

　首都はソウルだが、盧武鉉政権期に世宗特別自治市という新首都の建設が試み

られた。この計画は 2004 年 10 月に出された憲法裁判所の首都移転違憲判決に よって頓挫したため、世宗市は、政府行政機関の一部だけが移転して行政中心複 合都市として建設された。

民族構成は、そのほとんどが朝鮮民族（韓民族）である。晩婚化や少子化が 問題となっており 2000 年代以降の合計特殊出生率は世界最低水準にある。2012 年 11 月末の統計では、韓国在住外国人数は 142 万 5,747 人。約半数を中国人が 占めており、朝鮮族が 45 万 3,873 人、そのほかの中国人が 24 万 5,727 人である。 日本人は 4 万 4,844 人となっている[3]。中国系住民（在韓華人）もおり、韓国内 には、約 2 万 4,000 人の華人が常住している。在韓華人の大部分は、中華民国（台 湾）国籍である。韓国に永住権をもつ外国人の大半が在韓華人であるが、韓国で は華人に対して排外的な政策がとられてきたこともあり、過去数十万人いた華人 は大幅に減少している。とはいえ、1990 年当時の外国人登録者数が全体で約 5 万人（全人口の約 0.1%）だったから、結婚移民者と労働者を主とするニューカ マーを中心として、外国人住民が急激に増加しているといえる。

韓国は、基本的には、あるいは歴史的には「単一民族国家」的な性格が強いと いえるが、一方で上記のように、近年の外国人の急増は目を見張るものがある。 そのようななかで、韓国は各種の「多文化主義」の政策を打ち出し、社会統合の 道を模索している。

宗教については、人口の半数ほどが宗教をもつとしており、日本外務省など もデータとして採用している 2005 年韓国統計庁調査によると、宗教人口比率は 53.1%、宗教があるとする人のうちでは仏教 42.9%、プロテスタント 34.5%、カ トリック 20.6%、その他 2.0% となっている[4]。また、社会・文化全体に儒教の影 響が色濃く存在している。

2. 韓国語とはどのようなことばか

（1） 使用範囲・話者数

韓国語は朝鮮半島で主に用いられている。朝鮮半島では人口のほとんどが韓 国・朝鮮語話者であると、ひとまず考えておこう。その話者数は、7,500 万人程 度とする資料が多いようだが、本章執筆時点（2012 年 10 月）の日本外務省の

ウェブサイトによれば、韓国と北朝鮮の人口はそれぞれ約 5,000 万人と約 2,400 万人であるから[5]、韓国在住の外国人（約 130 万人）の存在をひとまず無視して考えると、朝鮮半島だけで約 7,400 万人の韓国・朝鮮語話者がいると考えられる。

それ以外の地域では、中国の延辺朝鮮族自治州の朝鮮族、旧ソビエト連邦内のサハリンや沿海州、ウズベキスタンやカザフスタンなど中央アジアの高麗人の間でも用いられている。さらに、日本の在日韓国・朝鮮人や、欧米・東南アジア諸国などに居住する韓国人の間でも用いられている（ただし朝鮮半島以外では、韓国・朝鮮語を必ずしも母語としない人も多い）。

（2）文字・文法

文字は、韓国ではハングル（한글）と呼ばれている。19 の子音字母（基本字母 14、合成字母 5）と 21 の母音字母（基本字母 10、合成字母 11）があり、ハン（偉大な）＋クル（文字）で朝鮮文字を指し、日本でもこの呼称が一般的となっている。朝鮮には 15 世紀まで朝鮮の人々のことばを記録するための固有の文字がなかったが、朝鮮王朝第 4 代王・世宗の時代に創案され（1443 年）、「訓民正音」の名称で 1446 年に公布された。ハングルの名称は、北朝鮮では一般的でなく、ウリクル（우리글＝われわれの文字）や朝鮮クル（조선글＝朝鮮文字）などと呼ばれる。

ハングルがつくられた当時の支配者層である両班にとって、公的な書記手段は漢文であり、中人・下級官吏の書記手段は吏読であった[6]。したがって、ハングルがこれらの階層において正規の書記手段として受け入れられることはなく、ハングルは主に民衆の書記手段として広まることになる。ただし、実際には民衆のみならず、両班階層の私信や宮中の女子間の公文書などにも用いられた。

ハングルの地位やその普及は、順調とは言い難い。1504 年、燕山君（在位 1494〜1506 年）によってハングルの教育・学習禁止、世宗時代に設立されていた正音庁（ハングル関連の事務・研究機関）などが所蔵するハングル文書の焼却、使用者の処刑などの弾圧が行われた。また、燕山君の次に王位についた中宗（在位 1506〜1544 年）は正音庁を閉鎖し、公式な場でのハングル使用を禁じた。

このような次第で、ハングルは公的な地位を確立できなかったが、他方でハングルはその後も漢字使用者以外の層へと認知され、使用された。国王の記したハングル書簡として、世祖の『上院寺御牒』(1464 年)、宣祖の『御筆諺簡』(1603 年) などをはじめとする筆写文献が現存する。また、李珥 (李栗谷)、権好文、金尚容ら両班の文化人が時調 (朝鮮の詩歌) を詠む際にも、ハングルが利用された。ハングル小説のさきがけとなったのは許筠 (1569～1618 年) の『洪吉童伝』であり、そのほかにも『春香伝』、『沈清伝』など、パンソリ起源の小説がハングルで刊行されたりもした。
　開化期になると、民族意識の高揚とともにハングルが広く用いられるようになる。開化派と井上角五郎の協力により、『漢城周報』(1886 年創刊) が発行され、これには漢文のほかにハングルのみによる朝鮮文が採用された。1896 年に創刊された『独立新聞』はハングルと英文による新聞であり、分かち書きも初めて導入された。公文書のハングル使用は、甲午改革の一環として 1894 年 11 月に公布された勅令 1 号公文式において、公文に国文 (ハングル) を使用することを定めたことに始まる。
　韓国語の文の構造は日本語と似ている点が多い。語順は日本語と同じく「主語＋目的語＋述語」の SOV 型である。また、修飾語が被修飾語の前に位置して「修飾語＋被修飾語」の語順になる。日本語のいわゆる助詞に対応する語尾もある。英語にみられるような冠詞、前置詞、関係代名詞はない。欧州諸語によくある形態範疇としての性・数・格・人称も存在しない。

(3) 語　彙

　韓国・朝鮮語の語彙は固有語、外来語、漢字語の 3 つに分けることができる。固有語はハングルによってのみ表記することができ、その語彙は動作や感覚に密着したものが多く、こまかいニュアンスを表現し分けることができる。
　固有語はハングルで表現するのみであり、言うまでもなく日本語とは異なる。しかし、漢字語はハングル、漢字の両方で表記が可能である。もっとも今日、漢字語が漢字で表記されるのは学術的な分野などの限られた領域だけで、新聞などもほぼすべてハングルで表記されている。漢字の読み方は、「金」「茶」など一部の例外を除けば、原則的に 1 つの漢字に 1 通りの読み方しかない。

大方の漢字・漢字語は日本語と意味が共通である。「準備」(준비ジュンビ)、「約束」(약속ヤクソク)、「到着」(도착トーチャク)、「地理」(지리チリ)、「無理」(무리ムリ)、「注意」(주의チュウィ)、「高速道路」(고속도로コソクドロ)、「新聞記者」(신문기자シンムンキジャ)…など、日本語と同じ意味で、かつ発音もよく似ているものも多い。とはいえ、「人事」(인사インサ)は韓国語では「あいさつ」、「去来」(거래コレ)は「取り引き」、「工夫」(공부コンブ)は「勉強」、「愛人」(애인エイン)は「恋人」…といった具合に、日韓で意味がまったく異なる場合もある。

漢字語のなかには、日本語では訓読みのものが、韓国語に流入して定着したものも多数存在する。「葉書」(엽서ヨプソ)、「小包」(소포ソポ)、「組合」(조합チョハプ)、「窓口」(창구チャング)、「赤字」(적자チョクチャ)…などが、それにあたる。

外来語はアルファベットなどで表記されることもあるが、日本で外来語がカタカナで表記されるように、ハングルで転写されて表記されるのが一般的である。外来語については韓国では英語からの、北朝鮮ではロシア語からのものが多い。

(4)「日本人にとって"学びやすい"ことば」

「韓国語は日本人にとって学びやすい」というようなことが、よく言われる。「日本語と韓国語は似ている」ともしばしば言われるが、実際には、共通点が多いということだと考えられる。したがって(そもそも相互に別のことばであるのだから)異なる点も多いが、概していえば、ほかの言語と比べて、共通する事柄が多く、一般的に学びやすいといえるだろう[7]。

「学びやすい」理由はいくつか考えられるが、まず語彙に多くの漢字語が含まれていることが挙げられる。上に述べたように共通する語が多数あり、それだけでなく、漢字がもつ造語力を生かして、ことばを類推したり、頭の中で組み合わせたりしていくことも可能である。例えば、「地球」(지구チグ)と「平野」(평야ピョンヤ)を知っていれば、「地平」(지평チピョン)も「野球」(야구ヤグ)もわかるといった具合である。

基本語順がSOV型であることも、学びやすさにつながっている。日本語も韓国語も、基本的に主語(Subject)・目的語(Object)・動詞(Verb)の語順であ

り、例えば、日本語の「私は　りんごを　食べる」では、"私"が主語（S）、"りんごを"が目的語（O）、"食べる"が動詞（V）であるが、これは韓国語でも同じである。

　また、SOV型、つまり目的語が動詞に先行する言語であるため、前置詞ではなく後置詞を用いる。「の」「へ」「から」「より」などの「格助詞」は、体言の後について文の中での意味関係（格）を表すが、これも韓国語と共通している。

　両言語においては、修飾語が被修飾語に先行する。これは修飾語が形容詞である場合だけでなく、副詞であっても同じである。

　さらに詳しく考えていくと、まず両言語とも、助詞で主題を表示する。また、両言語とも主題優勢言語である。これに対して、英語などは主語優勢言語である。主題優勢言語では、文における主題が明示される一方で、主語が必ずしも重視されない。主語を示さなくても文として通用する。英語にみられる"It rains."のような非人称主語もなく、「象は鼻が長い」のようないわゆる「総主文」が存在する。また、「私はオレンジジュースです」のように、主題と主語の違いを考慮しない表現が可能で、これを英語にI am an orange juice.と直訳するとおかしなことになる。

　以上のように、日本語と韓国語は「似ている」点が多々ある。もちろん、別の言語である以上、似ていない点もあるわけだが、漢字語が共通していることや、語順が同じということは、日本語母語話者が、例えば英語を使うとき「頭のなかで文を組み立ててから話す」というようなプロセスを大幅に減じることができる。

　例えば、「私は学校で英語を勉強します」と言いたいとき、I study English at school.と、単語レベルではわかるのに、すぐに言えないとしたら、「学校で」や「勉強する」という語彙・表現を思い出すのに時間がかかるとか、「私は」（I）→「勉強します」（study）→「英語」（English）→「学校で」（at school）という語順を確認してから話そうとするからではないだろうか。

　「私は学校で英語を勉強します」を韓国語にすれば、저는 학교에서 영어를 공부합니다.となるが、まず語順が同じだから上から訳しおろしていけばよい。また、もし「学校で」がわからなくても、「英語を勉強している」ことが最も伝えたいことなら、「学校で」は話している途中で省略してもよい。「勉強する」とい

第1章　韓国のことばと言語政策・鱉見　7

う単語がわからなくても、もし「習う」を知っていれば、これも話している途中でそのように知っている表現を使えばよい。つまり、文を組み立ててから話さなくても、話している途中での臨機応変が可能である。

この点は、わかりやすいというだけでなく、失敗を恐れずにことばを使っていく積極的な態度にも結びつく。総じて、日本語話者と韓国語話者が、互いのことばを学びやすいと実感できる所以である。

(5) 呼称の問題

朝鮮半島で使われている言語として、本章では主に「韓国語」と表記しているが、日本ではほかにも「韓国語」「朝鮮語」「韓国・朝鮮語」「ハングル語」「ハングル」などの名称が使われている。朝鮮半島には現在、韓国と北朝鮮(朝鮮民主主義人民共和国)という2つの政治体制が存在する。韓国と北朝鮮で、それぞれ異なる呼称が使われており、韓国では韓国語(한국어)、北朝鮮では朝鮮語(조선어)という呼称が用いられることが多い。また、南北でウリマル(우리말、われわれのことば)という表現もよく使われる。

これらのうち、どれが適切かという問いに答えるのは容易ではない。民族や国家の名称の歴史的変遷や、南北の体制の違いをどのように捉えるかという「立場の違い」によるところも大きいからである。

韓国と北朝鮮のどちらの体制を支持するかによって「韓国語」「朝鮮語」と呼称が異なることが多々ある。

日本では、一般的に言えば、学術的な場では、民族や地域の名称としての「朝鮮」を念頭に「朝鮮語」という呼称が使われることが多かった。例えば、東京外国語大学や大阪外国語大学(現在は大阪大学外国語学部)などの国立外国語大学でも、学科や専攻の名称には「朝鮮語」が使用されている。例えば、東京外国語大学の朝鮮語専攻のウェブサイトには次のように記されている。

> 「『朝鮮語』というと、あたかも朝鮮民主主義人民共和国の言葉を学ぶような印象を受ける人もあるかと思いますが、そうではありません。ここで言う『朝鮮語』は朝鮮民族の言葉という意味で、大韓民国と朝鮮民主主義人民共和国の両方で話されている言葉を指します。東京外国語大学では、大韓民国の言葉を中心に学びますが、朝鮮民主主義人民共和国の言葉も同時に学べます。南北双方の言語・文学・文化などを同時

に広く学べるのが、東京外国語大学朝鮮語専攻の特徴の1つともいえましょう[8]。」
　韓国と北朝鮮で使われている言葉が微妙に異なっていることを理由に「韓国語」「朝鮮語」と使い分ける場合もある。この考え方では、韓国人からことばを学んだ人や、韓国に留学した人が習得した言葉は「韓国語」ということになり、「朝鮮語」には、現代「韓国語」に特有の表現は含まないということになる。外務省のホームページなどの国・地域別情勢紹介はこの立場に立っているようで、韓国の項で「韓国語」、北朝鮮の項で「朝鮮語」をそれぞれ採用している[9]。
　このような複雑な事情から、NHK の語学講座の放送開始の際、タイトルを「韓国語講座」にするか「朝鮮語講座」にするかで見解が分かれるということもあった。タイトルは結局、そのどちらでもない「アンニョンハシムニカ―ハングル講座―」に落ち着いたが、放送で実際に扱われるのは、現代のソウルの言葉を標準とする「韓国語」である。
　日本の一部大学では、「コリア語」という呼称が用いられている。Korea という英語を援用することで、第三者的立場による価値中立的ニュアンスを取り入れ、上に示した対立を回避しようとする意図が感じられる。しかし、日本語としてはあまり馴染んでいないように思われる。
　また、ハングル、ハングル語という呼称が使われることもあるが、そもそも「ハングル」とは文字名であり、言語名ではないことは確認しておきたい。その上で、日本でしばしば見聞きする「ハングル語」という呼称について付言しておこう。「ハングル語」という呼称に対して朝鮮半島事情や語学に詳しい人が、「日本語を"ひらがな語"と呼ぶようなものだ」と批判する。それはそれでもっともだが、「ハングル」とカタカナで表され、日本語の文脈で使われている時点で、それは日本語の単語となってしまっているということも考慮に入れてはどうかと筆者は考えている。朝鮮半島の言葉を「ハングル語」と呼ぶ日本人がいて、それが日本語の単語として定着しつつあるというなら、「ハングル語」という呼称を積極的に擁護すべきとはいわないまでも、もう少し寛容であってもよいのではないかと考える。むしろハングルを朝鮮半島の人々が使う文字と考えれば、「ハングル語＝朝鮮半島の人々の文字を使用する言語」と考えられなくもない。これは筆者の私見であり、一見安易かもしれないが、上に示した言語名をめぐる不要な政治的対立を回避する一方策となるかもしれない。

結局のところ、これらのうちのどの呼称が適切かという問いに「正解」はない。むしろ、どの呼称を用いても朝鮮半島に息づく言語を指しているのだという寛容な考え方こそ、成熟した、かつ「適切」な考え方だと言えるのではなかろうか。

3. 韓国の「国語」政策

韓国の言語政策については、筆者はかつて別稿にまとめたことがあるので、詳しくはそちらをご覧いただきたい[10]。本節では、近年大幅に改正された国語基本法について概略的に述べ、併せて、韓国人の言語・文字に対する認識を示す事例として「ハングルの日」について紹介するにとどめたい。

(1) 国語基本法

韓国語は韓国の「国語」である——大学の講義で学生にこう言うと、「当たり前でしょう、日本語が日本の国語であるのと同じで、韓国語は韓国の国語に決まっているではないですか」という反応が得られる。

ところが、実は日本には国語や公用語に関する法律はない。日本には「国語審議会」もあり、学校には「国語」という科目もあるが、だからといって日本語を国語や公用語と定める条文はない。

ところが、韓国では「国語基本法」によって、韓国語が韓国の「国語」であると法的に位置づけられている。

この法律が制定されたのは2005年であり、さほど昔ということでもない。また、この法律の内容の多くが、それまで文化芸術振興法という法律のなかにあったのだが、それも同法の1995年改正において初めて設けられたものである[11]。

しかし、国語基本法は、すでに数度の改正を経て、今日の韓国の言語政策の要ともいえるものとなっている。

同法は第1条で「国語の使用を促進して、国語の発展と保全の基盤を整え、国民の創造的思考力の向上を図ることにより、国民の文化的な生活の質を向上して民族文化の発展に寄与することを目的とする」と規定している。そして、第3条で「『国語』とは大韓民国の公用語としての韓国語をいう」と規定し、初めて法

律レベルで韓国語が韓国の国語であり、公用語であること明示した。

また、国語政策を実効的なものにするために、政府に具体的かつ大きな任務を課している。

例えば、「文化体育観光部長官は、国語の発展と保全のために5年ごとに国語発展基本計画（以下"基本計画"という。）を樹立・施行しなければならない」という規定がある（第6条）。この「国語発展基本計画」には、国語政策の基本方向、国語規範の制定・改正、国民の国語力の強化と国語の使用環境の改善、国語政策と国語教育の連携、国語の価値の周知、国語の国外普及など、障がい者や外国人の国語使用の不便解消など、幅広い事項が含まれる。

国語の普及についても、第15条で「文化体育観光部長官は望ましい国語文化が拡散するように新聞・放送・雑誌・インターネットまたは電光板などを活用した広報と教育を積極的に施行しなければならない」と規定している。さらに「新聞・放送・雑誌・インターネットなどの大衆媒体は国民の正しい国語使用に貢献するように努力しなければならない」と、マスメディアに対してまで"努力目標"を掲げるほどの力の入れようである。

このほか、語文規範の制定、国語審議会の設置、外国語としての韓国語の教育機関である「世宗学堂」の設置、国語専門機関である国語文化院の指定などが、この法律で規定されている。

（2）「ハングルの日」

10月9日は、韓国では「ハングルの日」という記念日である。韓国では毎年この時期になると、官民を挙げて記念行事が開かれたり、新聞にハングルの歴史や海外普及に関する記事が数多く掲載されたりする。

10月9日が「ハングルの日」とされたのは1945年。つまり、朝鮮半島が日本統治から解放された年のことである。

朝鮮王朝第4代国王の世宗が集賢殿の学者に命じて作らせた訓民正音（ハングル創製当時の名称）は、1443年の陰暦年末に完成、1446年陰暦9月上旬に『訓民正音』（一般に「解例本」と呼ばれる）という書物として公布された。

この「解例本」の原本は1940年に安東で発見されたが、その序文において訓民正音が「1446年9月上旬」に公布されたことが明らかとなった。1446年陰暦

9月上旬の最後の日の9月10日をユリウス暦にすれば10月9日になる、というわけで、この日が「ハングルの日」となったのである。

実は、訓民正音の創製を記念する日は、解放前にもあった。1945年に「ハングルの日」の制定を推進した朝鮮語学会（現・ハングル学会）の前身、「朝鮮語研究会」は、1926年に旧暦9月29日（グレゴリオ暦11月4日）を訓民正音創製の日と推定し、その公布480周年を祝った。

研究会のメンバーは、これを最初の「カギャの日」とし（この名称は、かつてハングルの口語呼称であった「カギャグル」に由来する）、これが1928年に「ハングルの日」となった。

1932年、「ハングルの日」はグレゴリオ暦10月29日に切り替えられ、さらに1934年、ハングルが創製された1446年当時はユリウス暦が用いられたことに鑑みて、10月28日に変更された。朝鮮語研究会は、その後、朝鮮語学会と改称したが、「朝鮮語学会事件」（1942-43年、同会会員33人が治安維持法違反で検挙投獄された事件）により、その活動は挫折を強いられた。

しかし、同会のメンバーは、終戦とほぼ同時に釈放されるとすぐに臨時総会を開き、国語教科書の編纂、国語教員の養成など、それまで日本語が「常用」とされるなかで抑圧されていた朝鮮語を復興させるための活動を展開した。「ハングルの日」の制定もその一環であり、解放の翌年1946年の「ハングルの日」には、ハングル公布500周年の記念行事が催された。

その後、「ハングルの日」は長らく公休日とされてきたが、1990年、経済発展のために平日の数を増やそうという動きから制度の改定が行われ、翌1991年に公休日の地位を失った。

しかし近年、「民族文化」としてのハングルの価値が強調されたり、若者のいわゆる「ことばの乱れ」が指摘されたりするようになり、「ハングルの日」の重要性が再認識されつつあるようだ。

2005年10月、国会の文化観光委員会が「ハングルの日国慶日指定促求決議文」を採択。行政自治委員会も同年11月に「ハングルの日」を祝日とする内容の「国慶日に関する法律改正案」を可決、この改正案は同年12月に国会本会議で可決された。

こうして現在、「ハングルの日」は国慶日（祝日）となっているものの、依然、

公休日ではない。実は、国慶日を休日にするかどうかは大統領令で定められることになっており、国慶日となったからといって直ちに公休日になるわけではないのである。

そのため、国会議員や市民団体などが「ハングルの日」を公休日に再指定するよう運動を継続しているのが現状である。

4. 韓国人と英語

(1) 英語教育の改革

韓国の英語教育は1990年代以降、大きな変貌を遂げた。なかでも「世界化」推進を背景に、1997年にスタートした初等学校（小学校）における英語教育の正規教科化は、日本の英語教育関係者からも多くの注目を集めた。

実際、小学校段階における英語教育の是非については、日本でも長年議論されてきた。その結果、2011年4月から、教科としての「英語」ではなく、小学校5・6年での必須領域としての「外国語活動」が始まった。

しかし、韓国では日本よりも10年以上早く、それも正規教科として英語を初等教育に取り入れている。当時の児童たちが、時を経て社会人になり、いよいよ初等英語教育の社会的な文脈での「成果」が問われる段階に来ている。この間、日本の英語教育学者やメディアが韓国の取り組みに注目するようになっているのも、けだし当然といえるかもしれない。

初等英語教育の開始以来、韓国では「教育課程」（日本の学習指導要領）が何度も変わっている。単に教育内容を改変していくというよりは、その時々の政府の意向や社会情勢を反映させていくという面もあり、変化の背景を含めてフォローしていくのは意外に大変である。

現在、教育課程は2009年に改訂されたものが最新版であるが、実はこれとても2011年に一部再改訂されている。一方で、英語教育における現行のものは2007年の教育課程であり、2009年版はまだ施行されていないので、以下、本節では、2007年教育課程に沿って述べていく。

初等学校における英語の授業は3年生から始まる。1997年の開始当初は各学年週2時間だったが、後に3・4年生が週1時間、5・6年生が週2時間に改めら

れた。現在では、3・4年生が週2時間、5・6年生が週3時間となっている。

　少し前には、英語教育の開始学年を1年生に引き下げる構想もあった。教育人的資源部（当時。その後、教育科学技術部に改編され、現在は教育部になっている）は全国各地に研究校を設け、「1、2年生の英語教育導入」と、「英語の時間数増加」の両方について検討作業を実施、その結果、教育科学技術部は時間数増を選んだ。

　現行の教育課程では、初等英語教育の目標を「英語に対する興味と関心を持ち、日常生活で使われる基礎的な英語を理解して表現する能力を培うこと」と設定している。中学校英語の目標は「初等学校で学んだ英語を基礎として、日常生活と一般的な主題に関して基本的な英語を理解して表現できる能力を培うこと」となっているから、初等学校と中学校の連携、積み上げを意識しているともいえる。

　初等学校の各学年で新たに学ぶことが奨励される基本語彙数は、3年生が110語以内、4年生が120語以内、5年生が130語以内、6年生が140語以内となっており、初等学校で計500語ほど学ぶことになる。一方、日本の現行学習指導要領では、中学校で学習する語・連語・慣用表現が1200語程度となっている。韓国ではその半分近くを初等学校で学習する計算である。

　ところで、韓国では学校の教科書を一般書店で購入することができ、初等英語の教科書も例外ではない。以前は国定1種類のみだったが、現在は検定制に移行しており、幾種類もの色鮮やかな英語教科書が売られている。いずれも上質な紙が使われ、装丁も立派で、したがって1冊がずっしりと重い。

（2）英語村

　英語熱の高まりと、英語学習の低年齢化を背景として、韓国では各地に「英語村」がつくられるようになった。英語村とは、英語のネイティブスピーカーが常駐し、訪問者は入場時から英語だけを話すことになっており、場内の郵便局、銀行、警察署などのセットを利用して「生きた英語」「疑似留学」を体験できる施設である。体験型テーマパークは日本にもあるが、韓国の英語村は主に自治体により設立された、公的な教育施設であることが特徴である。

　英語村の設立は、2002年6月の統一地方選で京畿道知事に当選した孫鶴圭の

公約の一つであった。1990年代の韓国における「世界化」戦略やIMF危機、小学校英語教育の正規科目化は、教育・社会の各レベルで英語力競争の過熱を招いた。児童・生徒の海外留学（早期留学）も流行となった。韓国教育開発院の統計によると1995年に2,259人だった留学児童・生徒数は2007年にはピークの2万7,668人となり、2010年も1万8,741人を記録した。小学校児童の割合も約10%（235人）から、2010年には約47%（8,794人）に拡大している。英語村が公的施設として設立されたのは、この早期留学に歯止めをかけ、英語学習の過熱によって児童・生徒の間に生じた英語力格差を解消することの必要性が認識されたからである。

　かような背景で設立された英語村のなかで最大規模のものは京畿英語村坡州キャンプ（京畿道坡州市、2006年開設）で、敷地面積は東京ドーム約6個分、在籍教師は外国人が約100人、韓国人が約50人を擁し、ネイティブ教師が敷地内に実際に居住している。教師の多くが教員資格を保有しており、児童・生徒を対象とする1日、1週間、1カ月などの英語教育プログラムのほか、韓国の現職教員向けの研修プログラムもある。敷地内にはヨーロッパの古い町並みが再現されており、商店街では英語を使用して食事をしたり買い物をしたりできるほか、宿泊プログラム用の寮も完備している。

　坡州キャンプは、設立からしばらくの間は大いに注目され、日本でもNHKが『英語でしゃべらナイト』などの番組で取り上げられた。2012年までに全国で20カ所以上の英語村が地方自治体によって運営されており、民間業者が運営するもの（自治体の委託運営を含む）を含むと40カ所以上の英語村がある。

　しかし現在、英語村は厳しい状況に陥っている。最も難しいのは設立・運営コスト面の問題である。英語村は設置のための初期費用が大きく、人件費・教育コストもかかるが、入場料や受講料が低く抑えられており、多くが赤字となっている。2007年度にはすべての英語村が赤字を記録し、その総額は約212億4,500万ウォンに達した[12]。2012年には、韓国で最初にできた京畿英語村安山キャンプが赤字続きで閉鎖に追い込まれた。このような困難を打開しようと経営を民間に委託して収益確保を図っている自治体も多いが、そうなると公共の教育施設としての妥当性が問われるようになる。

　需要や地理的分散、規模などの検討が不十分なまま設立されたため、訪問者が

集まらない施設や近距離に位置していて存在意義が疑わしい施設もある。地方の施設では、英語ネイティブの教師の採用が難しいという問題もある。

また、新味が薄れてきたことによる訪問者減少と、それによる英語オンリーのポリシーの形骸化が感じられる。例えば、坡州キャンプの入場者数は2006年には約51万4,000人であったが2007年には約32万4,000人、2008年には約24万人5,000人にまで落ち込んだ。同施設では従来、施設内のレストランや書店が実際に営業していたのだが、直近で2012年1月に筆者が訪問した際には多くの店舗が閉店していた。訪問者やスタッフにも「英語村では英語だけを使う」という意識が希薄になっているようで、親子連れの訪問者があちらこちらで韓国語で会話しており、わずかに営業していたハンバーガーショップでも注文からサービスまで、ついに英語が聞かれることはなかった。

英語村は、英語教育熱とそれによって生じる英語力格差に対し、自治体レベルで調整に乗り出したものである。それだけに公共性と収益性をめぐるコスト、英語体験の質をどのレベルで確保するのかといった問題は今後もつきまとうだろう。近い将来、経営に行き詰まり事業の見直しを迫られる施設も出てくるかもしれない。実際、児童・生徒の英語体験施設として設立された坡州キャンプも、現職教員の研修などのプログラムを拡充する方向性を打ち出している。「理念の希薄化」と、一方の問題の解決を図れば他方の問題が生じるという「抱える問題の二律背反性」にどのように対処するのか、今後さらなる議論が必要になろう。

むすびにかえて

本章の最後に、小倉紀蔵の次の二つの問題提起について考えてみたい[13]。一つは、韓国語学習について、もう一つは韓国の言語政策についてである。

まず、韓国語学習についてである。小倉によれば、日本と朝鮮半島の歴史的関係や、分断・戦争・独裁という「悲劇」に彩られた朝鮮半島のことばである朝鮮語は、かつて「特別にへそ曲がりであるか、特別に道徳志向的な若者でないかぎり」大学生が学ぶことはあり得ず、長らくイデオロギーや贖罪意識と不可分の「運動」の外国語であった。1980年代以降に「ニュートラルな地域研究としての朝鮮研究」が始まっても、依然として「朝鮮語をとりまく状況には、まだ大きな

変化はなかった」のであり、運動ゆえの排他性を拭い去ることのできない「思考停止」のことばであった。そして、そのような朝鮮語の状況は、小倉自身が朝鮮語を教える時代（1990年代）において、朝鮮語の専任教員を採用する大学が増えるといった改善はあっても、朝鮮語がドイツ語やフランス語などの外国語と対等な外国語としては扱われていなかった。対等を目指そうにも、日本における朝鮮語関連の学問的蓄積は、例えばドイツ語のそれ（ドイツの文学、哲学、社会学、医学、物理学、音楽等々）と比べると圧倒的に少なく、すなわち、その言語を使用して営まれた思想・文化・社会の姿を蓄積することが少ないゆえに、その言語の世界観と呼べるような多種多様なもの・ことへの発見も乏しいものであった。

　この状況を打破する上で、韓国の大衆文化の流行、いわゆる「韓流」ブームが果たした役割について、小倉は「強調してもしすぎということはない」と指摘する一方で、次のように述べる。

　　「大衆文化を媒介とした朝鮮語の世界は、朝鮮半島認識を大衆文化のみに還元させることによって、朝鮮語の世界そのものを矮小化する。そのことは、私の観察するかぎり、韓流ブームの初期に顕著に現れた。特定の韓流スターをあたかも宗教のように崇拝するファンたちは、盲目的な愛をそのスターに注ぐことにより、韓国というそれまでの負の記号に新しく絶対的な善の価値を与えることになる。自分が熱狂するスターは一点の瑕疵もなく素敵で正しく道徳的であるという信念が、朝鮮語や韓国文化への絶対的なプラスの評価に直線的に結合するようになる。そしてそれらファンの外部には、朝鮮半島に対して絶対的なマイナスの価値しか付与しない民族蔑視的な『嫌韓流』という勢力が拮抗する[14]。」

朝鮮語についてまわったものがイデオロギーから大衆文化に変わったとしても、その学習の「運動」的な性格はさして変わっていない、ということだ。それはすなわち、朝鮮語を学ぶ動機が変わっても「思考停止」の実態に変化はなく、そのことばがもつ豊かな内実への接近がなかったということである。

　小倉の以上の指摘は、大学で韓国語・韓国文化の教育に携わる筆者の胸に迫るものがある。例えば、「K-Popは好きだが韓国は好きではない」と公言する、少なくない（！）学生に、いかに対峙するか？　そのなかには「韓国に関心があるから、韓国について大学で勉強したい」などと漠たる志願理由を表明して推薦入試に合格した学生もいるだろう。その学生が入学後、K-Popの範疇を超えて韓

国語や韓国文化を学ぶかといえば、そう易々とはいかないのである。「そのような学生にも興味を持たせるように教えるのが良い教師だ」と人々は言うが、K-Pop の話題以外、突っ伏して気持ちよさそうに眠っている学生を覚醒させるために、常に講義を K-Pop で始め、K-Pop で終えるのは至難の業である。仮にそのようなことができたとして、それは大学教育の姿としていかがなものか？ ほかの学生はどうなるのだろう？ 第一、小倉のいう「朝鮮語の世界そのものを矮小化する」という地点にも辿り着いていない。何しろ、そのような学生が韓国語科目を履修することが、そもそも少ないのである。

やや私的な経験を述べたが、韓国語・韓国文化の授業を開講し、関連の教員を擁する大学は、現今さらに増えている。その理由は、日韓関係の拡大深化や朝鮮半島の情勢変化へのメディアなどの注目度が高まったこと、それに伴って朝鮮半島をめぐる学術の重要性が認知されてきたことだけでなく、「韓国に関心がある」という学生が増えた――その関心が大衆文化など特定の領域に限定的なものであったとしても――ことも大きいはずである。それだけに、今日の日本の大学で韓国語・韓国文化を教える教員は、このことばをめぐる「思考停止」に向き合い、それを超えていくことの意義や感動をいかに模索し、一部の学生だけでなく、多くの人々といかに共有していくかという、ふるくて新しい問題に直面しているといえるだろう。

次に韓国の言語政策についてである。小倉は、「韓国語の世界化」に関する事業について、(2003年の文章を再度挙げて) 次のように述べる。

> 「1990年代の韓国が『世界化』というスローガンを掲げて世界進出を図った動きの延長線上にあり、政府の予算を大々的に投入して韓国語を世界に普及させようというのである。この『世界化』というのは『国際化』という曖昧な言葉とは異なり、あからさまに韓国が主体的に自国文化を商品化して世界に打って (売って) 出ようというものだ。実にわかりやすい。昨今日本でも評判のよい韓国の映画や歌などの大衆文化も、この『世界化』の一環として巧みに商品化されたものにほかならない[15]。」

小倉によれば「今や韓国という国家によって公然と、自国の経済的利益という目的とセットになった形で、朝鮮語を『韓国語』と規定して排他的に広めるという運動」が展開されている。大学で朝鮮語教育を担当する教員のかなり多くが韓国人によって占められていることについて、「これは望ましい事態ではない。し

かし当の韓国人教員は、このことに対して概ね無自覚であるように感じられる」
とし、「その理由のひとつは、言語とナショナリズムの関係に関して、韓国人は
全く敏感でないからである」と論じる。小倉はまた、韓国人教員によって「朝鮮
語」という呼称を「韓国語」に変えるという「運動」が展開されていることなど
にも触れている。
　かような小倉の論は、いうまでもなく、朝鮮語と呼ぶか韓国語を呼ぶかとい
うような話ではなく、想像を絶するほど多様な朝鮮語の世界、さらには「朝鮮半
島」なるものに目が向けられず、そのことばの教育が当代の韓国人による「世界
化する韓国ナショナリズム」に組み込まれていくことへの危惧である。
　この点は「韓国語」の教育に携わる筆者としても、おおいに自戒しなければ
ならない。確かに韓国政府は「韓国語の世界化」に取り組んでいる。例えば、上
記の国語基本法における「世宗学堂」の設立・運営はその典型例で、韓国政府は
2007年3月にこの事業を開始、2016年までに世界200カ所に世宗学堂を設置し
て、自国語・自国文化普及活動の拠点とする計画を立てた[16]。
　だが一方で、かような「韓国語の世界化」は、より大枠的な国語政策（国語基
本法）の一環に位置づけられている。問題は、なぜ近年になって、韓国で国語基
本法のような法律が制定されたのかである。
　日本では、定義に厳密な法学者や言語学者でもなければ、たいていの人が、日
本語を日本の「国語」だと思っている。日本社会では日本人が多数派であり、在
日外国人も増えているとはいえ、その数・構成の変化はゆるやかなものだ。そし
て、この傾向はかつての韓国においても大筋において日本と同様、否、日本より
もはるかに強かった。韓国では「韓国語」が「国語」であり、民族の文字である
ハングルを記念する「ハングルの日」が制定されたり、外国由来のことばを読み
替える作業などにも力が注がれたりしてきた。ハングルを創製した世宗は数年前
まで最高額紙幣の肖像であり、近年ではソウルの中心に銅像が建てられ、スター
バックスのタンブラーのデザインは訓民正音であった。
　だが、韓国では1990年代以降、外国人住民も急増し、英語教育の過熱も社会
問題になっている。加えて、若者を中心とした「国語の乱れ」の問題などもあ
り、書店には「正しい韓国語」に関する書籍が平積みになっている。
　国語基本法は、すでに少しく述べた通り、ゼロからできた法律ではなく、文化

芸術振興法が1995年に全面改正された際に新たに盛り込まれた国語関連の条文を独立・拡充し、同時に韓国語を「国語」「公用語」と規定したものである。つまり、韓国の国語政策の体系化と法制化は、1990年代中盤にその必要性が認知されていた。この時期、韓国が経済的、社会的に発展し、文化に目を向ける余裕ができたことに加え、グローバリズムの荒波のなかで、これまで空気のように当たり前だった韓国語の地位や国民の言語観が少しずつ変化し、「国語を守る」ことに対する危機感が生じているのではないか。確かに「韓国語の世界化」には、「自国文化を商品化して世界に打って（売って）出る」という側面も見受けられるが、その裏に韓国の人々の「国語」に対する危機感が垣間見えると言ったら言い過ぎだろうか。

　韓国の「世界化」と「国語」の問題は、地味かもしれないが、かように興味深いものである。

注
1) 「人口5,000万人突破、韓国で進む急速な老い」『日本経済新聞』（電子版）2012年7月10日付　http://www.nikkei.com/article/DGXNASGM07039_Z00C12A7000000/
2) 「韓国の国土面積、昨年より135.6平方キロ増加」『中央日報』（電子・日本版）2011年5月26日付　http://japanese.joins.com/article/266/140566
3) 韓国法務部「出入国・外国人政策統計月報」2012年11月号
4) 外務省ウェブサイト http://www.mofa.go.jp/mofaj/area/korea/index.html　KBS WORLDウェブサイト http://world.kbs.co.kr/japanese/korea/korea_aboutreligion.htm
5) 同上。
6) 吏読は、漢字による朝鮮語表記法の一つ。三国時代に始まり、19世紀末まで用いられた。
7) 筆者は、韓国の「学びやすさ」の理由は単に日本語と韓国語の共通性や類似性だけでなく、日韓交流の深度や学習機会などの「社会的経済的な理由」や、概念や価値観の共通性や類似性、親和性といった「文化的な理由」も関係すると考えている。この点については、いくつかの場所ですでに発表したが、別稿で論じるつもりである。
8) 東京外国語大学朝鮮語専攻ウェブサイト
　 http://www.tufs.ac.jp/common/fs/aen/kor/faq.html
9) 外務省ウェブサイト（各国・地域別情勢）http://www.mofa.go.jp/mofaj/area/index.html
10) 拙稿「解放後の韓国における言語政策の展開」、山本忠行・河原俊昭『世界の言語政策第2集』くろしお出版、2007年、所収。
11) この経緯について、詳細は上掲の拙稿をご覧いただきたい。

12) 国務総理室（韓国）「地方自治団体英語村造成および運営実態」2008年9月5日。
13) 以下、小倉のことばの引用は、下記論文による。小倉紀蔵「朝鮮語―思考停止の外国語」、大木充・西山教行編『マルチ言語宣言：なぜ英語以外の外国語を学ぶのか』京都大学学術出版会、2011年。
14) 前掲論文、36頁。傍点は小倉によるもの。
15) 初出は、小倉紀蔵「朝鮮半島と日本語の揺らぎ」『大航海』No.46（2003年4月号）、新書館、88頁。
16) 石川裕之「韓国の対外言語政策における韓国語『世界化』戦略と世宗学堂の設立」、『比較教育学研究』第37号（2008年）、所収、参照。

※本章の第3節および第4節は、『東洋経済日報』2010年6月25日付、2010年10月8日付、2012年10月12日付、11月23日付にそれぞれ掲載された記事を改訂したものである。

第2章
北朝鮮のことばとしての「朝鮮語」

1. 北朝鮮の現勢

　北朝鮮の正式国名は朝鮮民主主義人民共和国。朝鮮半島の北側に1948年9月9日に建国された人民共和制の社会主義国家である。

　日韓併合による日本の植民地支配（1910〜1945年）の後、1945年8月から9月にかけて38度線の北側にソ連が、南側に米国がそれぞれ進駐した。1948年に入ると、5月に南側だけで単独選挙が実施され、8月15日に李承晩を大統領とする大韓民国（韓国）が樹立され、北側でも9月9日に金日成を首相とする朝鮮民主主義人民共和国（北朝鮮）が成立した。

　朝鮮半島の北半分を占め、北側は鴨緑江、豆満江（中国名・図們江）を挟んで中国と国境を接し、また豆満江河口付近ではロシアと国境を接し、南は軍事境界線（DMZ）を間に置いて韓国と対峙している。面積は12万3,138km^{2}で[1]、これは朝鮮半島全体の55%を占める。国土の広い部分を山地が占め、耕地面積は15%にすぎない。気候的には、夏と冬の気温差の大きい大陸性気候である。

　北朝鮮には平壌(ピョンヤン)、南浦(ナムポ)、開城(ケソン)の3つの直轄市、羅先(ラソン)特別市、そして平安南道(ピョンアンナムド)、平安北道(ピョンアンブクト)、黄海南道(ホァンヘナムド)、黄海北道(ホァンヘブクト)、咸鏡南道(ハムギョンナムド)、咸鏡北道(ハムギョンブクト)、江原道(カンウォンド)、両江道(リャンガンド)、慈江道(チャガンド)の9つの道（州、県に相当）が存在する。各道の道庁所在地（道都）は平安南道が平城(ピョンソン)、平安北道が新義州(シンウィジュ)、黄海南道が海州(ヘジュ)、黄海北道が沙里院(サリウォン)、咸鏡南道が咸興(ハムフン)、咸鏡北道が清津(チョンジン)、江原道が元山(ウォンサン)、両江道が恵山(ヘサン)、慈江道が江界(カンゲ)である。

　北朝鮮の人口は2008年10月1日現在、約2,405万人。首都の平壌の人口は約325万5,000人。主要都市およびその人口は咸興66万9,000人、清津66万8,000

人、南浦36万7,000人、開城30万8,000人となっている[2]。

　宗教については、憲法上は「信教の自由」が保障され、2001年現在、仏教徒は約1万人、キリスト教徒は約1万3,000人いるとされる。仏教徒連盟、キリスト教徒連盟などの宗教団体も存在するが、政府が後援しているこれらの宗教団体は、宗教の自由という建前を与えるために存在しているとみられている。

　政治体制としては、政治における基本政策は主体思想（チュチェ思想）と、先軍（軍事優先）思想を基礎とし、朝鮮労働党の指導の下にすべての活動を行う（憲法第3条、第11条）とされる。金正日労働党総書記は先軍政治という軍事優先路線の政治を行っていた。2011年12月に金正日総書記が急死したが、その後もこの路線は2010年に後継者として表舞台に登場した金正日氏の三男、金正恩氏によって継続されている。国家機関の役割を果たすものとして、国防委員会、最高人民会議、内閣が存在する。国防委員会は「国家主権の最高国防指導機関」であり、先軍革命路線の貫徹のための国家の重要政策の立案、国家の全般的武力と国防建設事業の指導などの任務と権限を有する。国防委員会のトップは憲法第100条で「最高領導者」とされ、国家元首に相当する。金正日総書記の存命中は国防委員会のトップは委員長さとれ、金正日氏が務めていたが、金正日氏の死後、2012年4月に憲法が改正されて国防委員会委員長は「永久欠番」[3]化され、代わってそのトップは第1委員長となり、そのポストに金正恩労働党第1書記が就任した。

　また日本の国会にあたるものとして一院制の最高人民会議がある。憲法の規定では「最高主権機関」とされ、最高人民会議常任委員会、国防委員会のメンバーの選出と解任、内閣総理および内閣の任免、最高裁判所所長、最高検察所所長の任免、憲法修正などの権限を有する。代議員は5年ごとに改選される。会議は1年に1、2回開催され、予算の審議や人事などが行われる。

　内閣は「最高主権の行政的執行機関」であり、「全般的国家管理機関」。内閣総理は最高人民会議で任命され、閣僚は総理の提議によって、これも最高人民会議が任命する。なお内閣には外務省や教育委員会、国家科学院、中央銀行、中央統計局など41の機関が属する。

　支配政党は朝鮮労働党で、約300万人の党員を擁する。朝鮮労働党のほかに朝鮮社会民主党、天道教青友党といった「友党」が存在するが、これらは衛星政

党としての性格が強く、実質的には朝鮮労働党の一党独裁体制である。

経済については、憲法上、生産手段を国家と協同団体が所有する社会主義的な所有制度と自力更生路線を標榜する中央集権的な計画経済制度を基本としている。2002年7月以降、一部に市場経済的手法が導入されつつあった。2009年11月にはデノミネーション(通貨単位の切り下げ)を実施したが、失敗に終わったと考えられている。

韓国の中央銀行である韓国銀行の推定によると、2009年の国民総生産(GNP)は193億6,000万ドル。同年の1人当たりの国民総所得は960ドル。なお、北朝鮮の発表では1人当たりの1998年の国内総生産(GDP)は457ドル。通貨単位はウォンで、1ドルは約1.3000ウォン(2012年初頭のレート)とされる。北朝鮮には公定為替レートのほかに市場における闇為替レートがあり、2002年の1ドル＝200ウォンから、2008年7月には3,200ウォン、2009年3月には3,800ウォンに上昇した。6年8カ月の間に16倍上昇し、この期間の年平均の為替レートは約1.7倍上がった[4]。

北朝鮮が現在外交関係を有している国家は2013年3月現在164カ国。もともと、北朝鮮は旧東側陣営およびアジア・アフリカのいわゆる非同盟諸国との間で国交を樹立してきた。2000年に入ってEU(欧州連合)諸国との外交活動を活発化させ、2000年以降、イタリア、英国(2000年)、オランダ、ドイツ(2001年)などと国交を樹立。現在はEU主要国の中で北朝鮮と国交がないのはフランスだけとなっている。その後、アイルランド(2003年)、サンマリノ(2004年)と国交を樹立し、さらに2007年には、1983年のラングーン事件[5]によって断交していたミャンマー(旧ビルマ)との国交も回復させ、アラブ首長国連邦とも外交関係を結んだ。最近では、2011年7月に独立したばかりの南スーダンと同年11月に国交を樹立した。

北朝鮮の国防予算の実額は不明であるが、2013年4月に開催された最高人民会議第12期第7回会議で発表された国家予算では、同年の国防費は歳出総額の16％ということが明らかにされた。兵力は、ミリタリー・バランス2012年版の推定によると、陸軍102万人、海軍6万人、空軍11万人に達する。これに対し、韓国軍は陸軍52.2万人、海軍6.8万人(海兵隊2.7万人含む)、空軍6.5万人、在韓米軍は2万5,300人で、北朝鮮が数的には米韓を上回っている。ただ、兵器は

前近代的で立ち遅れたものが多いとみられている。

　北朝鮮は経済的に苦しいにもかかわらず、核兵器とミサイルに集中的な投資を行い、これらの技術は優れたものを保有するに至った。2006 年 10 月と 2009 年 5 月、2013 年 2 月に核実験を実施。また 2006 年 7 月にはテポドン 2 号を含む弾道ミサイルを発射、2009 年 4 月、2012 年 12 月にも、それぞれミサイルを発射している。なおミサイルおよびその技術は、中東への輸出によって外貨稼ぎに寄与しているものとみられる。

2. 現　地　語

　北朝鮮は朝鮮民族が暮らす単一民族国家で、使用されている言語は朝鮮語である。南の韓国でも同じ言葉が使われているが、こちらは一般に韓国語と呼ばれている。北朝鮮で発行されている『朝鮮語大辞典』では朝鮮語について次のような説明がなされている[6]。

> 「遥か昔から朝鮮人民が使って発展させてきた民族語。膠着語に属する朝鮮語は、音が豊富であるだけではなく、文法構造が緻密に十分に構成されており、語彙と表現もまた豊富で、世界でも最も発展した優秀な言語の一つとなっている。朝鮮語は今日、偉大な領袖の主体的言語思想とその具現である朝鮮労働党の正しい言語政策によって革命の首都平壌を中心地とし、平壌の言葉を基準として社会主義民族語の典型である文化語として開花、発展している。」

以下、朝鮮語の特徴を見ていくことにする。

（1）アルタイ諸語の特徴をもつ朝鮮語

　朝鮮語は、比較言語学的に、北東アジアから中央アジア、アナトリアから東欧にかけて広範囲で使われているアルタイ諸語や日本語と文法構造がよく似ている。

　アルタイ諸語には、満州語などのツングース諸語、モンゴル語、ブリヤート語などのモンゴル諸語、トルコ語、ウズベク語、カザフ語などのテュルク諸語が属し、その特徴として挙げられるのは①母音調和を行う、②膠着語である、③原則として SOV 型（主語・目的語・述語）の語順をとる、④語頭に R が立つことを嫌い、固有語に語頭 R の単語をほとんどもたない——という点である。

これらの特徴を実際の朝鮮語の中で見てみると、
① 母音調和

母音調和は動詞、形容詞の連用形（「〜して」形）をつくる際に現れる。

動詞、形容詞の語幹末の母音が陽母音（아・오）の場合は아をつけると連用形になる。

오다（来る）
　↳ 오 + 아 → 오아 → 와（来て）

語幹末の母音が陰母音（아・오以外）の場合は어をつけて連用形をつくる。

마시다（食べる）
　↳ 마시 + 어 → 마시어 → 마셔（飲んで）

② 膠着語

例えば、가다（行く）について見てみると、
가지 않다（行かない）
갔다（行った）
가 면（行けば、行くなら）
가자（行こう）
가라（行け）
갑니다（行きます）

このように語幹 가 にさまざまな意味の語尾を付けて意味を変化させる。

③ 原則としてSOV型（主語・目的語・述語）の語順をとる

実際の文章を見てみると、
나는 학교에 갑니다.（私は学校に行きます。）
저는 조선말을 공부합니다.（私は朝鮮語を勉強します。）

④ 語頭にRが立つことを嫌い、固有語に語頭Rの単語をほとんどもたない

固有語とは日本語で言う「やまとことば」のことで、朝鮮語では固有語でR音で始まる単語は存在しない。ただ、漢字語や外来語は原音通りにR音で始まる形をとる。ちなみに韓国の正書法ではR音で始まる漢字語もN音などに置き換えて書くことになっている。

北 락원　　南 낙원（楽園）
北 로동　　南 노동（労働）

北 리해　　南 이해 (理解)

などとなる。
　これらの4つの特徴は日本語でも同じであり、朝鮮語と日本語は似ている。両者の類似点については次に詳しく述べる。このほかに朝鮮語は、音韻の豊富さとそれに伴う色彩や感情などを表す言葉の多さ、さらにバラエティに富んだ擬声語擬態語の存在などの特徴をもつ。

(2) 日本語との類似点

　朝鮮半島と日本には文化的、歴史的に長いかかわりがあり、それは両国で使われている言葉にも反映され、両者は似ているところが多くある。
　例えば、朝鮮半島と日本はともに漢字文化圏に属しているため、中国語からの漢字語の借用によって朝鮮語と日本語の間には①共通の語彙が多く存在している。文法的に見ても、②語順が同じ、③敬語や丁寧語があること、④主語が必ずしも必要ではなく述語が中心となって文章を構成するなどの点で両者は似ている。また⑤日本語の「は・が・を・に」にあたる助詞があり、⑥「こ・そ・あ・ど」に似た体系がある点など、日本語を母語にする者にとって朝鮮語は理解しやすい言語である。以下にその例を挙げてみる。

① 共通の語彙
　　例えば日本語の漢字語の

　　　社会　　学校　　理解　　経済　　地理　　酸素　　市民

は朝鮮語にも同じ意味の漢字語が存在し、それぞれ

　　　사회　　학교　　리해　　경제　　지리　　산소　　시민
　　（サフェ）（ハクキョ）（リヘ）（キョンジェ）（チリ）（サンソ）（シミン）

となり、さらに地理、酸素、市民は発音もまったく同じである。
　これらのほかにも朝鮮語と日本語には漢字語の共通の語彙が多数存在する。

② 語順
　　朝鮮語の語順はほぼ日本語と同じで、例えば

　　　私は日本から船に乗って朝鮮に来た。

という文章を朝鮮語に訳すと、

　　　저는 일본에서 배를 타고 조선에 왔다.
　　（チョヌン　イルボンエソ　ペルル　タゴ　チョソンエ　ワッタ）

となる。

このように文章の基本構造が朝鮮語と日本語はほとんど同じであるため、頭の中は日本語のままで朝鮮語の単語と助詞を並べていけば、文章をつくることができる。

また日本語では「朝鮮に船に乗って日本から私は来た」と語順を変えることができるが、朝鮮語もまったく同じで、

조선에 배를 타고 일본에서 저는 왔다.
(チョソンエ ペルル タゴ イルボネソ チョヌン ワッタ)

というように語順を変えても文章の意味が通じる。

③ 敬語、丁寧語

朝鮮語には尊敬を表す「〜시다」をつけて敬語表現をつくる場合（日本語の「〜される」に相当）と、尊敬の意味をもつ単語（日本語の「召し上がる」など）を使って敬語表現をする場合がある。また日本語ほど多くはないが、謙譲表現もある。

「〜される」型
하다（する）→ 하시다（される）　　가다（行く）→ 가시다（行かれる）
(ハダ)　　　　(ハシダ)　　　　　　(カダ)　　　　(カシダ)

尊敬の意味をもつ単語型
자다（寝る）→ 주무시다（お休みになる）
(チャダ)　　　(チュムシダ)
먹다（食べる）→ 잡수다（召し上がる）
(モクタ)　　　　(チャプスダ)

謙譲型
묻다（訊く）→ 여쭈다（伺う）
(ムッタ)　　　(ヨチュダ)

また「〜です」「〜ます」に相当する「〜ㅂ니다　습니다」という丁寧語表現がある。
　　　　　　　　　　　　　　　　　　　(ムニダ)　(スムニダ)

하다（する）→ 합니다（します）　　먹다（食べる）→ 먹습니다（食べます）
(ハダ)　　　　(ハムニダ)　　　　(モクタ)　　　　(モクスムニダ)

④ 述語が中心

朝鮮語は日本語と同様に主語がなくても文章が成立する。例えば日本語で

　　警察で事故の原因を調査している。

　　日本でこのような表現を使っている。

という主語のない形でも意味が通じるが、朝鮮語でも

경찰에서 사고 원인을 조사하고 있다.
(キョンチャレソ サゴ ウォンイヌル チョサハゴ イッタ)
일본에서 이러한 표현을 쓴다.
(イルボネソ イロハン ピョヒョヌル スンダ)

というように主語がなくても文章が成立する。この場合、日本語と同様に「경

찰에서」「일본에서」に「〜の人々が」という意味をもたせ、主語の代わりとしているのである。
⑤ 助詞の対応
　朝鮮語には日本語の助詞の「は」「が」「を」「に」…にあたる助詞が存在し、「は」と「が」の区別も同じように存在する。日本語の助詞との対応は以下の表の通り。

| | 直前の単語の終わりの音 ||
	子音	母音
〜は	은（ウン）	는（ヌン）
〜が	이（イ）	가（ガ）
〜を	을（ウル）	를（ルル）
〜で（手段）、〜へ	으로（ウロ）	로（ロ）
〜と	과（クァ）	와（ワ）
〜の	의（エ、ウィ）	
〜も	도（ト）	
〜に	에（エ）	
〜で（場所）、〜から	에서（エソ）	

　前の単語が子音で終わっている場合は上の図の左側の系統の助詞を、前の言葉が母音で終わっている場合は右側の系統の助詞を使う。系統が分かれていないのは、この使い分けがないもの。
⑥ こ・そ・あ・どの対応
　朝鮮には日本語の「こ」「そ」「あ」「ど」と同じ表現がある。
　　이（この）　　　그（その）　　　저（あの）　　　어느（どの）
　　　イ　　　　　　ク　　　　　　　チョ　　　　　　オヌ
　　이것（これ）　그것（それ）　저것（あれ）　어느것（どれ）
　　　イゴッ　　　　クゴッ　　　　　チョゴッ　　　　オヌゴッ
　　여기（ここ）　거기（そこ）　저기（あそこ）　어디（どこ）
　　　ヨギ　　　　　コギ　　　　　　チョギ　　　　　オディ

（3）朝鮮語の文字

　日本では朝鮮半島で使われる文字は「ハングル」と言われているが、これは韓国での呼称であり、北朝鮮では「朝鮮文字」という意味の「チョソンクルチャ」という呼び方が一般的である。ただし北朝鮮で「ハングル」とまったく言わないかといえば、そうではなく、北朝鮮で発行されている『朝鮮大百科事典』では次

のような説明がなされている[7]。

　「朝鮮人民の固有の民族文字である訓民正音またはそれによって書いた文字。『ハングル』の『ハン』は『大きい』という意味であり、われわれの文字またはわれわれの文が世界でもっとも立派な文字であり、文だということを強調してつけた名前である。『ハングル』という言葉はわが人民の中で久しい前から広く使われてきた。今日は『ハングル』と言わず、チョソンクル、チョソンクルチャ（チョソンクルも朝鮮文字の意）と言う。」

　この説明の中に登場する「訓民正音」とは、この文字がつくられた際の本来の名称である。「訓民正音」について『朝鮮大百科事典』は「文字通り解釈すれば、『人民に教える正しい音』という言葉であるが、これには『人民に教えるための正しい音を書き表す素晴らしい文字』という意味が込められている」と述べている。また「訓民正音」は1444年1月（旧暦の1443年12月）に、当時の王であった世宗（セジョン）（統治期間：1419-1450年）の直接の主管の下に鄭麟趾（チョンリンジ）（1396-1478年）らが集団で知恵を合わせてつくった文字だということが記述されている[8]。

　さらに「訓民正音」の特徴について『朝鮮大百科事典』では次のように述べられている[9]。

　「訓民正音は第1に、文字として最も発展した類型である表音文字である。訓民正音は第2に、音韻体系の特性と文字体系を基本的に対応させつつ、当時存在していた各種の言葉を全て書き表すことができるようにつくった文字である。訓民正音は第3に発音器官の形をまねるという独特の原理に基づいた文字である。この文字は、舌、唇、歯、喉などの発音器官の模様をまねて基礎文字をつくり、それを基本として音の特性に合わせて画を加えたり、2つまたは3つの文字を加え、残りの全ての文字を体系性をもたせてつくった。訓民正音は第4に極めて学びやすく、書きやすい文字である。」

　上記の説明にもあるように、この文字は漢字のように一字一字が何かの意味を表す「表意文字」ではなく、ひらがな、カタカナのように音だけを表す「表音文字」である。ローマ字のように子音に当たる記号と母音に当たる記号を組み合わせていくだけで簡単に文字をつくることができ、極めて合理的な構造となっている。以下、母音と子音を列挙する。

・基本的な母音

　　ㅏ　　　　日本語の「ア」と同じ。

　　ㅑ　　　　日本語の「ヤ」と同じ。

ㅓ	口を日本語の「ア」のように広く開けて「オ」と発音。
ㅕ	口を日本語の「ア」のように広く開けて「ヨ」と発音。
ㅗ	日本語の「オ」を唇を丸めて発音。
ㅛ	日本語の「ヨ」を唇を丸めて発音。
ㅜ	日本語の「ウ」を唇を丸めて発音。
ㅠ	日本語の「ユ」を唇を丸めて発音。
ㅡ	日本語の「ウ」を唇を左右に引いて発音。
ㅣ	日本語の「イ」と同じ。

　母音にはこれらのほかに基本的な母音を合成してつくられた合成母音がある。発音は、概ねカタカナで書いてある通り。

ㅐ	エ
ㅒ	イェ
ㅔ	エ
ㅖ	イェ
ㅚ	エ
ㅟ	ウィ
ㅢ	ウィ
ㅘ	ワ
ㅝ	ウォ
ㅙ	ウェ
ㅞ	ウェ

・基本的な子音

ㄱ	日本語のカ行の子音。語中では濁ってガ行のになる（ただし鼻濁音ではない）。
ㄴ	日本語のナ行の子音。
ㄷ	日本語の「タ、テ、ト」の子音。語中では濁って「ダ、デ、ド」になる。
ㄹ	日本語のラ行の子音。
ㅁ	日本語のマ行の子音。

ㅂ	日本語のパ行の子音。語中では濁ってバ行のになる。
ㅅ	日本語のサ行の子音。
ㅈ	日本語の「チャ、チュ、チョ」の子音。語中では濁って「ヂャ、ヂュ、ヂョ」のになる。
ㅎ	日本語のハ行の子音。
ㅇ	母音のみであることを表す。

　子音にはこれらのほかに「激音」と「濃音」と呼ばれるものがある。
激音（息を強く吐きながら発音）

ㅊ	「チャ、チュ、チョ」の子音。
ㅋ	カ行の子音。
ㅌ	タ行の子音。
ㅍ	パ行の子音。

濃音（息を出さずに発音）

ㄲ	カ行の子音。
ㄸ	タ行の子音。
ㅃ	パ行の子音。
ㅆ	サ行の子音。
ㅉ	「チャ、チュ、チョ」の子音。

　基本的には以上の子音と母音の組み合わせで朝鮮語の文字はつくられている。

（4）朝鮮語の標準語と方言

　・標準語

　北朝鮮の言葉における標準語は「文化語」とされ、簡単に言うと、平壌の労働階級が使う言語のことである。「文化語」について『朝鮮大百科事典』は「革命の首都平壌を中心地とし、平壌の言葉を基準として成立した朝鮮民族語の模範。わが党の主体の言語思想と正しい言語政策によって、革命的に洗練され、わが人民の革命的思考と生活感情に合致するように文化的に培われてきた言語である」と説明している[10]。

　北朝鮮の標準語は、南北分断後しばらくはそれに関する独自の規定がなかった

ため、分断前に「朝鮮語学会」が作成した『韓国綴字法統一案』(1933年)と『査定された朝鮮語標準語集』(1936年)に基づいたままであったとみられる。同学会は「中流社会で使われるソウル語」を標準語と定めているため、つまり当初は「ソウル語」が北朝鮮でも標準語であったことになる。

後に登場する「文化語」という概念は、1960年代に北朝鮮で「主体思想」の理念が拡大する中、「ソウル語」との差別化を図るためにつくり出されたものと考えられる。1966年5月14日に金日成主席が発表した著作『朝鮮語の民族的特性を正しく生かしていくことについて』[11]には「文化語」について次のような記述がある。

> 「標準語」という言葉を他の言葉に替えなければなりません。「標準語」と言うと、あたかもソウルの言葉を標準とするものと誤って理解される可能性があるため、そのまま使う必要がありません。社会主義を建設しているわれわれが、革命の首都である平壌の言葉を基準として発展させた言葉を「標準語」と言うよりも他の名前で呼ぶのが正しいです。「文化語」という言葉はあまり良いものではありませんが、それでもそのように直して使うほうがましでしょう。

冒頭の『朝鮮大百科事典』の記述や金日成主席の著作では、平壌の言葉そのものが「文化語」であるような印象を受けるが、歴史的な経緯などを考えると、実際は、純粋な平壌方言に基づくものではなく、ソウル方言を中心とした中部方言を土台とし、それに平壌方言的な要素と純化による語彙整理の成果などを若干加えて形成されたものとみられる。

(5) 方　言

朝鮮半島の方言について『朝鮮大百科事典』は「方言区画」の説明で「朝鮮語方言は大きく分けて東部方言と西部方言に分けられる。東部方言には咸鏡南・北道と両江道、江原道と慶尚南・北道、そして六鎮地方[12]で使われる方言が含まれ、西部方言には平安南・北道と慈江道、黄海南・北道と京畿道、忠清南・北道、全羅南・北道、そして済州島で使われる方言が含まれる」として、大まかに2つの方言があることを指摘している。さらに同百科事典は「朝鮮語方言はさらに小さく6つの方言区画に分けられる」として、次の6つの方言を紹介している[13]。

①東北方言：咸鏡南・北道と両江道、江原道の北部で使われる方言
②西北方言：平安南・北道と慈江道、黄海南・北道の北部で使われる方言

③東南方言：慶尚南・北道と江原道の南部で使われる方言
④西南方言：全羅南・北道で使われる方言
⑤中部方言：京畿道と忠清南・北道、黄海南・北道と江原道の一部地方で使われる方言
⑥済州島方言：済州島で使われる方言。一つの自立的な方言区画をなす

　このうち、北朝鮮地域では東北方言、西北方言、中部方言の3つの方言が存在する。

3．北朝鮮における「朝鮮語」の現在

　「朝鮮語」というとき、日本では「朝鮮半島」で「朝鮮民族」が使う言葉などという意味でこの呼称を使うことも多く、学術的な場面や大学の学科・専攻名に用いる際にも「朝鮮語」と呼ばれることが多い。この場合の「朝鮮語」とは、北朝鮮の「朝鮮語」と韓国の「韓国語」が同一のものであるという前提が含意されているとも理解できるが、両者は基本的に同じ言葉でありながら、言語規範や語彙など異なる点も多い。そこで、以下、北朝鮮における「朝鮮語」について、韓国の「韓国語」との比較とともに、述べていく。

（1）北と南での言葉の違い

　周知の通り、朝鮮半島の北と南には、東西冷戦の時代に不幸にも分断された2つの国家が存在する。分断から半世紀以上が過ぎ、もともとは同じであった北と南は政治体制や経済、文化などさまざまな面で違いが生じ、それらが固定化してしまっている。この現実は言葉の面でも同様である。それでは、北と南の言葉は別の言語なのかといえばそうではなく、言語学的に見ると、やはり同一の言語である。ただ、半世紀以上という長い歳月を経て、やはり言葉の面での異質化が進んでいることは否めない事実であり、それは前述の標準語の違いを見るだけでも、かなり大きなものとなっていることがわかる。

　ここでは北と南の言葉の違いについて、主なものを紹介する。

（2） 正書法、言語規範

　正書法は、1945年の日本の植民地支配からの解放、そして南北分断後も、1933年に朝鮮語学会が制定した「朝鮮語綴字法統一案」に依拠していたが、北朝鮮で1954年に「朝鮮語綴字法」が制定された。このことによって言語規範上、初めて北と南で違いが生じたが、正書法の細かい点が改訂されただけで、これによって北と南で言語規範上、大きな差異が生じたわけではなかった。

　北朝鮮ではその後、1960年代に入ってからの「主体思想」の拡大、浸透につれ、言語政策で大きな転換が行われた。金日成主席が1964年1月3日に著作『朝鮮語を発展させるためのいくつかの問題』[14]を、そして1966年5月14日に前述の著作『朝鮮語の民族的特性を正しく生かしていくことについて』を発表。これを受け、内閣直属の国語査定委員会が同年『朝鮮語規範集』をまとめ、それによって北と南の言語規範に大きな違いが生じることとなった。その後、北朝鮮では1987年に『朝鮮語規範集』が改訂されて現在に至っている。

　韓国では1933年に朝鮮語学会が制定した「朝鮮語綴字法統一案」に引き続き基づいていた。その後、1988年に「ハングル正書法」と「標準語規定」が定められ、それらが現在の言語規範となっている。

　このように北と南では異なる規定に基づいて正書法が決められており、それが異質化の根底にある。

（3） 漢字を使わない

　朝鮮は日本と同じ漢字文化圏であり、朝鮮語の語彙の中に多くの漢字語があることはすでに述べた。この漢字語の取り扱いが北と南では異なる。

　北朝鮮では建国後、当時の同盟国であったソ連の言語・文字路線と国内左派の言語・文字イデオロギーの影響を受け、漢字の使用と教育が全面的に廃止された。それを受け、1948年から朝鮮労働党機関紙『労働新聞』をはじめ新聞、雑誌、教科書など大部分の出版物がチョソンクルチャ（いわゆる「ハングル」）だけで書かれるようになり、翌1949年からはすべての出版物がチョソンクルチャのみになって漢字は姿を消した。この措置は、いわゆる「文盲退治事業」、つまり識字率の向上に大きな役割を果たした。

　韓国では漢字は使われていることは使われているが、かなり使用が減ってい

る。1980年代中頃までは新聞などでもハングルの中に多くの漢字が混じっていたが、最近ではほぼすべての記事がハングルだけで書かれている。漢字が使われるのは、他に同音異義語があって意味を明確にする必要がある場合や、人名・地名を表すときにカッコ書きされる程度でしかない。

(4) 頭音法則

朝鮮語では、外来語に分類される漢字語の語頭にㄹ（R）の音が来た場合、北朝鮮では、チョソンクルチャ（ハングル）の基本原理である表音主義に基づいて漢字音本来の音そのものを書く方式を採択し、ㄹのままで表記および発音される。これに対し、南ではㅇ（母音）、ㄴ（N）で表記され、発音も変化した音で行われる。具体例は「アルタイ諸語の特徴をもつ朝鮮語」の④ですでに紹介しているので、それを参照してほしい。

(5) 語　彙

社会主義、資本主義という政治制度の違いが言葉に大きな影響を及ぼしている。北朝鮮には「先軍（軍事優先）政治」「千里馬運動」「三大革命」といった政治・経済用語や、「最高人民会議」（国会）、「人民保安員」（警察官）、「輸送戦士」（鉄道の機関車など輸送手段の運転手）といった社会システム上の特殊用語など、社会主義的な思想が色濃く反映された言葉がある。これらの言葉は、南には概念そのものがないため、説明を付けないと韓国人や日本人は理解することができない。

一方、韓国では資本主義社会の特徴として、多くの外来語（ほとんどが英語）が使われている。外来語を使う感覚は日本人とほぼ同じと考えてよいだろう。一方、北ではなるべく外来語を使わず、できるだけ固有語に言い換える傾向があるが、最近では少しずつ外来語の使用が増えてきている。特にITやスポーツ関連の用語は、英語をそのまま取り入れることが多くなっている。

外来語については、外来語の輸入先が北朝鮮と韓国で異なる。社会主義の北朝鮮ではもともと、同盟国である旧ソ連のロシア語から外来語がもたらされた。資本主義の韓国ではもちろん米国の英語からである。例を挙げてみよう。

ケーブル	北 까벨(кабел)	南 케이블(cable)
トラクター	北 뜨락또르(трактор)	南 트랙터(tractor)
キャンペーン	北 깜빠니아(Кампания)	南 캠페인(campaign)

　北朝鮮と韓国ではこれらのほかにも分かち書き、用言の語形に関する表記など細かい点において違いがあるが、冒頭でも述べたように、言語学的に見ると同一の言語である。

（6）朝鮮語を話す人々

　『朝鮮大百科事典』によると、朝鮮語は、朝鮮の領土、すなわち朝鮮半島と周辺の島々に主に分布しており、そのほかに中国の吉林省をはじめとする東北三省の各地と日本の各地、ロシアの極東地方と中部アジア地方、欧州と米州、そしてそのほかの各所に使用者を有している[15]。その数は北朝鮮が約2,400万人、韓国が約4,800万人、在外では多い順から中国が約230万人、米国が約210万人、日本が約90万人で、そのほかにウズベキスタン、ロシア（シベリア、サハリン）カナダ、ブラジルなどにも居住している。

4．外国語教育

　北朝鮮における外国語教育の目的について『朝鮮大百科事典』は、金日成主席の革命思想と金正日総書記の革命思想、その活力を対外的に広く宣伝することを重要な目的とする、と指摘している。さらに同事典は「人類の達成した最新科学技術成果を主体的立場で受け入れ、わが国の科学技術を最短期間内に世界的水準へと引き上げるため」に外国語教育を行う、としている[16]。
　外国語教育は一般教育と専門教育の2つの体系で行われ、一般教育は中学校[17] 1年から始め、大学の低学年までの期間に実施される。中学校では一般会話に必要な単語と会話および一般文体の文章構造パターンそして外国語基礎文法知識を生徒に学ばせることで、簡単な外国文図書を読んで理解し、単純な言語コミュニケーションを行うことのできる水準に到達するようにする。大学の一般教育では、中学校の教育の段階で積み上げた外国語の基礎に基づいて自らの専攻部門

の外国文図書を自由に読んで理解し、会話も行うことのできる技能を身につけることができるようにする。また専門教育は金日成総合大学や師範大学の各外国語学部、外国語大学などで行われる。さらに北朝鮮では、正規の外国語教育体系以外に各種形態の講習と再教育体系を通じた外国語教育も広範に行われているという。

　北朝鮮では、専門的な外国語教育を施す外国語教育機関として平壌市と各道都に中学校レベルの外国語学院がある。1958年に「平壌外国語遺子女学院」として初の外国語学院が平壌に創設され、ロシア語、英語、中国語、フランス語、ドイツ語、スペイン語、アラブ語、日本語などの11年間の外国語教育を実施。学院は1968年に6年制の平壌外国語学院へと改編され、その後、平壌外国語大学学院班へと改編された。それとは別途に、外国語教育の強化のために1965年に平安北道新義州市と咸鏡南道咸興市に、続いて各道に外国語学院が創立。6年制で運営された後に9年制へと改編され、外国語専門家と中学校教員を養成した。各道の外国語学院は1987年に再び6年制の外国語学校へと改編された[18]。

　北朝鮮での外国語教育の現状について在日本朝鮮人総聯合会機関紙『朝鮮新報』（電子版）が2009年12月2日付で詳しく報じている[19]。同報道によると、2008年9月から各地の小学校[20]の授業科目に英語が導入され、3年生（9歳）から学習することになった。3年生ではアルファベットの習得と単語学習、そして挨拶などの英会話を習い、4年生では聞き取り、会話、読み書きなどが行われるという。

　さらに北朝鮮の外国語教育の現状について同報道は、一般中学校の英語の教育内容が文法中心から会話中心に変わったこと、平壌外国語大学が2012年に専攻科目をはじめ一般科目、基礎科目など全講座をすべて外国語による講義へと転換することを紹介している。また社会人を対象に外国語教育を行う外国語教習所が平壌外国語大学、人民大学習堂など平壌市内に数カ所あり、人民大学習堂（82年に講習所を開講）では英語、ロシア語、中国語、ドイツ語、日本語などの講座があることも伝えている。

むすびにかえて―北朝鮮のアナウンサー―

　本章で述べてきた北朝鮮の朝鮮語は、日本でも聞く機会が増えた。最近は北朝鮮関連のニュースが日本のテレビで取り上げられることが多くなり、北朝鮮のテレビのニュース映像がよく流れるようになった。映像で流される北朝鮮のアナウンサーのあの独特な抑揚と絶叫調の強烈なしゃべりが印象に残っている方も多いだろう。そこで最後に、言葉を扱う職業である北朝鮮のアナウンサーについて紹介して、本章を閉じることとしたい。

　北朝鮮ではアナウンサーは「放送員」と呼ばれる。『朝鮮大百科事典』は「放送員」について「わが国で放送員は、革命的な話術によってわが党の声を内外に広く宣伝する宣伝員であり、党の政策を断固として擁護し、その貫徹へと人民大衆を力強く奮い立たせる政治活動家であり、革命の声によって階級的な敵と無慈悲に闘争する熱烈な闘士である」と説明している[21]。

　単なる情報の伝達者ではなく、「政治活動家」「熱烈な闘士」と位置づけられる放送員の役割や心得について、北朝鮮向けの民間短波ラジオである「開かれた北韓放送」のホームページに解説が掲載されている[22]。それによると、放送員たちの教材として広く使われるのが、故リ・サンビョク氏の著書である『話術通論』『放送話術論』『朝鮮語話術』『放送員話術』などである。故リ・サンビョク氏は1994年7月9日の正午にラジオで金日成主席死去の発表を伝えたことでも知られる北朝鮮の元老級の言論人だ。

　『話術通論』では、放送員が報道の際に守らなければならない話術に関する理論が説明されている。その中では放送員は「朗読力が豊富で、音声、発音が良く、原稿の思想を伝達することができ…（以下略）」と指摘されている。

　北朝鮮の放送員は「思想の伝達」という点で、事実の客観的な伝達者と認識しているわれわれ西側諸国のアナウンサーとは根本的に果たす役割が異なるようだ。ちなみに『話術通論』はこうした西側諸国のアナウンサーの方針について「資本主義国家の『アナウンサー』は第三者の立場を主張し、放送のいわゆる『中立化』を標榜している」と批評を加えている。

　北朝鮮のアナウンサーには「功勲放送員」「人民放送員」という名誉称号があ

る。この2つの称号はアナウンサーらを「社会的に重用するため」に制定された。ある程度功労が認められると「功勲放送員」となり、さらに大きな功労を立てると「人民放送員」称号を得るという。故金正日総書記の動静報道などの最重要ニュースを読み上げていたことで日本でもおなじみの朝鮮中央テレビのリ・チュンヒ・アナウンサーは「人民放送員」の称号をもつ。またラジオ放送のベテランアナウンサーで、日本の国会議員に相当する最高人民会議代議員も務めるチェ・ソンウォン・アナウンサーも、この「人民放送員」の称号をもつ。

韓国誌『新東亜』2011年2月号は北朝鮮のアナウンサーについての朝鮮中央テレビの元作家へのインタビューを報じた[23]。それによると、北朝鮮でアナウンサーになる道は大きく2つ。1つは平壌演劇映画大学の放送科を卒業することであり、もう1つは、毎年開かれる全国話術競演大会で選抜されることである。そこで選ばれたからといって、直ちに放送員になれるのではなく、15人ほどの養成班がつくられ、朝鮮中央放送の話術専門家たちが1～2年かけて教育し、その中で最終的に生き残った数人が放送員の名を得るのである。

こうして、激しい競争を勝ち抜いた北朝鮮のアナウンサーたちは、一般労働者が想像することさえ難しいほどの水準の待遇を受ける。特に人民放送員、功勲放送員は、住宅や配給などで放送局の幹部を凌ぐ待遇を受けているという。故金正日総書記が「放送員は、戦争が勃発すれば戦犯になるため、最高の対応をしてやるべきだ」と述べたとされるからだ。

北朝鮮アナウンサーの厚遇ぶりについて、中国紙『世界新聞報』（電子版）が2008年4月に報じている[24]。それによると、看板クラスのアナウンサーには、平壌服装研究所から最新の衣類が無料または廉価で提供され、彼女らのヘアスタイルと服装は直ちに流行するという。また洋酒などの輸入品が配給されることはもとより、日本製の自動車が運転手つきで提供されるアナウンサーもいるという。

次に北朝鮮のアナウンサーの独特な口調について見ていきたい。

『朝鮮大百科事典』は放送話術の項目で「放送話術は、労働者、農民をはじめとする広範な人民大衆が聞いて理解することができるように、そして人民の思想感情に合致するようになるべきであり、革命を進めるわれわれの時代の雰囲気に合致するように、気迫があり戦闘的でアピール性の強いものになるべきである」

と指摘している[25]。これが北朝鮮のアナウンサーのしゃべりの根本であるようだ。

　先にアナウンサーの教材として挙げた「放送員話術」にアナウンサーの「気迫」について詳しい記述がある。『朝日新聞』2003年6月15日付（電子版）が、海外放送の愛好家たちの研究組織である「アジア放送研究会」が入手した「放送員話術」の内容を詳しく報じている[26]。

　同紙の報道によると、「放送員話術」の中にある「言葉の気迫」という項目では、北朝鮮の放送は「偉大な金日成主義を実現するもっとも鋭利な思想的武器」であり、「大衆を革命と建設闘争に目覚めさせる突撃ラッパ」としての役割が求められているため、アナウンサーの言葉に気迫がなければ、「人民に闘争意識を鼓吹することができない」と指摘した上で「どんな場合でも放送員たちは言葉で気迫を失ってはいけません」という故金正日総書記の言葉が引用されているという。さらに「放送を通じて我が人民を緊張させるだけではなく、敵どもを激しく非難しながら我々の威力を見せ付け、威圧するようにしなくてはなりません」という故金正日総書記の言葉も紹介されている。北朝鮮のアナウンサーの口調はこれらの記述、特に故金正日総書記の言葉（指示）によるところが大きいと思われる。

　このように、北朝鮮のアナウンサーは口調をはじめさまざまな点で日本や韓国のそれとは異なるということがおわかりいただけたと思う。ただし、言葉を扱うという点は同じであり、視聴者が彼らから情報の伝達を受けるという点も同じである。北朝鮮のテレビやラジオのニュースに接することがあった場合、異なる点と同じ点をちょっとでも意識してみると、あの絶叫調のアナウンスも違った雰囲気に感じられるかもしれない。

注
1)　『朝鮮中央年鑑　主体100（2011）年』朝鮮中央通信社、2011年、34ページ。
2)　北朝鮮では2008年10月に国連人口基金（UNFPA）の支援で人口一斉調査が実施された。UNFPAが翌2009年12月に発表した同調査の結果で、2008年10月1日現在の同国の人口は2,405万2,231人で、1993年の前回調査時の2,121万3,378人に比べ283万8,853人増加したことが明らかになっている。
3)　1994年に金日成主席が死去した際、その後継者の金正日氏は金日成氏を「永遠の主席」と

して自身は主席には就任せず、国家元首であるこのポストを「永久欠番」化した。
4) 2012年1月5日に発表された韓国統計庁作成の『統計で見る南北変化報告書』による。
5) 韓国の全斗煥大統領一行がビルマ・ラングーンのアウン・サン廟で北朝鮮の工作員による爆弾テロに見舞われた事件。大統領は死を免れたが、同行した副首相や外相ら閣僚4人を含む韓国側17人、ビルマ側4人の計21人が犠牲となった。
6) 『朝鮮語大辞典（増補版）』2、社会科学出版社、2007年、1406ページ。
7) 『朝鮮大百科事典』23、百科事典出版社、2001年、572ページ。
8) 『朝鮮大百科事典』24、2001年、479、480ページ。
9) 同上。
10) 『朝鮮大百科事典』9、1999年、487ページ。
11) 『金日成著作集』第20巻、外国文出版社（平壌）、1984年、所収。この著作はロシア語、英語、日本語などから導入された不必要な外来語と難しい漢字語を固有語に言い換える国語純化を推進することを主たる目的としたもの。
12) かつての咸鏡道の富寧、会寧、鍾城、穏城、慶源、慶興の6つの郡を指し、今日の富寧、会寧、先鋒、穏城、慶源、慶興の6つの郡と羅津市がこれに属する。
13) 『朝鮮大百科事典』10、1999年602ページ。
14) 金日成主席はこの著作で、言語が民族の最も重要な特徴だということを主張し、言語の共通性を維持するために言語改革に反対すると指摘している。
15) 『朝鮮大百科事典』17、2000年、657ページ。
16) 『朝鮮大百科事典』29、2001年、301ページ。
17) 10～15歳。従来は「高等中学校」と呼ばれたが、2002年9月に「中学校」に改称された。
18) 『朝鮮大百科事典』29、2001年、301ページ。
19) 「朝鮮で語学学習奨励『外国語を学び最先端科学技術を』」『朝鮮新報』（電子版）2009年12月2日付〈http://www1.korea-np.co.jp/sinboj/j-2009/04/0904j1202-00001.htm〉
20) 6～9歳。2002年9月に従来の「人民学校」から「小学校」に改称された。
21) 『朝鮮大百科事典』10 百科事典出版社 1999年 574ページ。
22) 「北アナウンサーの独特な抑揚の原因は？」開かれた北韓放送 2009年9月16日〈http://m.nkradio.org/news/1256〉
23) 「チャン・ヘソン朝鮮中央TV元作家が語る北韓アナウンサーたち」『新東亜』2011年2月号（電子版）〈http://shindonga.donga.com/docs/magazine/shin/2011/01/20/20110120 0500035/201101200500035_1.html〉
24) 「走近朝鮮的功勛播音員」『世界新聞報』（電子版）2008年4月25日〈http://gb.cri.cn/12764/2008/04/25/2945@2034588.htm〉
25) 『朝鮮大百科事典』10、1999年、571ページ。
26) 「北朝鮮アナに『気迫』解く教本　絶叫調の裏に総書記教示」『朝日新聞』（電子版）2003年6月15日付〈http://www.asahi.com/special/nuclear/TKY200306140303.html〉

参考文献

伊藤亜人ほか編『朝鮮を知る事典』(新訂増補) 平凡社、2000 年
礒崎敦仁・澤田克己『LIVE 講義　北朝鮮入門』東洋経済新報社、2010 年
塚本勲・奥田一廣『新しい朝鮮語』白帝社、1989 年
『世界年鑑 2011』共同通信社、2011 年
『朝鮮中央年鑑　主体 100（2011）年』朝鮮中央通信社、2011 年
『朝鮮大百科事典』各巻、百科事典出版社、1995 〜 2001 年
各国・地域情勢「北朝鮮」日本外務省ホームページ
　〈http://www.mofa.go.jp/mofaj/area/n_korea/data.html〉

※本章は、情報センター出版局より西嶋龍著として 2003 年 3 月に出版された『旅の指さし会話帳 42 北朝鮮』の内容をもとに、大幅に書き改めたものである。

第3章

中国における日本語熱
―表象の裏を読み解く―

1. 日本語熱の表象

2011年3月11日、中国日本語教学研究会江蘇分会と南京師範大学外国語学院の主催する「江蘇省第2回日本語スピーチコンテスト」に招かれて出席した。会場で70人余りの出場者が聞き惚れるほどの素晴らしいスピーチを披露したのもさることながら、それ以上に感慨を覚えたのは、2年前の第1回大会では出場した大学がわずか22校だったのに対し、今回は32校にまで規模が拡大したことである。主催者の彭曦（中国日本語教学研究会江蘇分会事務局長・南京大学外国語学院教授）によると、2010年末現在、日本語専攻課程を設けている大学は江蘇省だけでも35校、在籍中の学生は1万人余りに上るという。

中国では、日本語はずっとマイナー言語とされてきた。マイナー言語というのは2通りの定義があり、1つには国連公用語（英語、中国語、スペイン語、フランス語、ロシア語、アラビア語）以外のすべての言語、もう1つには英語以外の言語を指す。ところがそうした定義などどこ吹く風とばかり、日本語専攻課程は英語を除く30余りの外国語の中で設置規模、学生募集人員数ともに常に1位を占めているのである。

日本語専攻が急激に広がり始めたのは、21世紀に入ってからのこの10年余りのことである。関連資料によれば、日本語専攻を設けている大学は1999年12月には全国で150校にすぎなかったが、2005年12月には256校に増え、そして2010年12月現在ではすでに660校に上っている[1]。つまり、10年で4倍余りに増えたことになる。これに伴い、在籍する学生の数も増えた。上海市日本学会理事会のデータによると、2010年末現在、全国の大学における日本語専攻の学生

数はすでに10万人を超え、なおじわじわと増える勢いだ[2]。例えば四川省の楽山師範学院日本語科は2003年に本科生募集資格を得たが、その年の募集人員数はわずか10人。その後、2004年57人、2005年86人、2006年60人、2007年125人、2008年144人、2009年104人と拡大の道をたどり、2010年2月現在で在籍学生総数は433人に達している[3]。全国で10万人余りが在学していれば毎年2～3万人の卒業生が生まれることになり、こうした日本語専攻課程の規模の大きさはドイツ語、フランス語、ロシア語、朝鮮語、スペイン語、アラビア語などを専攻する学生の数をすべて合わせても及ばないほどである。

とはいえ指摘しておかなくてはならないのは、現在の中国では、大学の専攻課程以外のところで日本語を学ぶ者はさらに多いということである。これには職業学校や中等専門学校を含むさまざまな職業訓練機関が含まれる。例えば広州桜花日本語訓練センターは広州だけで4カ所の分校があり、毎年5,000人が日本語訓練を受講している。そのうち40～50％はホンダ、パナソニックなど日本企業が研修を委託した従業員であり、その数は年を追ってなお増えている[4]。広州市津橋外国語訓練センターでも、日本語訓練が業務全体に占める割合は現在40％にも達し、英語を上回っているという。同センターの日本語訓練登録者数は平均200～300人だが、夏休みや冬休みの時期には受講者が800人に上ることもあるという。また北京日本語訓練機構のデータによると、北京市の日本語訓練の規模は2005～2007年まで3年連続で増加傾向を示している。中でも北京新東方教育科学技術集団の日本語訓練受講者数は毎年30％、北京尚徳教育機構の日本語訓練センターでは毎年50％を超えるペースで増えている[5]。

これら非専攻の日本語の訓練機関は、大学の日本語専攻課程とともに中国における日本語教育の中核となり、中国で日本語学習が日々盛んになっていくという麗しい光景を形づくっている。日本の国際交流基金の資料によると、中国の日本語学習者総数は1998年の24.5万人から2006年には68.4万人、2009年には82.7万人に増えており、韓国に次いで現在、世界第2位を占めている（表1）。

表1　中国国内の日本語学習者数

年　度	1998	2003	2006	2009
日本語学習者数（万人）	24.5	38.8	68.4	82.7

※日本国際交流基金『海外の日本語教育の現状＝日本語教育機関調査』による

2. 表象を読み解く

　中国における日本語熱の表象について論じる際、毎度言われるのは、これは市場の需要から生まれたものだということである。確かにその通りであろう。今世紀の過去10年間において、中国国内の日本語専攻に対する市場ニーズは主に2つの面から生じていた。1つは、絶えず伸び続ける在中日系企業からの需要。もう1つは、日増しに拡大する日本留学の需要である。

　在中日系企業からの需要について言えば、1990年代から中国国内の安い労働力コストや優れた投資環境、巨大な市場潜在力を当て込み、日本企業による大規模な中国進出が始まった。中国商務省の関連資料によると、2006年に中国が導入した日本資本による直接投資プロジェクトは2,590件で1989年の8.81倍、金額では実質ベースで45億9,806万ドルと同12.9倍にもなっている。2006年末現在、日本の累計対中直接投資額は595億ドル（実質ベース）に上り、中国にとって4番目の外資導入元となっている[6]。

　日本の対中投資が増えるにつれて、在中日系企業の数も絶えず増えており、統計によると2008年には4万社余りに達している。長江デルタ地帯にはこのうち3万社余りがあり、さらに遼寧省が3,000社余り、珠江デルタ地帯が3,000社弱といった具合である[7]。こうした企業はたいてい「現地市場での販売」を主体としており、日本への逆輸入や第三国向け輸出は二次的なものにすぎない。日本の経済産業省が2008年に発表した「第37回海外事業活動基本調査結果概要」によれば、2006年、在中日系メーカーの中国市場での売上額は6兆9,347億円、日本への逆輸入額は3兆1,927億円、第三国向け輸出額は2兆1,586億円で、売上総額に占める比率はそれぞれ56.4%、26.0%、17.6%となっている[8]。

　在中日系企業が増えるにつれて、生産であれ販売であれ、こうした企業にとって現地の人を大量に雇用する必要が生じることは疑う余地もない。在中国日本大使館が公表した数字を見ても、2006年、在中日系企業が直接・間接に雇用した中国人労働者数はすでに920万人に達した[9]。雇用の拡大は中国社会に、日本語を使いこなせる人材に対する需要を呼び起こした。2000～2007年の間、中国国内の大学の日本語専攻課程卒業生の就職率は毎年100%に近く、売り手市場と

なっている。上海外国語大学日本文化経済学院の資料によると、2006年と2007年に企業から同学院に寄せられた日本語専攻課程卒業生の求人数は計1,000件余りに及んだが、卒業生は2年間で201人にすぎず、求人数と卒業生数の比率は5：1にもなっている。

　社会が日本語専攻者に対する高い需要を維持する一方で、日本語専攻課程卒業生の賃金も底上げされてきている。上海創価諮詢有限公司（日本留学から帰国した孫立平が上海で1996年に創業した人材コンサルティング会社）が以前、在上海の日系企業の賃金に対して実施した不完全な賃金調査では、日本語専攻の学生の初任給は3,000元前後が一般的で、他言語の専攻の学生よりも高いことがわかった。しかも、その格差は労働時間が長くなるにつれて広がり、少なくとも1,000元以上もの開きがあるという。中国教育在線網（中国最大の教育ポータルサイト）の資料によると、2007年、日本語専攻課程卒業生の賃金は全国226の本科専攻のうちで第9位に入っている[10]。

　日本語人材市場の需要動向が上向きの一途をたどり、また日系企業従業員の賃金も上昇してきたことは、中国の大学に日本語専攻を新設しようという意欲を呼び起こしただけでなく、社会的にも日本語学習の人気に火をつけた。日本国際交流基金による2009年度の日本語学習目的調査の資料によると、中国では就職のために日本語を学ぶという人が大学生では80%を占め、それ以外の、社会の中で学ぶ人々でも70%以上に達している[11]。

　日本留学の需要に関しては、1983年に当時の日本の中曽根内閣の下で、有名な「21世紀への留学生政策に関する提言」がまとめられ[12]、これに基づき日本政府は2000年に留学生10万人の受け入れを実現することを目指した。この提案の効果により、中国では1980年代末から日本留学ブームが起きた。

　新しい世紀に入ると、日本留学ブームはいっそう大きな波となって押し寄せたと言ってよい。日本の文部科学省と学生支援機構（JASSO）の調査報告書によると、2000年以降、日本への中国人留学生の数は大幅に増加し、同年の3万2,297人から2010年には8万6,173人にまで増えた[13]。

　今や中国は日本留学市場にとって最大の学生供給源となり、日本の外国人留学生全体の60%以上を占めている。こうした日本留学ブームに呼応して、中国国内で日本語能力検定試験を受験する者も急激に増えている。受験者数は2004年に

は9万356人だったが、2009年には32万9,255人を記録している[14]。

　日本語能力検定試験をこれほど多くの人々が受験するようになった理由について業界関係者は、1つには在中日系企業が次第に増加するに伴い、初級レベルでも日本語を身につけているというだけで就職・昇進に有利にはたらくとの認識が広まったこと、もう1つの重要な理由として、多くの学生が日本留学を希望するようになったことがあるとみている。国際交流基金の2009年度「海外の日本語教育の現状」調査でも、確かに中国では大学生の60%近く、高校生の50%が日本留学のために日本語を学んでいるとの結果が出ている[15]。

3. 表象の裏にある文化的背景

　それにしても、改めて考え起こさずにいられないのは、新世紀の初めに起きた日本語学習者の増加、大学における日本語専攻課程の拡大、日本留学ブームといった日本語熱の表象が、いずれも中日両国間の政治的関係が絶えず悪化する中で現れてきたということである。

　2006年、あるドイツ・メディアは当時の中日関係について「一言で言えば、氷点以下に冷え込んだ」と論評した[16]。しかし、両国関係を「氷点」という言葉を使って形容するのは、このドイツ語メディアの発明でも何でもなく、すでに2004年に、王毅が駐日大使として赴任する際、中国の国内メディアは当時の中日関係を「ほぼ氷点にまで落ち込んでいる」と表現していた。

　実際、日本で小泉純一郎が首相を務めた2001～2006年までの5年間、歴史教科書や釣魚島（尖閣諸島）、東シナ海ガス田、李登輝元台湾総統の訪日、靖国神社参拝、日本の国連安全保障理事会常任理事国入りなどの問題をめぐり、中日両国の構造的対立はかつてないほどに激化し、それゆえ両国関係は日増しに「氷結」するに至ってもいた。2002年に中日国交正常化30周年という記念の年を迎えても、中国側は小泉首相に中国公式訪問を招請することを断固として見合わせた。一方、江沢民の後を継いで新たな指導者となる胡錦濤や温家宝は、はるばる米国を訪問することはあっても一衣帯水の日本には立ち寄りさえしようとはしなかった。2005年には、中日両国のハイレベル会談はほぼ中断した。2006年の小泉首相退任後、ようやく中日双方は4年間にも及ぶ相互調整、とりわけ「破氷」

「融氷」「迎春」「暖春」と呼ばれるハイレベルの良性の相互連動を経て、2国間関係に若干の温もりを取り戻すことになったのだった（小泉の首相退任後に首相となった安倍晋三が就任翌月の2006年10月に行った訪中は、氷に覆われた日中関係を打開する「破氷之旅（氷を砕く旅）」として報じられ、これを受けて2007年4月の温家宝首相による訪日は「融氷之旅（氷を解かす旅）」と位置づけられた。さらに同年12月には当時の福田康夫首相が電撃訪中し、「迎春之旅（春を迎える旅）」と呼ばれた。そして2008年5月には胡錦濤国家主席の訪日が実現し、「暖春之旅（暖かい春の旅）」と位置づけられた）。

興味深いのは、両国間の政治的関係が「氷点以下に冷え込んだ」のと時を同じくして、中日間の経済関係はただならぬ活気を見せ、「政冷経熱」というパラドックスが出現したことである。2005年には日中の往復貿易額は1,893億8,000万ドルと7年連続で史上最高を更新し、2001年の877.5億ドルの2倍余りに達した[17]。2004年に日本は11年にわたり独占してきた中国の最大の貿易相手としての地位を失っていたが、今度は中国が米国に代わって日本の最大の貿易相手となり、日中貿易額も2004年、2005年と2年続けて日米貿易額を上回ったのである。

ここで「政冷経熱」なるものを、何らかのパラダイムによって構築された日本語熱の社会的表象として捉えるならば、日本語熱というパラダイムには一種の文化を構築することが内包されていることは疑うまでもない。それは、中国の現実社会に対する日本文化の浸透によってもたらされたものである。この浸透とは、社会生活におけるあらゆるもの——経済的価値や国家権力から、日常の実践や心理的超越に至るまで——が文化的色彩をまとうことを意味する。実に米国のポストモダン理論家、フレドリック・ジェイムソンが指摘したように、「文化の威力とは、経済的価値や国家権力から社会実践や心理構造まで、社会生活におけるあらゆる活動を文化的意義で満たすものなのである[18]」。

中国では1990年代以降、アニメ、音楽、グルメ、ファッション、広告などをはじめとして日本文化が流行しており、読み物（マンガや村上春樹などの小説）、映像作品（ドラマや岩井俊二などの映画）、ファッション（流行のブランド、ストリートブランド、低価格ファッション）、ホームインテリア（無印良品、日本風のもの、禅の心を取り入れたもの）など、日本の作品や日本のスタイルが至る

ところに融け込んでいるのを目にすることができる。

　中でもとりわけアニメは1980〜1990年代以降生まれの中国の若者たちに、空前とも言える深い影響を与えている。2006年4月には、幼い頃から日本のアニメが大好きだったという北京大学の学生、林華（仮名）が、政府のラジオ・映画・テレビ総局が外国アニメの放映規制を打ち出したのを不満として、北京の西単図書大厦（訳注：北京の繁華街・西単にある大型書店）に偽の爆弾を仕掛けることで政府に圧力を加え、放映規制を改めさせたという事件もあった[19]。2009年頃には上海、広州などにメイドレストランやメイド喫茶が登場した。そこではウエートレスは単に日本マンガのキャラクターのコスプレをするだけではなく、アニメについて熟知していることも要求される。さらに驚くべきは、こうしたメイドレストランやメイド喫茶を利用する客の方も大半がアニメオタクだということである[20]。

　1980年代以降に生まれた中国の若者たちを対象にしたあるアンケート調査では、98.8％もの人が日本のアニメを見たことがあると答えており、その中でも51.3％は10作品以上見たことがあるという[21]。南京大学出版社が2010年に南京市の小学校4〜6年生を対象に行った「日本マンガおよび日本マンガ市場に関する研究アンケート調査」でも、アニメは日本の作品が好きだという小学生は57.6％と高い比率を占め、それに対して「中国大陸」は11％、「欧米」は12.6％、「香港・台湾」は7.1％であった。そればかりでなく、アニメ作品の人気ベスト3にも「名探偵コナン」「しゅごキャラ！」と日本の作品が2つも入っている。ちなみに残る1つは「老夫子」（香港の古典的人気漫画が原作のアニメ）である[22]。

　まさにこれほどまでに深い文化的共感があったからこそ、中日間の政治的関係が最も冷え込んでいた時期でさえ、中国の青少年たちは日本語熱をはじめとして日本文化に対する、また文化交流のツールとしての日本語に対する強い関心をなおも維持し続けたのである。2009年度の笹川奨学金を受けた大連外国語学院の于文靖は、自身の日本語学習の原動力について語った際、はばかることなくこう明言している。

　　「大学に入学する時、日本語専攻を第1志望に選んだのは、日本のアニメが好きだったからでもありますが、それだけでなく日本という国に興味があったからです。…私

たちの日常生活の中で、日本文化の影響はもはやアニメにとどまらず、カメラ、テレビ、コンピューターなど電子製品、流行の服の着こなしやヘアースタイルといったところにまで日本由来の要素が感じられるようになっています。どこもかしこも、と言ってもいいほどです」。

実際、山東大学の黄嚛咪、アモイ大学の陳雅婷や四川外国語学院の余爽ら、他の奨学生も于文靖と同様の見方をしており、いずれも日本語専攻を選んでいる[23]。

4. 日本語の複合型

こうして見てくると、日本語熱を構成する社会表象体系の中では、政治、経済、文化という3つの要素が折り重なることで現代中国社会の三様の実像が生まれ、一種独特な社会的生存方式を築き上げていることがわかる。中でも最も重要と思える役割を果たしているのが文化である。もっとも、こうした社会表象は伝統的な「経済が基礎であり、政治は経済の集中表現であり、文化は政治と経済の反映である。一定の文化は一定の政治と経済によって決定され、また逆に一定の政治と経済に影響をおよぼす」（毛沢東の言葉）という理念とは決して歩調を同じくするものではない。

文化経済学の観点からすれば、こうなる。文化とは経済的なものである。なぜなら「意味」とは生産と流通を通じて初めて生じるものであり、生産と流通にはさまざまな物質的条件や仕組みが必要だからである。他方、経済とは文化的なものである。なぜなら生産と消費のプロセスとはしばしば「意味」に依存したり、（例えば広告などを通じた）さまざまな「コード」に基づいていたりするものであるため、一つの文化的プロセスでもあるからである。一方、政治とは、経済と文化の相互作用に対する国家の調整が外在的に表現されたものということになる。

政治、経済、文化の3者の関係について言えば、経済は常に発展するものであり、人々のイデオロギーはそれにつれて発展し、社会の文化もそれに合わせて発展していくものである。それとともに政治も、経済と文化の相互作用に応じて調和したり衝突したりする。またそうして衝突と調和が交錯する中で、社会も発展していく。この点を踏まえて初めて、われわれは「政冷経熱」という背景の下で

の日本語熱という社会表象に新たな解釈を加えることもできるのである。

　2010年になると、中日二国間の政治的関係は釣魚台（尖閣諸島）での漁船拘束事件に象徴されるように、新たな不安定と衝突に入った。それでも中日二国間の経済的往来は依然として減っていない。日本の企業信用調査機関「帝国データバンク」の調べによると、2010年10月現在、日本の国内市場の縮小、円高、中国市場への期待などの要因に後押しされ、中国に投資する日本企業の数はすでに1万778社に達しており、そのうち製造業は42.4%を占めている[24]。こうした背景の下、以前から中国に投資していた日本企業も中国市場の開拓にいっそう力を入れるようになった。例えばNECは、2010～2012年の3年間で中国での半導体生産の規模を2倍に拡大すると発表した。日立製作所も、2010～2015年の5年間で中国での鉄道関連事業の規模を3倍に拡大するとしている。ユニクロは2010～2020年の10年間で中国に1,000店舗を出店する方針を明らかにしている。これについてアスプローバ（日本の生産スケジューラ開発・販売会社）上海法人総経理の藤井賢一郎は「日本企業が国内市場から中国市場へとシフトしていく『生産の変革期』」の現象だと話す[25]。

　しかし、日本語学習者にとってさらに厳しい問題は、急速に拡大する日系企業がこれまで通り雇用機会を提供することができるのかどうかという点である。国際金融危機以降、国際および国内の経済情勢の影響を受け、日本語専攻者の就職情勢にはすでにかげりが見え始めている。「中国教育在線」（中国の教育関連ポータルサイト）の「大学入試チャンネル」の統計によれば、日本語専攻の大学本科生の就職率は2007年までの20位から2009年には49位に転落し、日本語専攻の卒業生の月額平均収入も2年前の3,000元から2,495元にダウンした[26]。これと同時に、2010年度の中国国内での日本語能力試験受験者数も、前年比30%減と大幅に落ち込んだ。

　確かに過去10年に中国の日本語学習者数は長足の伸びを見せ、大学でも日本語専攻課程を設置する動きが急速に広がっており、中国社会における日本語熱の表象の一つを成している。とはいえ指摘しておかなければならないのは、日本語学習者の「質」の面では、まだまだ十分な専門レベルには達していないということである。そうした側面は、毎年の大学日本語専攻生4級試験を受験する学生の成績が少しずつ低下していることに表れている。2010年の合格率は46%、2009

年は54％だが、2002年に始まった後、ずっと60％を超え続けた時期もあった。他方、日本の国際交流基金の資料によれば、2009年の世界の諸外国の日本語専攻課程在学者数は日本語学習者総数の25.4％を占めているが、中国では12.1％にすぎない。相対的に言って、専門的に学ぶ者の比率は依然少ないのである[27]。

しかし、喜ばしい動きもある。2008年からは日本語人材の専門的競争力を強化するため、大学に設けられた日本語専攻課程であれ、社会での日本語訓練であれ、「日本語複合型人材」が職業訓練の目標に据えられるようになった。いわゆる「日本語複合型人材」の核心と土台を成すのは、専門の日本語に英語の知識をプラスし、同時に経済・貿易、金融、コンピューター、中国・日本双方の文化など関連する専門知識をも身につけ、さらに文学や文化にも一定の素養をもつ資質の高い人材であるということである。専攻課程としては「日本語＋経済・貿易」「日本語＋金融＋コンピューター」「日本語＋経済・貿易＋その他の外国語」といった形で設置されており、日本語専攻の学生の就職競争力を高め、かつ学生たちのキャリア展望を切り開くことを目指している。

おそらくこれこそが、これほど変化が目まぐるしく試練に満ちた21世紀という時代にあって、中国の日本語熱が成熟を続ける最も根本的な原動力なのであろう。

注

1) 修鋼「中国の日本語教育の現状と課題―大学の日本語専攻を中心に」および王蔚「高校日語教学水平参差四級合格率持続下降」(『新民晩報』2011年4月1日付)の資料をまとめたものによる。
2) 同上
3) 四川楽山師範学院「外国語学院昇本以来十年成就回顧―日語専業」(2010年2月27日付)
http://61.139.52.122:89/Article/ShowArticle.asp?ArticleID=1331
4) 「広州日語培訓機構大挙拡張人才需求飆升」(『広州日報』2009年11月27日付)
http://www.thldl.org.cn/news/0911/27327.html
5) 杜秀平「日本動漫催熱日語培訓市場」(『北京商報』2008年4月23日付)
6) 1989～2007年『中国対外経済貿易年鑑』および『中国商務年鑑』の統計データによる。上位3カ国・地域は台湾、香港、英領バージン諸島。
7) 周軍「我国高校日語専業畢業生在日資企業就業現状的調査」(『江蘇技術師範学院学報』2010年07期)

8) 日本経済産業省「第 37 回海外事業活動基本調査結果概要」の資料統計による
http://www.meti.go.jp/statistics/tyo/kaigaizi/result/result_37/pdf/h2c423jj.pdf
9) 在中国日本大使館ウェブサイト「日本の外交／日中関係 >> 日中両国の交流及び協力の概況」
http://www.cn.emb-japan.go.jp/bilateral_j/koryu0603_j.htm#4
10) 百霊網「九个小語種専業就業形式大比拼 --- 該学意大利語吗？」
http://www.gwng.edu.cn/index.php?action=show&artid=1725&sortid=3
11) 日本国際交流基金「日本語教育国・地域別情報・中国（2009 年度）」
http://www.jpf.go.jp/j/japanese/survey/country/2010/china.html#GAKUSHU
12) 日本文部科学省ウェブサイト「留学生受入れ一〇万人計画」
http://www.mext.go.jp/b_menu/hakusho/html/others/detail/1318576.htm
13) 日本学生支援機構「留学生調査」 http://www.jasso.go.jp/statistics/index.html
14) 注 11 と同
15) 注 11 と同
16) 「不過是一種象徵，一種符号」（ドイチェベレ放送、2006 年 2 月 1 日付）
17) 張莉霞「中日貿易額去年又創新高」（『環球時報』2006 年 2 月 27 日付）
18) Fredric Jameson, "Postmodernism or, The Cultural Logic of Late Capitalism", *New Left Review*, No.146, 1984
http://www.marxists.org/reference/subject/philosophy/works/us/jameson.htm
19) 「北京大学生不満限播日本動画片 揚言要炸地鉄」（『京華時報』2007 年 7 月 4 日付）
http://hi.baidu.com/fangz/blog/item/7db7d72a19bc182fd52af152.html
20) 尹来ほか「"女僕咖啡店"亮相広州 身為女僕要懂動漫知識」（2009 年 1 月 2 日付）
http://news.sohu.com/20090102/n261535730.shtml
21) 陳琦「浅析日本動漫在中国的跨文化伝播方略」（『新聞知識』2010 年 12 月）
22) 南京大学出版社『日本漫画以及日本漫画市場研究的問巻調査』（2010 年 5 月）
23) 中国国際友好連絡会『友聯会笹川日中友好基金奨学金論文集』（2009 年）44、163、230、247 頁
24) 「中国進出日本企業は 1 万社超、製造業が 4 割以上…帝国データバンク」（『Response』2010 年 10 月 22 日付）http://response.jp/article/2010/10/22/146799.html
25) 「日系製造業 中国進出の歩みと変化」（『@iT monoist』）
http://monoist.atmarkit.co.jp/fpro/articles/asp_china/01/ac01a.html
26) 「2009 年本科専業就業率排行 100 強」（『中国教育在線』）
http://gaokao.eol.cn/jyqj_2926/20100309/t20100309_455294.shtml
27) 注 11 と同

第4章

中国のことばと言語政策・概観

1. 中国語とはどのような言語か

　中国語は、中華人民共和国（中国）・中華民国（台湾）、シンガポールにおいて公用語であり、国連の6公用語の一つとなっている。また、世界各地の華僑・華人たちの間で話されている。

　中国では主に中文と呼ばれるが、中国語に住む少数民族の各言語も「中国の言語」であるということもあり、「漢族の言語」という意味で「漢語」と呼ぶことがある。

　中国語と一口に言っても、そもそも中国は多民族、多言語、多文字種の国家である。56の民族を擁し、100以上の言語、約30の文字が使われている。中国語には7ないし10ほどの方言があり、その方言の下にはさらにまた方言、土着の言語がある[1]。

　中国語においては、文法語形変化（活用）が生じず、語順が意味を解釈する際の重要な決め手となる孤立語である。基本語順はSVO型である。しかし、現代北方語や文語では「把」や「將」、「以」による目的格表示などがあり、SOV型の文を作ることができ、かつ膠着語に近づいている。

　中国語には時制を表す文法カテゴリーが存在しない。一方でアスペクトは存在し、動詞に「了」（完了）「过」（経験）「着」（進行）をつけることによって表される。

2. 中国の文字・「方言」・少数民族語

　中国語の母語話者は約12億人、第2言語としても約2億人が使用しているとされ、話者人口としては世界最大規模の言語である。しかし、中国の広大な国土のなかには多くの民族、そして多くの方言が存在し、方言が異なる者同士の意思疎通は難しい。同じ中国語であっても、各方言間で発音、語彙ともに大きく異なるだけでなく、文法にも違いがあるため、直接会話するのは困難であるが、漢字を共有し、共通の書き言葉が発達しているため、字に書けば意思疎通は比較的容易である。

　方言の区分は議論があるが、ここでは、北方・呉・贛・湘・閩・客家・粤に分ける「七大方言」分類、さらに晋・徽・平話を独立した大方言と考える「十大方言」の分類を挙げておこう。このほか、分類が定まっていな小方言群がある。

　中国共産党は1956年、かつて北京の官吏（mandarin）が話していた言葉（官話）を元に共通語（標準語）を制定し、「普通話」（putonghua）と呼ぶことにした。この普通話が、国外には中国語として紹介され、普及している。

　中国では、中央政府の標準語政策により、北方語の発音・語彙と近代口語小説の文法をもとに作られた「普通話」が義務教育に取り入れられ、全人口の7割程度が普通話を理解すると言われている。台湾においても、日本の敗戦後に施政権を握った中華民国政府が「國語」（「普通話」とほぼ同一で相互に理解可能だが、音声と語彙に差異がある）による義務教育を行ってきたが、現在では台湾語、客家語、原住民諸語の学習時間も設けられている。中国当局は2004年末、「53％の国民が標準語で会話できる」と発表している。

　文字組織として、漢字が共通していても、異なる方言の話者同士の会話はほぼ不可能である。そこで、方言話者であっても、「普通話」とのバイリンガルとなっていることが多い。

　また、多民族国家である中国において、少数民族も言語をもっている。中国国民の約92％を占める漢族以外に、中国政府が規定する少数民族は55ある。中国政府によれば、現状において、55の少数民族のうち回族と満州族が漢民族の言語と文字を使用し、ほかの53の少数民族は独自の言語を使用している。そのう

ち29の民族が自らの言語と一致した独自の文字をもっている。複数の文字をもつ民族もあり、例えばダイ語では4種類の文字が、チンプオ族では2種類の文字が使用されている。29民族全体では合わせて54種類の文字が使用されていることになる[2]。

3. 言 語 政 策

中国において、文字・言語政策は、国家的統合や民族文化の維持・発展、近代化の推進の上で重要な意義をもつと考えられている。

（1） 漢字簡化方案と漢語拼音方案

現在、中国で正書法として採用されている簡略化された漢字のうち、正確には字全体が簡略化されたものだけを簡体字という。偏や旁など一部が簡略化されたものも含めたものは簡化字という。これらの漢字は「簡化字総表」にまとめられている。

中国大陸では主に簡体字が使用されているが、これが政策的に規定されたのは、中国文字改革研究委員会（文改委）が1955年に「漢字簡化方案（草案）」を発表し、翌1956年に「漢字簡化方案」が正式に公布されたことにある。このとき、515字の簡体字と54の簡略化された偏や旁が採用された。その後、簡化字は1959年までに4回公布され、1964年には「簡化字総表」にまとめられた。

中国文字改革委員会は1977年、新たに「第二次簡化方案草案」を発表し、さらなる漢字の簡略化を目指した。しかし、これらの簡化字（俗に二簡字と呼ばれる）は字体が簡略化されすぎて、「読みにくい」「見苦しい」といった批判を受け、使用上の混乱が生じたため、国務院により1986年に廃止された。

現在、簡体字は、中国全土で使用されることが中央政府によって義務化され、シンガポールでも中国語（華語）の表記に用いられている。他方、台湾や香港・マカオ、北米の華僑社会などでは繁体字が使用されている。なお、中国系国民の多いマレーシアでは1981年に独自に簡体字を整理しており、シンガポールでも使用されて「馬新簡体字」と呼ばれている。

次に、拼音（ピンイン）とは、中国語の音節を音素文字に分け、ローマ字で表

記する発音表記体系のことである。

　漢語拼音方案は1955～1957年にかけて「漢語拼音方案委員会」において研究・制定され、1958年の全国人民代表大会で批准・公布された。1982年にはISOが中国語ローマ字表記法の国際標準として承認している。

　中国国家通用語言文字法の第18条には、次のように規定されている。

　「国家通用言語文字は『漢語拼音方案』に準拠したつづりと読みをおこなう。『漢語拼音方案』は中国の人名、地名と中文の文献のローマ字つづり法の統一的規範であり、漢字使用が不便もしくは不可能な領域で用いられる。」

　ピンインは、外国人（特に欧米人）による中国語学習の助けにもなっている。

（2）国家通用語言文字法

　2000年10月31日、中華人民共和国全国人民代表大会常務委員会第18回会議において、「中華人民共和国国家通用語言文字法」が可決、2001年1月1日から施行されている。

　同法は、4章28条からなり、総則、国家通用言語文字の使用、管理・監督、付則で構成されている。

　立法目的として「国家通用言語文字の規範化・標準化及びその健全な発展を推し進め、国家通用言語文字に社会生活においてより役割を発揮させ、各民族・各地域の経済文化交流を促進するため、憲法に基づき本法を制定する」と規定し（第1条）、「国家通用言語文字とは普通話と規範漢字である」としている（第2条）。

　第3条で「国家は普通話を普及させ、規範漢字を推進する」と定める一方で、第4条で「公民は国家通用言語文字を学習し、使用する権利を有する。国は公民が国家通用言語文字を学習し使用するための条件を提供する」と述べ、国家の役割と公民の権利の関係を規定している。少数民族の言語・文字については「各民族はいずれも自己の言語文字を使用し発展させる自由を有する。少数民族の言語文字の使用は憲法・民族区域自治法及びその他の法律の関係規定に則る」と規定している（第8条）。

　普通和と規範漢字の使用範囲については：

　「国家機関は普通話と規範漢字を公務の用語用字とする。法律に別途規定のあ

る場合を除く」(第9条)
　「学校およびその他の教育機関は普通話と規範漢字を教育教学の基本用語用字とする。学校およびその他の教育機関は漢語文課程を通じて普通話と規範漢字を教授する。使用する漢語文教材は、国家通用言語文字の規範と標準に合致しなければならない」(第10条)。
——などと規定するほか、漢語文出版物(第11条)、ラジオ局・テレビ局の基本放送用語(第12条)、公共サービス(第13条)などで普通話の使用を求めている。
　一方、方言については、下記に該当する場合に使用できるとしている(第16条)。
① 国家機関の職員が公務遂行時に確かに使用の必要がある場合
② 国務院広播電視(ラジオ・テレビ)部門または省級広播電視(ラジオ・テレビ)部門の承認を得た放送用語
③ 戯曲・映画テレビなど芸術形式の中で使用の必要がある場合
④ 出版・教学・研究の中で確かに使用の必要がある場合
　また、繁体字・異体字を保留または使用できるケースとして、次の場合を挙げている(第17条)。
① 文物古跡
② 姓氏の中の異体字
③ 書法(書道)・篆刻などの芸術作品
④ 題詞と看板の手書き文字
⑤ 出版・教学・研究の中で使用の必要がある場合
⑥ 国務院関係部門の承認を得た特殊な場合

　政府の職責については、「国家通用言語文字事業は国務院言語文字工作部門が計画指導、管理監督の責を負う」(第21条)、「地方言語文字工作部門とその他関係部門は、現地行政区域内の国家通用言語文字の使用を管理・監督する」(第22条)、「県級以上の各級人民政府工商行政管理部門は法に則り企業名称・商品名称及び広告の用語用字に対し管理と監督を行う」(第23条)と規定している。
　このほか、この法律の違反がなされた場合における法的責任に関する規定があ

る（第26条、第27条）。

　以上のように、国家通用語言文字法は、普通語と規範となる漢字に対する法的地位を確認するもので、専ら言語・文字に関して定めた法律としては中国で初めてのものである。従前の漢字簡化方案や漢語拼音方案に加えて、この法律の公布によって、中国の言語・文字の標準化が法的に位置づけられることになった。

　この法律について、教育部の当局者は次のような認識を示している（教育部語言文字応用管理司総合処処長　魏丹）。

> 「普通話の普及はまだ充分に社会の気風を形成しておらず、地域によっては方言が主に使われており、社会において繁体字の乱用や簡体字の乱造といった現象が見られる。一部の企業は洋式の名前や屋号をつけることに腐心しており、販促活動で音訳した言葉を乱造している。情報技術製品では言語・文字の使用の混乱が特に多く見られる。少なからぬ出版物、広告、商店の看板、商品の包装と説明書の中で外国語が乱用されている[3]」。

（3）少数民族に対する言語政策

　多民族国家である中国には、言語・文字の規範化や簡素化とは別に、少数民族言語をいかに扱うかという問題もある。

　中国本土の人口は第6回全国人口調査（2010年）において13億3,972万4,852人とされた。そのうち、少数民族は1億1,379万2,211人で全人口の8.49％を構成しており（2000年の前回調査比で736万2,627人、6.92％増）[4]、なかには約1,800万人に達しているチワン族など、小国に匹敵する規模の人口を擁する民族もある。また、新疆ウイグル自治区など自治区や雲南省シーサンパンナタイ族自治州などの自治区域面積は、中国全土の約64％を占めている。少数民族の国民統合が中国にとって重大な問題であることがわかる。

　中国政府は、国家統合と近代化を推進する上で、共通語としての漢語、「普通語」の普及を進め、実際、漢族に対してはその政策を強力に展開した。一方、少数民族に対して普通話政策はより慎重に行われてきており、民族言語の平等な使用と発展、民族言語の文字化、民族言語による教育を掲げてきた。

　他方、少数民族自治地域では教育自治権、民族学校の設立権、民族語の教育権などが保障されている。中国政府は、民族区域自治という少数民族政策を採用しており、各民族の集住地域を「区域自治」の領域として指定し、そこでの民族の

文字・言語を使用する権利を認めている。

この権利は、現行の 2004 年憲法では第 4 条で次のように規定されている。

① 中華人民共和国の諸民族は、一律に平等である。国家は、すべての少数民族の適法な権利及び利益を保障し、民族間の平等、団結及び相互援助の関係を維持し、発展させる。いずれの民族に対する差別及び抑圧も、これを禁止し、並びに民族の団結を破壊し、又は民族の分裂を引き起こす行為を禁止する。

② 国家は、それぞれの少数民族の特徴及び必要に基づき、少数民族地区の経済及び文化の発展を促進するように援助する。

③ 少数民族の集居している地域では、区域自治を実施し、自治機関を設置し、自治権を行使する。いずれの民族自治地域も、すべて中華人民共和国の切り離すことのできない一部である。

④ いずれの民族も、自己の言語・文字を使用し、発展させる自由を有し、自己の風俗習慣を保持し、または改革する自由を有する。

中国の少数民族地域では、1950 年代に始まった二言語併用教育政策の下、民族学校において漢語と少数民族言語による教育が実施されてきた。ただし、民族語・文字の状況は各民族で異なる。モンゴル族、朝鮮族、ウイグル族、チベット族などは民族内で普及した固有の文字があり、人口も多く、幼児教育から大学までの民族語による教育体系が整っている。クルグス族、シボ族など固有の言語文字をもっているが、人口が少ないため民族言語文字の学習が小・中学校レベルにとどまっている民族もある。ペー族やミャオ族など伝統文字がなく、1950 年代以降に作られたローマ字式文字を使う民族の場合、学習機会はさらに限られる。一つの民族の言語のなかに方言が多く、統一された言語がないために、学校教育で民族語を教科として教えられない民族もある[5]。

このような状況において、中国の少数民族の生活のなかで漢語と民族語のどちらが普及しているとか、どちらが重視されているかということは、一概に判じにくい。中央政府の圧力によって少数民族が漢語の教育を強化したり普及したりせざるを得ないという側面ないし味方もあれば、朝鮮族など「中央の少数民族に対する漢語政策よりも少数民族自治地方自らが漢語強化政策を打ち出しており、漢語教育を中央の政策以上に進めている民族もある」という[6]。

4. 英語教育政策

　英語教育に関して、中国では小学校英語教育への注目・取り組みが、意外に早かったことが注目される。新保敦子の研究によると、中国教育部が公布した「全日制10年制中小学教学計画試行草案的通知（1978年1月18日）」には、小学校に政治、語文、数学、外国語、自然常識、体育、音楽、美術など5〜8教科を設置すると規定されており、同年の「全日制小学暫行工作条例（試行草案）」では、指導できる教師のいる学校では小学校3年生から外国語を開設すべきであるとされている。その結果、上海、北京などの大都市では、重点小学校において英語教育が実施されるようになった[7]。

　2001年の「全日制義務教育英語課程標準」が実施されると、英語教育は小学校3年生から正式にカリキュラムに組み込まれた。初等教育では英語が必修とされ、前期中等教育では英語、日本語、ロシア語の3言語の中から選択することになっているが「実態としてはほとんどが英語選択である」[8]。「課程標準」では、小3から後期中等教育にあたる12年生（高3）まで一貫した指導体系になっている。

　また、この「課程標準」では、地域や学校の実態に応じて弾力的な運営が可能となっており、地方や学校の実情に基づきながら外国語教育の弾力的な導入が図られることになった。2000年代中盤には、北京、上海、天津などの都市部で小学校1年生から、全国31の省都では小学校3年生から英語教育を全面的に実施している。

　大学入試においても英語は重視されている。1977〜1978年の大学入試再開時、英語は免除科目だった。1980年代前半まで英語は大学入試における総合点の30%を占めるにすぎなかった。しかし、1987年には英語は大学入試の必須科目となり、現在、例えば江蘇省では、大学入試の主要3科目は国語、数学、英語となっている。

注

1) 中国社会科学院民族学・人類学研究所編纂、商務印書館出版の『中国の言語』では、中国には 56 の民族がおり、129 種類の言語が話されていると紹介されている。同書は、129 種類の言語（台湾省カオシャン族が用いる 15 の少数民族語を含む）の特徴を、漢・チベット語系、アルタイ語系、南アジア語系、オーストロネシア語系、インド・ヨーロッパ語系、混合言語に分類し、紹介している。孫宏开・胡増益・黄行主編『中国的语言』商务印书馆、2007 年。
2) 「中国语言文字」中華人民共和国中央人民政府ウェブサイト
http://www.gov.cn/test/2005-06/16/content_6821.htm
3) 魏丹「中国的语言政策与语言立法」『语言文字应用』2005 年第 4 期、语言文字报刊社
4) 中華人民共和国国家統計局『2010 年第六次全国人口普査主要数据公報（第 1 号）』2011 年 4 月 28 日。http://www.stats.gov.cn/tjfx/jdfx/t20110428_402722253.htm
5) 岡本雅享『中国の少数民族教育と言語政策』社会評論社、1999 年、105-106 頁。
6) 金紅梅「中国延辺朝鮮族自治州における言語教育政策の今日の展開：中国の普通話政策との関わりを中心に」『政策科学』第 17 巻第 2 号（2010 年 2 月、立命館大学）、71-84 頁。
7) 新保敦子「現代中国における英語教育と教育格差：少数民族地域における小学校英語の必修化をめぐって」『早稲田大学大学院教育学研究科紀要』第 21 号、2011 年 3 月、39-54 頁。
8) 同上。

第5章

香港のことばと教育

1. 公用語—「両文三語」—

(1) 広東語

　広東語は香港の人口の約90%が話す[1]。広東語は主に広東・広西地方の人々が話す中国語の方言である。

　広東語の歴史は、漢民族の入植者が約2000年前に中国南部へ移り住んだ頃にまでさかのぼる[2]。その後、漢民族の言語と現地の言語が融合し、広東語として発展した[3]。清王朝の時代、広東語は中国の他地域の話しことばから分岐した言語になっていた[4]。

　広東語と標準中国語にはそれぞれ異なる発音や語彙がある。広東語も標準中国語も漢字を使い、文字は共通だが、その発音が異なるのである。例えば、普通話で「學習」(to study) は、*xuexi* とピンイン表記・発音するが広東語では *hokzaap* となる。語彙そのものが異なるものもある。例えば「見る」という動詞は普通話では「看」(*kan*) だが、広東語では「睇」(*tai*) となる[5]。書きことばとしての広東語が最初に使われたのは明の時代のことと考えられているが、広東語の文字がより一般的になったのは清の時代から中華民国の時代のことと考えられている[6]。1930年代、書きことばとしての広東語は粤劇の劇本、大衆小説、女性や子ども向けの教科書に拡大した[7]。

　香港は、1842年に英国に割譲されたとはいえ、第2次世界大戦前は広東語圏社会であった。中国の多様な言語的背景をもつ移民が広東省以外の地域から大勢入りこんだが、広東語は香港社会の主要言語として残った。香港への移民に言語同化が起こったのは1950年代から1960年代のことで、広東語を話さない移民

の子どもたちが次第に自らの母語を話さなくなったのである[8]。広東語話者が増えたもう1つの理由は、1970年代から香港で生まれる子どもの数が増え、より多くの子どもたちが広東語を話す家庭で育ったことである[9]。

　急速な経済発展と中国からの離脱は、香港に、中国とは異なる独自の文化的アイデンティティをもたらした。広東語の映画の人気が続く1960年代と1970年代に、広東語は香港の一部になり、香港の文化を築き上げていく上で重要な要素となった。1970年代に現地住民向けに放送されたテレビ番組は香港文化に多大な影響を及ぼした[10]。なぜなら、それらの番組は香港で作られたものというだけではなく、香港で撮影されたものであったからだ。香港返還の頃から、香港アイデンティティはさらに拡大し、HKU POPによる調査によると、香港在住中国人の43.8%が、自らを香港人と考えているという[11]。そして、10.3%が自らを香港の中国人、23.5%は自らを中国人、21.3%は中国系香港人と、それぞれみなしている[12]。

　一般的に、香港の人々は普通話が広東語より正式なものだと考えている。学校では普通話を学んでおり、公文書や公示は普通話で書かれる。1980年代まで、新聞、雑誌、漫画書籍、広告が広東語で書かれることは珍しいことではなかったが、広東語にはしばしば引用符が使われ、暫定的なものという扱いを受けてきた。しかし1990年代になると、広東語の記述が一般化し、有名な新聞や流行雑誌などでも広く使われるようになった。その頃から、政府のスローガンも広東語で書かれるようになった。例えば、飲酒運転撲滅のスローガンには「酒精害人，開車前咪飲」（If you drink, don't drive）というものがあり、「咪」は'don't'を意味する広東語である。薬物撲滅スローガン「企硬！唔Take野」（Stand firm! Knock drugs out）も広東語である。

（2）普通話

　1997年に香港が中国に返還されるまで、普通話は相対的に低い地位にあった。1997年から普通話は香港の公用語となり、返還後に香港におけるその地位は飛躍的に上昇した。例えば、普通話は公的行事やバス・地下鉄の車内放送で広東語に次いで、かつ英語よりも先に使われるようになった。

　普通話は「中国の北部方言に基づく北京の音韻体系を用いた中国の標準語」と

される[13]。1950年代、1960年代には、多くの中国文字が簡素化され、ピンイン（中国語の文字をローマ字に変換するための体系）も導入された。1950年代、国民党と共産党の内乱で、中国から多くの避難者が香港に流れ込んだ。1950年代と1960年代に、香港で小規模な普通話ブームが起こり、普通話は学校での正式科目となり、学生は香港中学会考（HKCEE）という公的な試験で受験科目として普通話（当時は「国語」と呼ばれた）試験を受けることができるようになった[14]。

しかし、移民が香港社会に同化し、彼らの子弟の母語が広東語になると、普通話の重要性は薄れた。1965年、普通話は香港中学会考（HKCEE）の科目から除外された[15]。

1978年に中国が開始した改革開放政策は、中国と香港の経済的・政治的な関係を強化した。改革開放政策は、香港住民が普通話を学ぶ必要性と動機を与えた[16]。1980年代、香港の中国返還準備期間中、普通話の地位が向上した。1986年に小学校で、1988年には中学校で普通話の授業がそれぞれ始まった[17]。

香港政府は、1996年に9年間の義務教育（小学校1年から中学校3年まで）で、普通話を中心的な科目の一つとすることを発表した。カリキュラム開発委員会のアンケートによると、2002～2003年にかけて、中学校31校と小学校40校で、中国語文の教授言語として普通話が使用されていた[18]。

香港では、中国本土や台湾から来る普通話の映画や音楽があふれている。公営放送局であるRTHK（Radio and Television Hong Kong）は普通話を母語とする人々および普通話を学ぶ人々向けに、普通話チャンネル（RTHK普通話）を放送している。地元テレビ局も普通話のニュースを放映しており、さらに誰でも中国や台湾のテレビ番組を衛星放送で見ることができる。香港の急速な経済発展に伴い、店員と中国からの旅行者や訪問者との会話の中では普通話も使われるようになってきている[19]。今後、香港と中国本土の経済的関係がさらに緊密になっていくのに伴って、普通話がさらに広く使われるようになるのは想像に難くない。

実際、黄金周（*wong gam zau*, golden week）や自由行（*zi jau hang*, individual visit scheme）など、中国本土の語彙や表現が香港に持ち込まれ、広く香港住民が使用しているものもある。このことは、香港と中国本土の緊密な結びつきを示

しており、香港住民が中国本土の文化を積極的に受容していることの表れでもある。

(3) 英　語

英語は香港の公用語の一つである。1970年中盤まで、英語は唯一の格調高い言語として、行政、法律、教育などの公的機関で使われていた。1974年、中国語がもう一つの公用語として認識されたが、英語は植民地統治時代を通じて、より上位の言語とみなされていた。返還後も、英語は香港社会でその重要性を維持してきた。

しかし今日、広東語は行政部門において重要性を増してきている。議員は英語より広東語で話すことを好み、立法会でも英語はほとんど使われなくなった[20]。しかし、それでもなお英語は行政、大学、ビジネスなどの場で広く使われている。

中国と香港の英語の起源は、英国商人がマカオや広東にたどり着いた17世紀初めにまでさかのぼる。1842年香港が英国に割譲され、中国の条約港になって以降、英語は教育を通じて拡大した。香港が割譲されたとき、英語を植民地唯一の公用語とされ、行政、法律、教育の場で使用された。

1970年代後半、香港政庁は無償の義務教育（小学校1年から中学校3年までの9年制）を開始した。以降、英語ができるという人は増え続け、2006年の中期人口統計によると、香港住民の45％は英語を日常言語もしくは第2言語として使用していると回答している[21]。

また、香港の国際経済・貿易の中心としての発展は、人々の英語学習の動機になった。ビジネスでの成功を目指す者にとって、英語はさらに重要なものになっている。グローバリゼーションが進む今日において、英語がわかることは大きなメリットだと考えられている。長期にわたる英国の植民地統治により、英語の影響は広東語の表現のなかにも見られる。実際、香港の人々は、フォーマルではない会話や文書のなかで、広東語よりも英語の表現を使う傾向がある。香港人はOkayとかOKという表現を頻繁に使う。

'book' という動詞は香港の人々の会話で、しばしば広東語に混ぜて使われる。例えば 'book 場 (coeng)' といえば、場所の予約をするという意味であり、

'book 檯（toi）' なら、レストランなどの席を予約するということである。また、警察官や学校の先生を呼ぶときには 'ロ阿（aa）sir' という表現がよく使われる。歌手やスポーツ選手などのファンたちのことは 'Fan 屎（si）' と呼ばれる。英語の語彙や表現が使われると、相手に「いま風」の印象を与えることが多く、英語の方が意図を正確に伝えられるという場合もある。「予約する」という広東語には '訂 deng' があるが、このことばには「保証金を伴う予約」というニュアンスがあり、香港の人々は保証金を要さない事柄を予約するときには 'book' を使う方が適切だとみなすというわけである[22]。

一方、近年の香港では、英語スキルの低下が懸念されているのも事実である。例えば、香港駐在の英国総領事を歴任したブラッドレー（Stephen Bradley）や、香港最高法院の首席大法官を務めた楊鐵樑（Ti-liang Yang）らが、公の場で香港人の英語能力の低下に懸念を示している[23]。国家公務員や官僚にも、英語で質疑応答することを拒む者もいる[24]。実際、いずれ香港の学生は英語の運用能力の面で中国本土の学生に抜かれてしまうだろうと論じる者もいる[25]。

香港英語は、しばしば Chinglish（チングリッシュ）と言われる。チングリッシュは教育者が撲滅したがる誤った英語を表す[26]。しかし実際には、高等教育を受けた者でさえ、チングリッシュを使ってしまうことは多々ある。

香港の英語には、共通してみられる間違いが3つある。それは、動詞の間違い、構文の間違い（文法の間違い）、文化の違いに起因する間違いである[27]。動詞の間違いに関しては、香港の人々は動詞、名詞、形容詞を正しく使えない傾向がある。例えば、「たくさんスープを飲んだ（I ate a lot of soup）」と言うときに、香港の人々は動詞に ate ではなく drank を使って I drank a lot of soup. と言ってしまうことがある。香港の人々は広東語で '飲湯（to drink soup）' というので、この間違いは香港人の間では広く見られる。"wish" と "hope" の使い分けが上手くできないことも香港人の間に見られる。例えば、(wish でなく hope を使うべき文で) "I wish you will get good results in the exam."（試験で良い成績をとれますように）と言ったりする場合がある[28]。'-ed' と '-ing' の間違いもよくみられる。例えば、'It was an exciting match' と言うべきところで 'excited match' と言ったりする[29]。

2. 東南アジア系コミュニティのことば

　香港の人口700万人のうち約95%が中国人である。現在の香港で最も多く使われているのは広東語である。特にビジネスの場面や政府などでは標準語と英語もよく使われている。しかし、香港の人口の5%は中国人ではなく、その多くは南アジアの出身である。彼らが直面する言葉の壁と問題は香港社会で近年議論となっている。本節では香港の南アジアコミュニティが直面している問題、特に言葉の問題に焦点をあてて検証する。

　34万人の民族的マイノリティの人々が香港に住んでおり、その8割が、フィリピン、パキスタン、インド、ネパールなどの出身である[30]。

　フィリピン人は現在、約14万人が香港で働いている。家政婦として働いている人がほとんどだが、ホテルやバー、外食産業でバンドメンバーとして演奏している人もいる。香港で家政婦をしているフィリピン人のほとんどが英語を流暢に話し、中には大卒者もいる。香港の中国人家庭では、子どもの英語の勉強にもなる、という理由から、とフィリピン人家政婦を雇いたがる。フィリピン人は英語のほかにタガログ語を話す。

　2006年の中期人口統計によると、インドネシア人は約10万2,100人が香港で働いている。2000年には約4万1,000人だったから大幅に増えているといえる。彼らは家事が得意で広東語も上手に話すと考えられている[31]。香港にいるインドネシア人の多くはイスラム教徒で、休日には香港島のビクトリアパークでコーランを読んでいる彼らの姿が見られる。

　インド人は約9万人いる。香港で暮らすインド人の最も多いのはシンド族である。約4,000世帯が居住しており、現在パキスタン領となっているシンド州から来た人々である。シンド族の多くは香港で仕事に就いており、教育のため指定をESF校に入れることが多い。シンド族は、家族・友だち間では英語を使うことを好むが、親と話すときにはシンド語が使われる。香港第2のインド人グループはシーク教徒で、彼らの伝統的な母語はパンジャーブ語である。英語の使用も拡大しているが、家族・友人同士の会話ではパンジャーブ語が好んで使われている。シク教徒の子弟はたいてい地元の学校へ通っているが、インド人生徒がヒ

ンディー語を教科として学べる香港唯一の学校であるエリス・カドゥーリー中学 (Ellis Kadoorie Secondary School) に通う伝統が続いている。

ネパール人は約1万5,000人いる。その多くはもともとグルカ地方にいた人たちとその子どもたちである。第2次世界大戦後、ネパール人兵士が香港で兵役を始め、1983年1月1日より前に香港で生まれた彼らの子どもたちは香港の身分証明書を受けることができた。1997年に統治権が中国に返還された後、グルカ人たちは香港にとどまることを選んだ。彼らは主にネパール語を話し、広東語を話せる人は少ない。彼らの多くは建築現場、ガードマン、清掃、食品業界などで働いている。

香港で、少数民族が十分な教育を受けているとみなされることは少ない。彼らの教育水準が高くなく、流暢な中国語を話すことができない場合が多いからである。そのため、仕事を得ることも難しく、2010年の香港男性の失業率が3.8%であるのに対し、少数民族・男性の失業率は24%となっている。彼らは香港で住宅、雇用、言語の問題に直面しており、政府の支援は十分ではないと考えられる。例えば、中国語がわからないので安定した職を得ることができないという指摘もある[32]。香港警察は最近、警察官採用に新たな政策によって、外国語を理解する志望者に特に配慮することを決め（ただし、方言は含まれない）、多くの少数民族に歓迎されている[33]。

言語をはじめとする諸問題、特に学校、教師、生徒、親への支援の欠如、そしていくつかの学校の差別的な態度などにより、少数民族は、その生徒を受け入れたことのない学校で居場所を見つけるのに苦労している。そのため、ほとんどの少数民族生徒は、中国語以外のことばで授業を行う数少ない学校に追いやられている。さらに、少数民族の親は、少数民族が利用できる情報源が不足していることにより、どこに問い合わせればよいのかを知らない場合がほとんどである。

少数民族の多くが教育の問題に直面している。例えば、香港の大半の幼稚園は少数民族の児童を対象とした中国語の授業を実施していないため、子どもたちは少数民族が運営している幼稚園に通わざるを得ない。このことが彼らの中国語習得や社会生活に強い影響を与えている[34]。2011年の報道によれば、香港には約1万2,000人の少数民族の学生・生徒がいるが、中国系の大学生が1万6,000人以上いるのに対して、少数民族の大学生はわずか41人である。大半の生徒は、

英語教育を提供している学校に配置されるが、そこで中国語能力を伸ばすのは難しい。たとえ生徒が普通学校に行けたとしても、支援不足によりほかの生徒に追いつくのが難しいと感じてしまう。そして彼らは大学に進学できず、その結果、仕事もなかなか見つからない[35]。

　香港政府は、少数民族と地域の人々とを結び付けることを支援し、彼らが公共サービスを受けられるようにすべく、少数民族のためのサービス支援センターを設置するNGOに資金援助をしている。このセンターでは、少数民族の中国語・英語能力の向上を図る言語トレーニングクラスを提供するとともに、彼らが地域にとけ込めるよう支援するサービスもある。慈善団体カリタス教育サービス（The Caritas Community and Higher Education）には、「少数民族のための言語トレーニングコース」が設けられており、そのコースは、自治省の機会平等基金からの資金調達を受けている。また、このコースの目的は、少数民族を言語トレーニングを通して支援し、社会になじませるようにすることである。標準広東語や英語のスキルをもつことができれば、少数民族は仕事を得る機会も増えるし、また社会活動にも参加しやすくなる。そうなると、彼らの孤立感、無援感が薄まり、人種間の調和が深まり、最終的には彼ら自身およびコミュニティ全体にとっても有利になる。

　民政事務総署とラジオテレビ香港は、共同でネパール語、ウルドゥー語、インドネシア語のラジオ番組を開始した。その目的は香港の少数民族のコミュニティに関連する娯楽と情報を組み合わせた多様な番組を提供することにある。番組には、音楽、ニュース、近況、公共サービス、それぞれの民族コミュニティの人にインタビューして文化遺産や社会参加について語るものなどがある。

3. 香港の言語政策

(1) 歴史的概観

　香港の言語政策はいくつかの時代区分に分けられる。植民地初期において、英国の植民地開拓者たちは、現地住民のなかから教養のあるエリートの指導階級を創出する手段として教育を利用した。彼らは英語が流暢になるように訓練され、そのなかには英国の大学で学んだ者もいた。

入植者たちは文化領域には介入しなかった。実際、中国語や中国語文学の維持を許容していた[36]。テイによれば、英国の政策にはいくつかの要因があった。第1に、中国の文学や文化は途切れることなく続く長い伝統を有しており、英語によってそれに対抗しようとしても難しかったということである。第2に、香港は、中国、特に広東地方との間にさまざまな密接なつながりをもち続けていた。第3に、現地語を力で抑圧することは、必ずしも英国人を利さなかった[37]。

1950年代には、行政機関の継続的な拡大に伴い、香港政庁は英語教育を奨励し始めた[38]。中国語で教育する学校（CMI）が1950年代から設立され始めた。しかし、英語で教育する学校（EMI）が大部分を占め、CMIは、中国返還前は政府からの十分な支援を受けることがなかった。政府は1963年に、中国語を教育手段として利用し、中国語を公的言語と認める香港中文大学を設立したが、香港政庁は中国語を学校の教育言語とする政策の実施に関心をもたなかった。1997年以前、9割以上の中学校がEMIのままであった[39]。しかし、大半の学校は両方の言語を使用していた。学生は英語で宿題を書いたり、試験を受けたりするが、英語といくつかの授業以外の教育は広東語で行われていた。小学校の大部分はCMIであったが、親は英語の指導に定評のある学校を好んだ。

1997年の香港返還後、香港政庁は中国語が第1言語となると見越して、中国語の地位を高めようとした。1990年代初頭、香港政庁は、研修クラスを設けて公務員の北京語水準を向上させようと試みた。香港政庁は英語で書かれていた香港の法律の大部分を中国語に翻訳し始めた。1995年、高等法院での民事裁判が初めて中国語で行われた[40]。

1997年、董建華行政長官の下、香港政府は教育改革を行い、言語政策を優先した。「両文三語」として知られるこの言語政策の目的は、中等教育および大学の卒業生が中国語と英語の読み書きができ、広東語、北京語、英語を話すことができるようにするということにある[41]。香港返還後、中国語は重要となったが、香港基本法第9条にも「香港特別行政区の行政機関、立法機関、司法機関は、中国語のほか、英語も使用することができる。英語も公式言語である」と明記されているように、英語の地位は1997年以降も維持された。香港政府は、教師と生徒が英文中学校に見合う能力があると証明できない限り、中文中学校でなければならないと発表した。最終的には、114の中等学校が英文中学校と認められた。

しかし、この政策は失敗と見なされ、2009年度以降、各学校が教育言語を独自に決めることが認められている。

香港の教育制度の問題点としては、東南アジア出身の児童・生徒に対して、教師やカリキュラムの不備ゆえに、彼らの母語で教育を行っている学校がわずかしかないということが挙げられよう。また、彼らを受け入れている学校も極めて限られている。

（2）中国語と英語の教育

中国語は香港の公用語の一つで、香港人は幼稚園から学ぶ。標準中国語は小学校、中学校で教えられており、学校で標準中国教育を推進することに力が注がれてきた。標準中国語は現在、小学校から科目として教えられており、大学にも課程がある。中国と香港の密接な関係により、標準中国語を学ぶ人が増えてきており、たいていの場合、仕事上の必要から学んでいる。2006年の統計によれば、香港人の40.2%（0.9%は「日常語」、39.2%は「非母語」として）が標準中国語を話せる。10年前の統計では25.3%であったことから、標準中国語の話者は増加傾向にあると言える。

香港人は英語も幼稚園から学ぶ。1978年、香港政庁は小学1年生〜中学3年生までの9年制の義務教育を開始した。児童・生徒は、義務教育期間中、英語を週に最低8時間学ぶ。15才までに、平均的な香港人は最低でも2000時間の英語による授業を受けることになる。大学でも英語教育に力をいれており、中国語や中国文学を学ぶ学生も含め、すべての学部のすべての学生が英語の科目で3〜6単位を必ず履修することになっている。

香港政府は小学校から高等教育までの英語教育の質を向上させようとしている。そのなかには特別な2つの取り組み——職場英語キャンペーン（WEC）と「持續進修基金」（Continuing Education Fund）——があり、これらは職業人の英語レベルを向上させようとするものである[42]。CEFは香港教育局傘下の学生支助弁事処（Student Financial Assistance Agency: SFAA）によって運営されている。認定された生涯教育機関で、受講課程の合格を条件として、授業料の80%までが補助される。語学課程、特に英語と標準中国語が、補助金申請において最も人気がある。

（3）外国語教育

　高等教育においては、香港の主要8大学でさまざまな外国語科目が開講されている。また、中等教育改革によって外国語学習の機会とインセンティブがもたらされるようになった。当時の「教育統籌局」(Education & Manpower Bureau) は 2005 年、従来「中学後期課程（高校相当）2 年、大学予科 2 年」であったものを高校 3 年制に変更すると発表した。この新教育制度によって、義務教育の 9 年間に続く、中学後期課程を 3 年、大学を 4 年とする「新高中課程」(New Senior Secondary Curriculum) が実現した。

　2006 年 9 月入学の中等学校生徒は、香港中等教育修了（HKDSE）試験を 2012 年に受けることになる。受験生は HKDSE において、主要 4 科目（中国語、英語、数学および自由科目）に加え、20 科目のなかから 2 科目ないし 3 科目の選択科目を取ることを求められる。その際、日本語、フランス語、スペイン語、ドイツ語、ヒンズー語、ウルドゥー語を選択科目とすることもできる。生徒はこれらの言語の国際的な試験を受けなければならず、その結果は受験生の HKDSE 証明書に記録される。

　学校教育以外にも、香港政府は外国語教育の促進にも力を入れている。教育局は、職業人が学習を継続できるように「持續進修基金」(Continuing Education Fund) を設立し、英語、ポルトガル語、フランス語、ドイツ語、日本語、スペイン語、韓国語の継続的な学習を支援している。適格とされた出願者は、所定のコースを修了すると、授業料の 80%（上限 1 万香港ドル）の還付を受けることができる。

　日本語は香港で最も人気のある言語の一つであり、2010 年までに約 3 万人が学習している[43]。日本語学習の人気は日本語能力試験（JLPT）の受験者数からもわかる。2003 〜 2008 年の間に、受験者数は 5,169 人から 1 万 5,414 人に増えた。受験者が最も多いレベル 4 の受験者数は 2003 年の 1,483 人から 2008 年には 5,128 人に増えた。さらに 2010 年に JLPT は制度が改訂され、2010 年の 7 月と 12 月の試験では 1 万 3,000 人近くが受験した[44]。

　2006 年までに香港の 4 つの中等教育機関が正式に日本語をカリキュラムに入れていたが、日本語を教える専任の日本語教師を雇っていたのはそのうちの 1 校だけで、他の学校は非常勤教員を雇うか、日本語のできる教師に科目を教えさせ

ていた[45]。学校は通常、週に 40 〜 50 分間日本語の授業を行い、生徒は 50 音、挨拶、基本的な文章パターンを 1 年間で学ぶ[46]。教材は主に『みんなの日本語』の台湾版または香港版を使う。

　「新高中課程」の下で日本語を学ぶ生徒は、日本語能力を試すためにケンブリッジ国際検定（CIE）の AS レベルの試験を受けなければならない。その結果は HKDSE 認証に記載される。CIE の AS レベルはスピーキング、リーディング・ライティング、エッセイ（小論文）の 3 パートに分かれている。スピーキングテストは 3 つのセクション、すなわちプレゼンテーション、トピック会話、一般会話に分かれている。プレゼンテーションのセクションでは、受験者は特定のテーマについて 3 分間のプレゼンテーションを行うことが要求される。受験者は日本の現代社会または文化遺産についての知識が問われる。次のセクションとして、プレゼンテーションで受験者が発表したトピックについての受験者と試験官との会話試験（7 〜 8 分）が行われる。最後のセクションは、受験者の背景、関心事、最近の出来事などについての受験者と試験官との一般的な会話である。リーディングとライティングのパートでは、受験者は 2 つの文についての質問に答える。そして最後の設問で、その 2 文を引用して 280 字程度の文章を書き、自分の意見を付け加える。エッセイでは、トピックのリストから各自 1 つを選び日本語 600 〜 800 字でエッセイを書く。300 字程度の漢字を知り、AS レベルの文法を知っていることが必要である。この CIE の AS レベルは、旧 JLTP2 級とほぼ同レベルとされる[47]。

　大学では、香港のいくつかの大学が日本語関連の授業を提供しており、学生はことばだけでなく、日本の歴史、文化、社会も学ぶことができる。例えば香港大学と香港中文大学は、日本研究学科を設置しており、学生は日本研究を主専攻または副専攻に選ぶことができる。学生はさらに修士課程や博士課程で研究を深めることができる。香港城市大学も日本語を専攻する学科を設置しており、語文学士（優等学位）を得ることができる。しかし、これは私費学生向けであり、政府奨学生は副専攻でのみ日本研究を選ぶことが認められている。

　コミュニティカレッジでも日本語の授業を提供しているところがある。例えば、香港大学付属学院（The School of Professional and Continuing Education, University of Hong Kong）では、一般向けの日本語の授業を開講しており、上

級ディプロマを取得することも可能である。

　民間の語学学校などでも日本語を学ぶことができる。香港日本語教育研究会は一般向けに日本語コースを提供する民間組織の一つである。香港日本語教育研究会の事務次長・葉偉然によれば、最近の生徒数は年に約2,000人ずつ増えているという。前述したように、教育局は職業人が学習を継続できるように「持續進修基金」を設立した。日本語はこの基金の支援対象となっているが、希望者は教育局指定の学校（民間の外国語学校やコミュニティカレッジ）で学ばなければならず、また授業料還付を受けるには日本語能力試験に合格しなければならない[48]。

　最近は香港人の間で韓国語が人気になりつつある。2009年までに約5,000人が大学や語学学校で韓国語を学習している[49]。人気の一因となったのは「韓流」だろう。韓国のポピュラーカルチャーは香港人の注目を集め、香港の韓国語学習者は年々増加している。2011年には、香港政府と韓国政府が双方間のワーキングホリデーの計画を打ち出した。香港から韓国への18～30歳のワーキングホリデー希望者は、韓国での12カ月の滞在中に、資金所有証明（預金額約2,500ドル）の提示が必要とされる。ワーキングホリデー・ビザを発給されると、1雇用者による6カ月以内の短期雇用の資格が得られ、6カ月以内の短期学習も可能になる[50]。韓国語の課外クラスを設けている小学校、中学校はわずかで、韓国国際学校は香港で韓国語クラスを提供している国際学校として唯一のものである[51]。韓国語は中等教育課程にないが生徒に人気があり、SL韓語学習学校では、生徒の半分以上が中等教育（初等中学、高等中学）の生徒で、その多くが韓国の大学に進学するつもりだという[52]。韓流が韓国語人気の理由の一つであることは間違いない。しかし、韓国でさらに学習したいと望む若者が増えており、彼らは韓国の大学に入るために韓国語能力試験（TOPIK）の中級に合格することを目指している[53]。

　大学レベルでの韓国語教育が始まったのは比較的最近のことである。1998年に香港科技大学（HKUST）が初めて香港で韓国語コースを設置した[54]。2005年には香港城市大学専上学院（CCCU）が、香港での最初の韓国語の主専攻課程となる韓国語の準学士課程を設置した[55]。香港城市大学の中文翻訳及語言系（学部）は2007年、語文学（韓国語）の学士号（優等学位）の課程を開設した。こ

れは私費学生向けであり、現在のところ香港の大学で主専攻として韓国語を学ぶことができる唯一の課程である。他方、同大学の学生であれば、韓国語を副専攻とすることも可能で、その場合、韓国企業での夏季インターンシップや韓国での夏季研修旅行も用意されている。

香港中文大学と香港大学はそれぞれ2006年、2007年に韓国語科目を開設した。香港中文大学の語言学及現代語言系では2006年から、韓国語を選択科目もしくは副専攻として学ぶことができる。香港大学の現代語言及文化学院も2007年、韓国語科目と副専攻課程を開設した。ここでは香港中文大学と同様、韓国の文化・社会に関する科目も提供されている。香港大学は韓国の大学との提携を強化しようとしており、2011年には梨花女子大学と共同で、双方の教員が指導する韓国研究の科目を新たに設置した。「韓国の世界遺産の理解」(Understanding World Heritage in Korea) と「韓国における国際開発・協力」(International Development and Cooperation in Korea) という科目が両大学の教室にインターネットで生中継され、香港とソウルの教員・学生がリアルタイムで討論できる[56]。

香港中文大学の生涯教育機関である専業進修学院に設置された韓国語教育文化院は、香港における韓国語教育の草分け的存在である。同院は2002年に語学課程を開設し、2010年には語学教育の水準と貢献が認められ、韓国政府から「世宗学堂」に認定された[57]。香港の世宗学堂認定は同院が最初で、現在のところ唯一のものとなっている[58]。同院は2003年、香港に韓国語能力試験 (TOPIK) を導入した。また、韓国語学習者向けのスピーチコンテストを毎年催し、韓国教育科学技術部から専門家を招いて、学習者が韓国の伝統文化を学ぶ機会を提供している[59]。

民間の語学学校も一般向けの語学教育を提供している。2005年に設立された韓国語教育中心 (KLEC) は香港最初の政府認定の韓国語学校である[60]。教育局の「持續進修基金」の対象機関となっており、韓国語も支援対象となっているため、学習者は今後も増加すると考えられる。

香港では、ヨーロッパ言語も人気があり、香港大学はフランス語、ドイツ語、スペイン語、ポルトガル語などの語学科目を設置している。フランス語、ドイツ語、スペイン語は主専攻、副専攻とすることもできる。香港中文大学と香港城市大学ではフランス語、ドイツ語、スペイン語を副専攻とすることができる。香港

バプテスト大学では、フランス、ドイツの研究・語学学習が可能であり、3年次にヨーロッパで学習する。卒業するとヨーロッパ研究学士（優等学位）を取得することができる（この学士は BSocSc である）。

むすびにかえて

　香港は英国に統治される前は広東語社会だった。植民地時代、英語は特に重要だったが、香港の人々の間では広東語が主要言語として使用されてきた。英国人統治者らは、英語を香港における最上位の言語と考えていたが、広東語の使用を抑制することはなかった。香港の広東語が広東省の広東語と違うのは、この独特な環境による。標準的中国語は長期にわたって香港人から無視されてきたが、香港の中国返還により、1980～1990年代には重視されるようになった。中国の急速な発展に伴い、標準中国語の重要性は極めて高くなっている。香港人にとって、標準中国語と英語の両方を流暢に話せれば有利である。香港の主要言語の発展を研究することにより、香港が世界的に成功している理由を理解できると言えるかもしれない。中国語（広東語・標準中国語）と英語は、発音も文法もまったく違う言語であるにもかかわらず、香港人はそれらの言語を混合したり、他方の言語の表現を借用したりしている。香港人は外国文化を率先して受け入れ、新しい環境に適応するために、新しい知識を学んでいる。この開放性はまた、外国人が香港に滞在したがる重要な理由でもある——香港人は異なる文化を受け入れ、非中国的な伝統や習慣に対しても偏見をもたない。香港には30万以上の東南アジア人が居住しており、彼らはことばの壁に苦労したり、学歴が認められなかったりして、良い仕事を得られないこともある。しかし、香港政府や NGO は彼らを支援すべく全力を尽くしている。これは香港の文化を反映するもので、特に外国の文化を受け入れ他国の伝統を尊重する精神を表すものである。

注
1) 香港政府の公式ページを参照。http://www.gov.hk/en/about/abouthk/facts.htm
2) Journalism and Media Studies Centre, University of Hong Kong, Hong Kong Stories. http://jmsc.hku.hk/hkstories/content/view/242/35/
3) 同上。

4) Don Snow, *Cantonese as Written Language: the Growth of a Written Chinese Vernacular*（Hong Kong: Hong Kong University Press, 2004), pp.74-75.
5) 詳細は Don Snow, *Cantonese as Written Language: the Growth of a Written Chinese Vernacular* 参照。
6) Ching May-boo, "The Use of Written Cantonese in Entertainment Texts," in Wong Ain-ling (ed.), *The Hong Kong-Guangdong Film Connection*, (Hong Kong: Hong Kong Film Archive, 2005), p.276.
7) Don Snow, p.98.
8) Edward M. Gunn, *Rendering the Regional: Local Language in Contemporary Chinese Media*（Honolulu: University of Hawai'i Press, 2006), p.19.
9) Don Snow, p.138.
10) 同上、139 頁。
11) HKU POP のホームページを参照。http://hkupop.hku.hk/
12) 同前。
13) Jerry Norman, *Chinese*（Cambridge: Cambridge University Press, 1988), p.133.
14) Herbert D. Pierson, "Societal Accommodation to English and Putonghua in Cantonese-Speaking Hong Kong" in Martha C. Pennington (ed.), *Language in Hong Kong at Century's End*, (Hong Kong: Hong Kong University Press, 1998), p.97.
15) Ibid.
16) Herbert D. Pierson, p.92.
17) Ibid., p.97.
18) Mark Shiu-Kee Shum, Linda Tsung and Fang Gao, "Teaching and Learning (through) Putonghua: From the Perspective of Hong Kong Teachers," in Linda Tsung and Ken Cruickshank (ed.), Teaching and Learning Chinese in Global Contexts, (London; New York: Continuum, 2011), p.46.
19) David C.S. Li, "Improving the Standards and Promoting the Use of English in Hong Kong: Issues, Problems and Prospects," in Anwei Feng (ed.), *English Language Education across Greater China*, Bristol, UK; Tonawanda, NY: Multilingual Matters, 2011, p.97.
20) 1990 年代以前、植民地時代の立法局の議員の多くは英語を話していた。1970 年代に立法局議員であった王霖は、広東語で演説をした唯一の議員であったとされる。『文匯報』2011 年 7 月 19 日付　http://paper.wenweipo.com/2011/07/19/YO1107190014.htm。実際、立法会における英語から広東語への移行は 1990 年代中盤のことと考えられる。Kingsley Bolton, *Hong Kong English: Autonomy and Creativity*, (Hong Kong: Hong Kong University Press, 2002), p.8.
21) Census and Statistics Department of Hong Kong. *2006 Population By-census*.

22) David C. S. Li, "The Plight of the Purist," in Martha C. Pennington (ed.), *Language in Hong Kong at Century's End*, (Hong Kong: Hong Kong University Press, 1998), p.181.
23) Albert Wong, 'HK is falling short of greatness' South China Morning Post, 14 March, 2008 http://www.scmp.com/article/629843/hk-falling-short-greatness; 『文匯報』2011年6月20日付 http://paper.wenweipo.com/2011/06/20/ED1106200008.htm
24) Michael Chugani, Translated by Siu Jing Jing, *Jau Zung Jau Jing* (Both Chinese and English), (Hong Kong: Sing Tao Publishing Ltd., 2011), pp.36-37.
25) 『文匯報』2011年6月20日付 http://paper.wenweipo.com/2011/06/20/ED1106200008.htm
26) Nury Vittachi, "From Yinglish to Sado-mastication," in Kingsley Bolton (ed.), 2002, p.207.
27) Susan Wong, *Say No to Chinglish* (Hong Kong: Wanli Book Company Ltd., 2009).
28) 通常、wishは不可能なことに対する願望を表し、hopeは実際に起こりうることへの希望を示すとして、この文でwishを用いるのは誤りとされる。David Bunton, *Common English Errors in Hong Kong*, (Hong Kong: Longman Group Far East Limited, 1989), p.82.
29) Ibid., p.26.
30) 香港融樂會『非華裔學生教師資源手冊』2009年6月。
31) Linda Tsung, *Minority Languages, Education and Communities in China*, (Basingstoke [England]; New York: Palgrave Macmillan, 2009), p.179.
32) 『太陽報』2011年3月6日付 http://the-sun.on.cc/cnt/news/20110306/00410_097.html
33) 『人民網』2011年5月30日付 http://hm.people.com.cn/BIG5/42273/14774897.html
34) 『文匯報』2011年7月27日付 http://paper.wenweipo.com/2011/07/27/HK1107270041.htm
35) 『東方日報』2011年7月12日付 http://orientaldaily.on.cc/cnt/news/20110712/00176_022.html
36) William Tay, "Colonialism, the Cold War Era, and Marginal Space–The Existential Condition of Five Decades of Hong Kong Literature," in Pang-Yuan Chi and David Der-Wei Wang (eds.), *Chinese Literature in the Second Half of a Modern Century: A Critical Survey*, (Bloomington: Indiana University Press, 2000).
37) William Tay, "Colonialism, the Cold War Era, and Marginal Space–The Existential Condition of Five Decades of Hong Kong Literature," in Pang-Yuan Chi and David Der-Wei Wang (eds.), *Chinese Literature in the Second Half of a Modern Century: A Critical Survey*, (Bloomington: Indiana University Press, 2000).
38) 同上。
39) 実際、1998年まで、約90％の学校がEMIスクールだった。Daniel W. C. So, "Achieving Biliteracy and Trilingualism without Moi-Based Bifurcation of the Schools: A Plea for

Third-Alternatives", p.9.
http://www.cbs.polyu.edu.hk/ctdso/Paper/Sample%20Planning%20Biliteracy%20FV.pdf
40) Kingsley Bolton and Han Yang, p.166.
41) David C. S. Li, "Improving the Standards and Promoting the Use of English in Hong Kong: Issues, Problems and Prospects," in Anwei Feng (ed.), p.96.
42) 同上、97 ページ。
43) 『明報生活網』2010 年 1 月 11 日付
http://life.mingpao.com/cfm/language3.cfm?File=20100111/language01/gfp5.txt
44) The data are provided by the Society of Japanese Language Education Hong Kong. For details, see http://www.japanese-edu.org.hk/indexc.htm
45) 金秀芝「香港の教育制度変化による日本語教育への影響」2009 年。
http://www.jpf.go.jp/j/japanese/dispatch/voice/higashi_asia/china/2009/report08.html
46) 同上。
47) 同上。
48) これについて、「持續進修基金」のウェブサイトを参照。
http://www.sfaa.gov.hk/cef/download/LANG-JAPANESE.pdf
49) Hyewon Kang Kim, "Korean Language and Korean Studies in Hong Kong (1998-2009)," in *Electronic Journal of Foreign Language Teaching 2010, Vol.7, Suppl. 1*, Centre for Language Studies, National University of Singapore, pp.141-153.
50) http://www.labour.gov.hk/eng/plan/whs.htm
51) Hyewon Kang Kim, p.143.
52) 『文匯報』2010 年 12 月 21 日付
http://paper.wenweipo.com/2010/12/21/ED1012210009.htm
53) 同上。
54) Hyewon Kang Kim, pp.141-153.
55) 同上。
56) http://www.hku.hk/press/news_detail_6621.html
57) 韓国の文化体育観光部は 2009 年、韓国政府が世界各国の韓国語教育機関を「世宗学堂」として指定し、韓国の国家ブランド力を高めることを目指すと発表した。同部によると、世宗学堂は 2012 年までに 60 機関に増やす計画である。詳細は次のウェブサイトを参照。
http://www.korea.net/detail.do?guid=25123.
58) http://cloud.itsc.cuhk.edu.hk/enewsasp/app/article-details.aspx/C79706FCF3161B8E2D0ECB22CC1E351F/
59) *Metro Hong Kong*, May 24 2011.
http://www.metrohk.com.hk/index.php?cmd=detail&id=161779&search=1
60) この学校は以前、「韓國語文化中心」という名称だったものが、現在の名称に変更された。

http://www.jiujik.com/jsarticle.php?lcid=HK.B5&artid=3000012012&arttype=EDUF&artsection=CED

※本論は、Higuchi Ken'ichiro, Kwong Yan Kit, "Language Use and Language Policy in Modern Hong Kong: Development of Multilingualism and Its Influences"(『椙山女学園大学研究論集』第43号、2012年)を日本語に翻訳し、若干の修正加筆および省略を施したものである。

第 **6** 章

ロシア文化のなかのことば

はじめに

　ロシア連邦はヨーロッパからアジアにまたがる、いわゆる「ユーラシア（EurAsia）」大陸を包容する広大な国土を有しており、「国際連合」常任理事、「主要国首脳会議（G8 サミット）」の一員、また「BRICS」と呼ばれる新興経済大国の一員として、国際社会に大きな存在感を誇示している[1]。

　北海道の宗谷岬からロシア領サハリン島（樺太）までの距離は、およそ 40km。しばしば「日本に最も近い隣国」と言われるゆえんである。日本は古くから北方の境界をめぐってロシアと摩擦を生じていたが、第 2 次世界大戦の敗戦によってロシア極東地方におけるすべての拠点を失った。現在ではロシアから石油や天然ガス、木材といった天然資源の供給を受け、機器を輸出し、ロシア国内事業に参入するなど着実に関係を築きつつあるが、北方領土をめぐる摩擦が関係を深める上での足枷となっている。中国とロシアが永年の摩擦要因であった国境紛争を 2008 年に完全解決し、「上海協力機構」結成により安全保障上の同盟関係を築くなど、劇的に国交を深めつつあるのとは対照的である。ビジネス面においても、技術大国・経済大国としての日本の名声はロシア市場で健在だが、近年では中国や韓国企業の挑戦に曝されている。

　歴史的にロシアは、中央アジアや極東アジアに領土を拡張していく過程で数多くの現地民を征服し、多民族国家となっていった経緯がある。近代のロシア帝国および 20 世紀のソヴィエト連邦による民族統治、とりわけ（民族文化の尊重という、ソヴィエト連邦の建前上の理想とは裏腹に）ロシア語中心主義的な言語政策は、ともすればロシア人以外の民族にとって、屈辱的な過去として記憶されて

いる[2]。

　このような事情があるものの、旧ソヴィエト連邦を形成していた国々、いわゆる「独立国家共同体（CIS）」における公用語はロシア語と定められており、個別的な言語の壁を超えて諸民族間相互のコミュニケーションを図る上で、ロシア語は大きな存在意義を発揮し続けている。

　また近年ではインターネット上でもロシア語で発信される情報が目立つようになり、英語を介しただけではえられない情報にもアクセスできることさえある。日本にとってロシアは、アメリカ合衆国や中国、北朝鮮などと並んで、その動向が気になる多くの隣国の一つであるが、それら多くの隣国とロシアとは、日本よりもシビアで、日本よりも親密な交流を繰り広げており、日本人が知らない隣国情報をロシア人は知っている、ということがあり得る。ちなみにインターネット上のロシア語情報網は、永田町の政局から最新のマンガ・アニメに至るまで、驚くほどの日本通ぶりを発揮している。

　歴史的に世界の政治・経済・文化を牽引してきた大国として、世界に関する膨大な情報が蓄積され続けているロシアは、まさしく古今東西の情報の坩堝といった様相を呈しており、ロシア語には情報ツールとしての有用性が秘められているのである。

　そこで本章では、1．ロシア語の基本的特徴、2．ロシア社会・文化とロシア語、3．ロシアの外国語教育、4．日ロ関係と日本語教育という順で、ロシアの「ことば」に関する事情を概観してみたい。

1．ロシア語の基本的特徴

（1）アルファベットと文型

1）アルファベット

　古代ロシア国家の始祖とされる北欧ヴァイキング族の、東スラヴ人に対する統治が始まった9世紀頃、西スラヴ地方では、東ローマ帝国に拠点を置くギリシア正教会から派遣された2人のキリスト教宣教師メトディオスとキュリロス（ロシア語ではメソーディとキリルと呼ぶ）によって、それまで文字をもたなかったスラヴ人のために独自の文字体系が考案された。その文字は後にギリシア文字に近

似した形へと再編され、幾多の文字改革を経て簡素化された後、今日のキリル文字として定着している。このキリル文字の一種が「ロシア文字」である[3]。

現行のロシア文字は、以下の33文字で構成されている。

大文字 А Б В Г Д Е Ё Ж З И Й К Л М Н О П Р С Т У Ф Х Ц Ч Ш Щ Ъ Ы Ь Э Ю Я

小文字 а б в г д е ё ж з и й к л м н о п л с т у ф х ц ч ш щ ъ ы ь э ю я

2）文型

「私はペンを持っています」と言う表現を英語と比較してみると、以下のようになる

英語：　　I have a pen.　　　　S（主語）+V（動詞）+O（目的語）
ロシア語：Я держу ручку.　　　S（主語）+V（動詞）+O（目的語）
　　　　　ヤー　ジェルジュー　ルーチクー

文頭の書き始めが大文字になる点は英語と同じであるし、地名や人名など固有名詞の書き始めも英語と同じで大文字が用いられる。ただし、ロシア語には英語のaに相当する冠詞がない。基本的に名詞が単数形で提示されていれば、個数は1個と解釈される。

ちなみに「私」を意味するロシア語「ヤー＝я」は、英語のIと違って、常に必ず大文字で表記されるわけではない。文頭の書き始めに位置していなければ、小文字で表記される。

またロシア語の文型には、英語における基本文型のようなものが存在せず、かなり自由に文を組み立てることが許されている。

　　　　Держу я ручку.　　　V（動詞）+ S（主語）+O（目的語）
　　　　Ручку держу я.　　　O（目的語）+V（動詞）+S（主語）

このように、主語と動詞と目的語の位置関係を入れ替えても、基本的な意味は変わらない（若干のニュアンスの変化はありえるにしても）。

ロシア語で疑問文を作る際には、文章であれば文末に？を付ければ、文型にかかわりなく疑問文となるし、口頭であればイントネーションによって疑問のニュアンスを表現する[4]。

　　　　Я держу ручку.　　　　私はペンを持っています。

Я держу ручку?　　私はペンを持っています？

　もっとも、実践的なロシア語の作文において語順はまったく無秩序なのかというと、そういうわけでもなく、一般的に広く流布している慣用に則って語順を組むのが普通である。

　S（主語）+V（動詞）+O（目的語）という語順はロシア語でも、ほぼ慣用に則した語順ではあるが、実をいうと Я держу ручку. はロシア語の慣用に則した表現とはいえない。これは英語の I have a pen. と文型が同じになるようにと、筆者が即興的にでっちあげた表現なのである（それに、ロシア語の Я держу は英語の I have よりむしろ I hold に近い）。ロシア語としてありえない表現ではないが、一般的なロシア人が「私はペンを持っています」と言うとき、このような言い方はしない。

　　　　U меня есть ручка.　M（修飾句）+V（動詞）+S（主語）
　　　　ウ　メニャー　ィエスチ　ルーチカ

　ロシア語の慣用に則した表現は、こうである。u меня は「私の許に」（英語で言うなら by me）という、前置詞に基づいた修飾句であり、全体で「私の許にペンがある」という意味になる。

　「何某が…を持っている」と言うとき、あえて「何某の許に…がある」と表現するのが、ロシア語における一般的な慣用なのである。ついでにいえば、「ある」という意味の動詞 есть を省略して U меня ручка. という表現の方が、さらに一般的である。

　英語に比べてロシア語の格変化はかなり複雑であり、それだけ表現の多様性の幅が広いともいえる。英語において「私」の主格形 I が「私に、私を」という目的格 me に格変化するように、ロシア語においても「ペン」の主格形ルーチカ ручка が「ペンを：ルーチクー ручку」と格変化する。また英語の前置詞 by が「私：I」に対して me という格変化を誘発するように、ロシア語の前置詞 u は「私：я」に対してメニャー меня という格変化を誘発する。英語「I」の格変化は I, my, me の3種類であるが、ロシア語「я」の格変化は6種類ある。この点で、ロシア語の格変化は英語よりも煩雑であり、英語よりもきめ細かいといえる。

　日本語の場合も、「持っています、ペンを、私は」のように語順を入れ替えて

も意味は崩壊せず、口語表現の範疇として通用してしまう点で、文型が自由であるといえるかもしれない。

（2）ロシア語の発音上の特徴

　ロシア語の音の響きの特徴をよく表す名詞としては、例えば инженер という語がある。この文字列を日本のカタカナおよび西欧のアルファベットに対応させて翻字すると「インジェニェール inzhener」で、技師を意味する。フランス語を経由してもたらされた単語のようであるが、英語の「エンジニア」と同様でラテン語に由来し、ヨーロッパ各国語における同義語と類縁性を有する。ジェという歯の隙間から擦りだすような音や、母音 e をイェと発音するために ne をネではなくニェと読む点、さらに巻き舌で発音される「ラリルレロ」などが、いかにもロシア語らしい特徴的な声の響きである。またロシア語の単語はたいていの場合、どこか母音に力点を置いて読む個所をもつが、どの部分に力点を置くかについて法則性は無く、個別の単語ごとに定まっている。
　そしてロシア語の母音 o は、力点が置かれていればオーと読むが、力点が伴わず弱く発音される時はアと読まれるのが特徴である。したがって「ロシア」はシに力点があるのでラシーア、「モスクワ」はワに力点があるのでマスクヴァーといったように読まれることとなる。ちなみにロシア語には日本語の「わ」に対応する音が存在せず、日本で伝統的に「ワ」「ヴァ」と翻字されている音は同一のものである。
　有声音と無声音（やや乱暴にいい換えれば濁音と清音）の転換が頻繁に起こるのもロシア語の特徴の一つで、例えば単語の末尾に有声音の文字が綴られている場合、原則として無声化して発音される。「ペテルブルグ」と綴られていれば「ペテルブルク」と発音し、「メドヴェージェヴ」と綴られていれば「メドヴェージェフ」と発音されることになる。

（3）ロシア語の人称と動詞
1）人　称
　ロシア語で「私」を意味する一人称は я（ヤー）であるが、その複数形「私たち」は мы（ムィ）といい、「汝」を意味する二人称は ты（トィ）、その複数形

が вы（ヴィ）。それ以外の「彼・彼女・彼ら он　она　они」や姓名の類は三人称に分類される。

　このように一人称、二人称、三人称およびその単数形・複数形で計6種類の人称パターンをもち、二人称単数形 ты（トィ）は通常よほど親しい間柄か目下の相手に対して用いられるという点で、フランス語 tu やドイツ語 du、英語 thou とほぼ共通の特徴をもっている。

　さらに名詞には男性名詞・女性名詞・中性名詞という性別区分があり、形容詞もこれに対応して男性形・女性形・中性形を使い分けるという点、格変化と呼ばれる語形変化によって「てにをは」を表現する点など、ロシア語を含めたスラヴ語の体系が、いわゆるインド・ヨーロッパ系語族に属する言語であることを示している。

2）完了体動詞と不完了体動詞

　ロシア語の動詞の例として、語学教科書などで好んで取り上げられるのは「読む」を意味する「チターチ читать」という不完了体動詞である。ロシア語の動詞はほとんどが、動作を完遂するというニュアンスを含んだ「完了体」と、そうではない「不完了体」という一対の対応関係を伴っており、「読む」には「読み通す」という意味の完了体動詞「プラチターチ прочитать」が対応する。

3）動詞の現在時制

　この両動詞の現在時制は「第一式変化」と呼ばれる人称変化の規則を、忠実に踏襲している。

читать

一人称単数 я	читаю	一人称複数 мы	читаем
二人称単数 ты	читаешь	二人称複数 вы	читаете
三人称単数 он она	читает	三人称複数 они	читают

прочитать

| 一人称単数 я | прочитаю | 一人称複数 мы | прочитаем |
| 二人称単数 ты | прочитаешь | 二人称複数 вы | прочитаете |

三人称単数 он она　прочитает　　　　三人称複数 они　прочитают

　例えば、「私は読む」はロシア語で「ヤー　チターユ　Я читаю.」となり、「私は読み通す」という完了体ならば「ヤー　プラチターユ　Я прочитаю.」となる。

4）動詞の未来時制

　完了体動詞は、現在時制においてすでに「これから動作が完遂されるであろう」という含意があるため、現在時制の形態が事実上の未来時制として扱われる。

　不完了体動詞の未来時制は、未来動詞「ブィチ быть」の変化形と動詞の不定形（英文法でいうところの原形）とを複合させる。

быть＋читать

一人称単数 я　　　　буду　　читать　　　一人称複数 мы　　будем　читать
二人称単数 ты　　　　будешь　читать　　　二人称複数 вы　　будем　читать
三人称単数 он она　будет　　читать　　　三人称複数 они　будут　читать

　例えば「私は読むだろう」は「ヤー　ブードゥー　チターチ　Я буду читать.」となる。いわば быть は、英語の未来形における will に近似した機能を果たしているといえる。

　ちなみに быть の変化パターンは、читать に比べると不規則的ではあるが、まったく無秩序というわけでもなく、中途半端な形ではあるが一応「第一式変化」の規則の面影をとどめている。

　ロシア語の動詞は、このように根源的な単語ほど、不規則にくだけた変化パターンになることが多い、というのが学習者泣かせな点である。

5）動詞の過去時制

　動詞の過去時制は、主語の性別に応じて語形変化する。

читать　　　　　　　　　　　　　　　прочитать
主語が男性：例 он　　читал 過去男性形　　主語が男性：例 он　　прочитал
主語が女性：例 она　читала 過去女性形　　主語が女性：例 она　прочитала

主語が中性：例 оно　читало　過去中性形　　主語が中性：例 оно　прочитало
主語が複数：例 они　читали　過去複数形　　主語が複数：例 они　прочитали

　例えば「私 я」を主語にして「私は読んだ」という過去形の文章を組み立てるならば、私が男性であれば「ヤー　チタール Я　читал．」となるし、私が女性ならば「ヤー　チターラ Я　читала．」となる。このようなわけで、ロシア語は日本語に似て、男女で言葉遣いが異なってくるのである。

（4）ロシア人の姓名　付・性別について

　一般的なロシアの人名は、ファーストネーム（名）・ミドルネーム（父称）・ラストネーム（姓）の3つで構成される。例えばウラジーミル・ウラジーミロヴィチ・プーチンの場合、ファーストネームがウラジーミル、ミドルネームがウラジーミロヴィチ、ラストネームがプーチンである。

　ロシア人のミドルネームは父親のファーストネームに由来するので父称と呼ばれる。男性は～ヴィチ、女性は～ヴナと語尾を付ける。ウラジーミロヴィチというミドルネームは、父親の名がウラジーミルであったことを意味する。ちなみにプーチン夫人はリュドミーラ・アレクサンドロヴナ・プーチナ（旧姓シクレブネヴァ）であるが、父称アレクサンドロヴナは父親がアレクサンドルであることを意味する。

　また一般的なロシア人の姓には男性形と女性形の2つのヴァリエーションがあり、プーチンは男性形、プーチナが女性形である。シクレブネヴァは女性形で、男性形はシクレブネフという。外国系の姓や、「～エンコ」「～ヴィチ」などスラヴ系ではあっても、典型的なロシア系ではない姓の場合には、男性形と女性形の区別がないこともある。

　ロシアで姓が確立したのは比較的新しく中世以後のことで、例えばロマノフ王朝の初代皇帝ミハイル・フョードロヴィチ・ロマノフの父はフョードル・ニキーティチ・ロマノフというが、その父はニキータ・ロマノヴィチ・ユーリエフ＝ザハーリインといい、さらにその父はロマン・ユーリエヴィチ・ザハーリインと名乗っていた。すなわち、一代ごとに父称から姓を作る不安定な習慣が数代続いた後にロマノフで定着したわけである。あだ名から姓を作る風習も多かったよう

で、例えばメドヴェージェフはロシアで百獣の王と称される熊（メドヴェージ[5]）にちなんだあだ名に由来するといわれる。

「ドストエフスキー」は力点と母音 e の音を意識するとダスタイェーフスキーとなる。スラヴ系の姓として「〜スキー」という語尾のついたものが有名であるが、これは元来、地名などの名詞から派生した「〜的な」という形容詞によくある男性形語尾であり、ドストエフスキーはドストエヴォ村という地名に由来するといわれている。ドストエフスキー夫人は女性形の形容詞語尾「〜ァヤ」に由ってドストエフスカヤと名乗る。

類似の形容詞としては、アングリースキー（英国的）、アメリカンスキー（米国的）、ルースキー（ルーシ的）サヴェーツキー советский（ソヴィエト совет 的：力点に留意して読むとサヴェート）などがある。ちなみにソヴィエトとは元来「忠告、助言」「諮問会、協議会」という意味の名詞であり、いわゆるソヴィエト連邦というのは「協議会」と名付けられた組織を最高決定機関とする政治共同体の連合を意味している。またルースキーという形容詞はロシアの古称「ルーシ」に由来し、「ルーシ的［な者］」ということで、ロシア人を指す名詞として転用されている。

形容詞男性形のルースキー русский はロシア人男性の意味、女性形のルースカヤ русская はロシア人女性の意味で、それぞれ転用されているのであるが、このように、文脈に応じた語尾変化を起こしていない状態、すなわち主格単数形の状態で、単語の語尾が子音や -й「イ・クラートコエ（短いイと呼ばれる）」であれば男性、というように、感覚的に性別を見分けられる（例外の多い、極めて大雑把な見分け方ではあるが）という点で、ロシア語は他のヨーロッパ言語よりも性別概念がわかりやすいといわれる。

名詞の場合でも、「ウラジオストク Владивосток」の -к のように子音が語尾ならば男性名詞、「チャイ чай：お茶」の -й のように短いイが語尾でも男性名詞、「モスクワ Москва」「ロシア Россия」のように語尾が -a「ア」や -я「ヤ」であれば女性名詞と、それぞれ判別できる。ロシアがしばしば「ロシヤ」と表記されるのは原文の綴りが -я「ヤ」であることに由来するし、「母なる」という枕言葉をつけて「母なるロシア」と表現されることがあるのは、ロシアが女性名詞であることに由来する。ただしロシア人男性によくある名前ニキータ Никита

などは、男性名詞であるにもかかわらず語尾が -a だったりして、例外も少なくない。

　ロシア語の基本的な挨拶表現を英語と対比して並べてみると、どちらも「よい…」という形容詞と「朝、昼、晩」といった名詞の組み合わせであることがわかる。

　おはよう　　　Доброе утро! ドーヴラエ・ウートラ！　　Good morning!
　こんにちは　　Добрый день! ドーヴリー・ジェーニ！　　Good day!
　こんばんわ　　Добрый вечер! ドーヴリー・ヴェーチェル！ Good evening!

доброе は「よい」という形容詞の中性形、добрый は男性形である。すなわち、前者が修飾する名詞 утро は中性名詞であり、後者が修飾する день, вечер は男性名詞である。語尾が -о や -е であれば中性、ということが感覚的に推察できる。

　ちなみに -ь は「ミャーフキー・ズナーク：軟音記号」と呼ばれ、日本語のカタカナ表記で翻字する際には「イ」の音感を込めて表音されるが、男性名詞（例「ジェーニ день：日」）と女性名詞（例「ノーチ ночь：夜」）のどちらの語尾にもなりえるため、語尾がこの文字だと性別が判別できない。

　「おやすみ」に相当するロシア語は「スパコーイナイ・ノーチ！ Спокойной ночи！」であるが、これは「穏やかな夜のあらんことを！」という意味で、英語の Good night! と字義通りには対応していない。願望を込めた文脈に応じて、спокойная → спокойной、ночь → ночи のように、語句の語尾が格変化を起こしている点にも留意する必要がある。

2. ロシア社会・文化とロシア語

(1) ビジネス用語・コンピューター用語

　現代ロシア語は歴史上幾多に及ぶ国語改革を経て今日あるような姿にまとめ上げられており、その過程で周辺各国語の影響を少なからず受けてきた。とりわけ近代以降、ピョートル１世の西欧化政策により、ロシア語には多分にヨーロッパ言語の語彙が流入しているが、現代では大量に英語の語彙が流入している（こ

の現象をロシア語で「アングリチズム」と呼ぶ)。

　ロシア語の大手検索サイトの一つ「ヤンデックス」の命名については、一説にはインデックス Index の頭文字 I が英語で「私」を意味することから、対応する 1 文字のロシア語「ヤー」に差し替えたものであるともいわれ、「もう一つの検索器 Yet another indexer」の略称であるともいわれ、諸説あってはっきりしないが、ともかくこの検索サイトのトップページを参照してみると、他の多くの検索サイトと同様、いくつかの見出し項目が提示されている。

　例えば「スポルト」「ムーズィカ」「マルケット」「ビズネス」などは、それぞれ「スポーツ」「ミュージック」「マーケット」「ビジネス」の意味である。スポルトやムーズィカはギリシア・ラテン語起源のロシア語であり、「ビズネス」もずいぶん以前から俗語的に用いられていたが、「マルケット」に至ってはロシア語本来の単語「ルィノク」を差し置いて採用されている。他にもマネジメント「メーニェジメント」、事務所「オーフィス」など、従来のロシア語彙を差し置くような英単語の移入傾向が著しい。さらにいえば、近年ではロシアの「ビズネスメーン」たちは英語に堪能で、国際的な取引は英語を介して行うのが普通であるという。

　ちなみにコンピューター「コムピューチェル」関連の用語にも英語は浸透してきている。「インテルネット」上の「サイト」にある電子掲示板を閲覧すると、「ありがとう（スパシーバ）：spasibo」といった具合に、キリル文字を西欧文字に翻字したロシア語文章が書き込まれていたりするが、これはかつてコンピューターのキリル文字入力システムが未発達だった頃の名残りで、現在ではわざと冗談めかして行うインターネット上のスラングの一種となっている。一方で、電子メール「エレクトロンナヤ・ポーチタ：電子郵便」、サーチ「ナイチー：見つける」、マウス「ムィシ：鼠」など、日本ではカタカナ英語をあてているような新語がロシア語でカヴァーされていたりする。

（2）音楽のことば

　元を辿れば「ムーズィカ」は「ミュージック」と同様、芸術の神ミューズに由来するギリシア語起源の名詞であるが、近代以降のロシアのクラシック音楽は、イタリアおよびフランスの影響を多分に受けながら発展した。そのことは音階

の呼称からも窺うことができる。イタリア・フランス式の7音階表記「ドレミファソラシ」に対して英国・ドイツ式表記では「ＣＤＥＦＧＡＢ」、日本では「ハニホヘトイロ」となるが、例えばショスタコーヴィッチの『交響曲第2番ロ長調「10月革命に捧げる」』は、ロシア語と英語ではそれぞれ以下のように表記される。

ロシア語：Симфония № 2 си мажор（si-major）«Октябрю»

英語　　：Symphony No. 2 in B major *"To October"*

　交響曲「シンフォーニヤ」「オペラ」バレエ「バリエート」コンサート「コンツェルト」ピアノ「フォルテピアノ」フルート「フレーイタ：笛」など、クラシック音楽用語はだいたいにおいてヨーロッパと共通だが、バイオリン「スクリープカ」は軋り音を意味するロシア語「スクリープ」に由来し、太鼓「バラバーン」は古いトルコ系言語に由来すると推定されている。三角形の胴体をしたロシア独特の弦楽器バラライカも起源は古いトルコ系言語にまでさかのぼれると推定されており、「たわいのないおしゃべりをする」というロシア語の動詞「バラーカチ」との類縁性が指摘されている。

　ロシアの「民謡：ナロードナヤ・ムーズィカ」と称される歌には、本来の意味での民謡のほかに、近現代の作詞家や作曲家による作品も含まれており、『カチューシャ』『ポーリュシカ・ポーリェ』『百万本のバラ』などに至ってはソヴィエト時代の流行歌である。ちなみに流行歌は「エストラードナヤ・ムーズィカ：大衆芸能歌謡」などとも呼ばれているが、近年では「ポップ・ムーズィカ」すなわちポップ・ミュージックという呼称が普及している。ジャズ「ジャス」やブルース「ブリュース」ロック「ロック」ラップ「レップ」など、外来のジャンル名はほぼそのままの形で用いられている。

　アルスーや日本でも有名なタトゥーなどのように英語を得意とする現代流行歌手は、ロシア国内のリスナー向けにロシア語で、外国市場に向けては英語版で、と使い分けているが、カリスマ的人気歌手ディマ・ビラン、2人組のアイドル青年ユニット「Smash!!」などの台頭以来、ロシア国内でも英語の歌詞で歌う傾向が目立ち始めている。

　もっとも、かなり古参のグループ「アガタ・クリスチー（アガサ・クリスティーのロシア表記）」のように、しばしば「アイラビュー」「アウフヴィーダー

ゼーエン」といった片言の外国語をロシア語歌詞に織り込んでいる例はある。ちなみにアルスーはタタール人で英国育ちというエキゾチックな出自のもち主であり、往年のカリスマ的グループ「キノー（映画という意味）」のボーカルだったビクトル・ツォイは在ロシア朝鮮人の末裔であるなど、ロシア現代音楽界は多彩な民族的人材を擁している。

（3）映画の言葉

　ロシア語で映画を指す呼称には、キネマに由来する「キノー」あるいはフィルムに由来する「フィーリム」という2種類があり、両者を組み合わせて「キノフィーリム」と呼ぶこともある。「レジッショール：監督」「アクチョール：俳優」「アクトリーサ：女優」「ロール：配役」など、用語にフランス語の影響が強く窺えるが、これは映画というよりもむしろ、近代演劇においてフランスの影響が強かったことの名残りであろう。劇場一般の呼称「テアトル」に対して、特に映画館のことを「キノテアトル」と呼ぶ。

　「ビデオ」「ビデオ・カセッタ」などもロシアでは一般的に普及しており、「DVD」「CD」はこの英文のままで通用する。録画・録音することを「ザーピシ：書き込み」と言い、再生機（プレーヤー）のことを「プロイグリヴァーチェリ」と言うが、実はこの語には賭けや勝負における「敗者」という意味もある。元来この語は「遊ぶ、演じる、ゲームする」といった、英語の「プレー」と酷似したロシア語動詞「イグラーチ」の多回形（その動作が繰り返し行われうることを示す形）「イグリヴァチ」に、「一定時間に及ぶ」というニュアンスを含有する（「欠損」のニュアンスをも含有する）接頭辞「プロ」が付与されたものであり、さらに語尾の「〜チェリ」は「〜する者」を表し、英語の「-er」に相当する。力点と母音oの発音に留意するならば「プライーグリヴァーチェリ」である。

　ソヴィエト連邦の崩壊以後、かつて「退廃的な西側文化」とされていたハリウッド映画が怒涛のごとく押し寄せて、経済的に苦境に立たされていたロシア映画をよそにたちまち市場を席巻したものであったが、近年では政府の公的支援をえられたこともあって、ロシア映画産業も復調している様子である。日本でも文芸ものなど格調高い最新のロシア芸術映画が盛んに配給されるようになったが、一方でハリウッドを彷彿させるようなB級アクション大作もの目立つように

なった。

『ロシアン・ブラザー』『ナイト・ウォッチ』などのアクション映画は英語タイトルで日本に配給されているが、原題はそれぞれ『ブラート（兄弟）』『ノチノイ・ダゾール（夜警）』である。ハリウッド映画のタイトルをカタカナ英語で邦題化する傾向の強い日本と違って、ロシアでは英語タイトルをかなり律儀に翻訳する。『スターウォーズ』は『ズビョーズヌィエ・ヴァイヌィ（星々の戦争）』、『スパイダーマン』は『チェロヴェーク・パウーク（人間蜘蛛）』、『ロード・オブ・ザ・リング』は『ヴラスチェリーン・コリェツ（指輪の主権者）』といった具合であるが、なぜか『トランスフォーマー』は『トランスフォルメル』と英語そのままのタイトルになっていた。

ちなみに欧文のＨをロシア文字に翻字すると、本来はＧに対応するはずの文字Гがあてられる慣例があるせいで、ハリウッドがロシアでは「ガリヴッド」、ハリー・ポッターが「ガリー・ポッチェル」と表記される。

（4）文　学

作家「ピサーチェリ」は動詞「ピサーチ：書く」に「〜する者」というニュアンスの語尾「〜チェリ」を組み合わせたものであり、英語の「ライター」に相当する。同様に読者「チターチェリ」は動詞「チターチ：読む」から派生している。批評家「クリーティク」はギリシア語由来。ベストセラー「ベストセールレル」は英語由来である。

古代英雄叙事詩や、年代記に聖者伝といった教会文学など、ロシアには古くから独自の文芸の伝統があるが、今日広く知られているようないわゆる「ロシア文学」は近代以降、ヨーロッパの影響を強く受けながら発展した。「リテラトゥーラ：文学」をはじめ、「クラーシク：古典」「ロマンティーズム：ロマン主義」「シムボリーズム：象徴主義」などの用語にその証を窺うことができる。近代以降のロシア貴族社会ではヨーロッパの言語が必須の教養とされ、ロシア宮廷ではもっぱらフランス語が話されるようになっていた。その結果としてロシア語に疎い貴族子弟が出現するほどに、上流エリート階級は日常的に外国語に親しんでいたのである。

そのことを特に窺わせるのがトルストイの長編小説『戦争と平和』であり、冒

頭の舞踏会の場面は、主人公たちの交わす会話がことごとくフランス語で記されている（さすがに現行の普及版ではロシア語に置き換えられているが）。主人公たちはロシアに進軍してきたナポレオンやその配下のフランス軍将兵たちと、何の不自由もなく会話を交わすことができている。またドストエフスキーの『悪霊』に登場する一人物は、ロシア語とフランス語の入り混じった話し方が癖になっていて、彼が何か話す場面があると、そのたびにページの欄外註が仏→露訳で埋め尽くされる。もちろん、作中人物の間では問題なく会話が通じているという設定である。

　こういった小説の叙述はいうまでもなく、作家自身が自在にフランス語を駆使して執筆することができたからこそ可能な芸当であった。20世紀の作家ウラジーミル・ナボコフが、ロシア革命に際して国外亡命した後も英語で作家活動を続けたように、ロシア亡命貴族や亡命知識人が欧米各地に移住した際、少なくともことばの壁に悩む心配は皆無だった。

　ロシアの国民的詩人として、近代ロシア文学の父として、またロシア語の一般口語の確立者として、ロシア文豪のなかでも最大の敬意を払われているプーシキンは、ピョートル1世に仕えたアフリカ人を祖先とする混血ロシア人である。ゴーゴリは現在では独立国となったウクライナ人であり、レールモントフの祖先はレルモントという姓のスコットランド人であったといわれる。

　このようにロシア文学界の人材は、絶えず外部の血を取り込んで発展してきた。現代ロシア文学においてもゲンナジー・アイギ（トルコ系チュバシ人）やアナトーリー・キム（朝鮮人）といった少数民族出身の文士を輩出しているが、大衆文学の領域で民族文化的なダイナミズムを体現している作家としては、推理小説（ディテクチーフ：英語のディテクティヴに由来）作家ボリス・アクーニンが挙げられる。本名をグリゴーリー・チハルチシヴィリといい、グルジア系の出自をもつが、本人自身はモスクワ育ちの完全なモスクワっ子であり、19末世紀のモスクワを舞台にした歴史推理小説シリーズで人気を博している。「アクーニン」という筆名は日本語の「悪人」の駄洒落で、本名チハルチシヴィリ名義では日本文学研究者としての、もう一つの顔をもっている。

（5）ロシア語の詩歌

　ロシア語の単語はたいていの場合、どこか特に力点を置いて発音される個所があるため、ロシア語の文章は自ずと極めて抑揚に富んだリズムをもつ。このことを利用して詩歌など韻文のための作詩法が発達した。音節と力点、および脚韻を活用してリズミカルな詩歌を作りだすロシアの作詩法は、その原理をギリシアの古典詩に依拠しており、ヨーロッパの詩歌とも類縁性をもっている。

　以下に掲げる例は現在のロシア連邦国歌（セルゲイ・ミハルコフ作詞）の、第1番の歌詞である。

①
Ро́ссия／—свяще́нна／я на́ша／держа́ва,
ラッ・シー・ヤ／スヴャ・シシェーン・ナ／ヤ・ナー・シャ／デェル・ジャー・ ヴァ
ロシア、神聖なる我らの大権、

②
Ро́ссия／—люби́ма／я на́ша／страна́.
ラッ・シー・ヤ／リュ・ビー・マ／ヤ・ナー・シャ／ストラ・ ナー
ロシア、愛すべき我らの御国。

③
Могу́ча／я во́ля,／вели́ка／я сла́ва—
マ・グー・チャ／ヤ・ヴォー・リャ／ヴェ・リー・カ／ヤ・スラー・ ヴァ
強固な意志、偉大な栄光、

④
Твоё дос／тоя́нье／на все вре／мена́!
トヴァ・イヨー・ダス／タ・ヤーニ・イェ／ナ・フシェー・ヴリェ／ミェ・ ナー
汝の誉れは常永久に！

⑤
Сла́вься, О／те́чество／на́ше сво／бо́дное,
スラーフィ・シャ・ア／チェー・チェス・トヴァ／ナー・シェ・スヴァ／ ボー ・ド・ナ・イェ
称えよ、我らが自由な祖国、

⑥
Бра́тских на́/ро́дов сою́з веко/во́й,
ブラーツ・キフ・ナ／ロー・ダフ・サ／ユース・ヴェ・カ／ヴォーイ
兄弟人民幾世の契り、

⑦
Предка́ми/да́нная/му́дрость на/ро́дная!
プレート・カ・ミ／ダーン・ナ・ヤ／ムード・ラスチ・ナ／ロード・ナ・ヤ
父祖より伝わる民の智慧！

⑧
Сла́вься, стра/на́! Мы гор/ди́мся то/бо́й!
スラーフィ・シャ・ストラ／ナー・ムイ・ガル／ディーム・シャ・タ／ボーイ
称えよ、御国！　我らは汝が誇らしい！

　①から④までは、3音節ごとに／＿ ＿ ＿／という力点のリズムになっており、ギリシア古典詩に依拠して「弱強弱格（アムフィブラヒー）」と呼ぶ。もっともギリシア古典詩の場合は、音の強弱ではなく長短によって「短長短格」と称する。⑤から⑧までは3音節ごとに／＿ ＿ ＿／というリズムになっており、「強弱弱格（ダクティリ）」と呼ぶ。さらに①③「ヴァ」、②④「ナー」、⑤⑦「ボードナイェ」「ロードナヤ」、⑥⑧「ヴォーイ」「ボーイ」と、それぞれ脚韻を踏んでいる。
　このように、ロシア語韻文の独特のリズムは、波打つような力点の抑揚と語呂の良さでできている。すべてのロシア詩歌が上記の類の作詩法を機械的厳密さで踏襲しているわけでは必ずしもないが、日本の七五調と同様、リズミカルな語感の基になっている。

3. ロシアの外国語教育

(1) 教育制度
　ロシアの学校「シュコーラ（英語でいう所のスクール）」は通常の場合、9年間の義務教育に2年間の中等教育を加えて11年生まで設定されていることが多い（4年生をスキップして8年間で義務教育を終えることも可）。義務教育を果

たせば9年生で卒業することもできるし、別個の専門校で中等教育を受けることもできる。なお近年の教育改革の一環として、中等教育の義務化が模索されている。高等教育すなわち大学には総合大学「ウニベルシチェート」と単科大学「インスティトゥート」等があり、4年間もしくは5年間で卒業する。学校に通う生徒は「シュコーリニク」と呼ぶ。ロシアの「ストゥジェーント」は英語の「スチューデント」と違って、もっぱら大学生を指す呼称である。

普通学校では4年生もしくは5年生から第1外国語が必修とされているが、外国語教育の特別強化校に指定されている学校では2年生から必修となる（現在進行中の教育改革により、すべての普通学校が2年生から必修に移行する予定）。必修科目としての第1外国語以外の、第2外国語の設置や任意選択科目としての外国語授業に関しては、各学校の自由裁量に任せられている。

大学では専攻分野にかかわりなく1～3年生まで第1外国語が必修であり、外国文学や国際関係など専攻分野次第で第2外国語が、場合によっては第3外国語までが必修となる。

第1外国語は英語・ドイツ語・フランス語・スペイン語の4カ国語のなかから選択する旨、法令で定められている。

（2）英語教育

1970年代、ソ連における英語教育の第一人者として知られたA. P. スタルコフ、R. ディクソン両氏が共著した学校用英語教科書[6]は、ソヴィエト連邦時代を通じて幾重にも版を重ねた古典的名著として評判が高い。この教科書は学習1年目（5年生）でアルファベットから習い始め、3年目から次第に長文講読の比重が増えてくるが、最初の本格的な長文の内容が10月革命やレーニンに関する記述であり、The communists in all countries fight for peace. という例文やA happy October to you! といった挨拶表現、「世界で最初の社会主義国はどこか、同志たちに英語で尋ねてみましょう」という応用課題などが、往時の郷愁を誘う。

現在のロシアでは多種多様な英語教科書が新刊されているが、スタルコフ、ディクソン両氏の名声は依然として高く、改めて両氏を執筆陣に迎えた新版の教科書が、今も刊行され続けている。

ロシアの第1外国語教育において、英語は4つの選択肢の一つとして位置づけられているため、英語を選択せず英語と無縁の生活を送ってきた人は、まったく英語ができない。大学までフランス語を履修しフランス語が堪能であるにもかかわらず、英語はごく簡単な基本単語さえ読めない、というケースは珍しくない。2011年に民間団体「エデュケーション・ファースト」が調査した世界英語能力指数調査によると、ロシアの英語能力指数は45.79で、国際標準以下と判定されている[7]。

　とはいえ、近年では国際社会における英語の需要の高さを反映して、外国語授業として英語は大人気科目である。英語教育の特化校として公的に指定された学校では、充実した学習時間と教師陣を駆使して、各界に精鋭の人材を輩出している。学校の外国語教員は、基本的にネイティブではないが高度な資格認定を受けており、学童の隠語で英語教師を「アングリチャーニン（英国人）」と呼ぶ伝統があることからも、その水準が窺えるのではないだろうか（同様にドイツ語教師を「ドイツ人」、フランス語教師を「フランス人」と呼ぶ）。一方で地域によっては、十分な公的支援が得られず経営難に陥っている学校も多く、教員を確保できないなど教育環境の立ち遅れが問題となっている。

　学校では履修しなかった英語の学習を自発的に始める人も多い。例えばウラジーミル・プーチンの場合、学校時代には4年生でドイツ語学習のサークルに入り、5年生から大学まで第1外国語としてドイツ語を選択（東西冷戦の時代にもかかわらず、当時から英語の方が人気科目であったという）、ソヴィエト情報部員となり特別研修を受けて旧東ドイツに長く駐在した結果、ドイツ人も驚くほど流暢なドイツ語を話すようになった。しかしながら大統領として国際社会で活躍するうちに英語の重要性を痛感し、遅蒔きながら英語の猛特訓を開始した。2014年の冬季オリンピック開催地はロシアのソチに決定したが、候補地選考会にプーチンが自ら赴いて英語でプレゼンテーションを行い、選考委員に強い印象を与えたことが決め手になったといわれている。プーチンのこの語学歴は、現在第一線で活躍しているロシア実業人の一典型と言える。

4. 日ロ関係と日本語教育

　ロシアで最初の日本語学校が開設されたのは1705年のことで、カムチャツカ半島に漂着した大阪商人デンベイが当時のロシア皇帝ピョートル1世によって日本語教師に任命されたのが始まりである。この日本語学校は後にゴンザやサニマ、大黒屋光太夫一行など、日本人漂着者を相次いで教師として迎えている。近い将来、日本との関係が深まることを見込んでの設立だったのであるが、鎖国状態の日本との関係はなかなか進展せず、ほとんど実践的な貢献ができないまま、1816年日本語学校は閉鎖に追い込まれてしまった。

　開国と明治維新の後でようやく日本との関係も活発化し、1870年に首都のサンクトペテルブルク大学で日本語・日本文化講座が開設されたのを皮切りに、モスクワ、ウラジオストクなど大都市や極東地方でも日本語教育を開講する大学が現れた。これ以降、政治的・経済的な需要の高まりを受けて、実践的な日本語教育がロシア外国語教育体制の中に根づいていった。なかでも1956年創設の東洋大学（後のモスクワ大学付属アジア・アフリカ諸国大学）日本語・日本文化学科は数多くの日本語教育者を輩出している。1998年にはモスクワで日本語能力試験が実施され、その後いくつかの大都市にも実施の輪が広がっている。

　現在、第1外国語以外に外国語科目を設置している学校や大学の中で、日本語は人気の高い言語であるが、日本語教育の特化を謳っている専門的な教育施設は別として、一般の学校における日本語履修者は些少である。日本文化に対するエキゾチックな関心とは裏腹に実利的な需要は乏しく、卒業者が就職に際して日本語を生かせる場はほとんど無いのが実状で、近年の首都モスクワや極東地方では、むしろ中国語や朝鮮語の需要が伸びてきている。

　ロシアにおける日本語教育の現場において、統一的なシラバスやカリキュラムは存在しない。日本人の教師がいる学校では日本で出版された教科書を用いることが多いようであるが、ロシアで出版された日本語教科書のなかでは、ネチャーエヴァ著『初心者のための日本語』およびゴロヴニン監修『日本語教科書』全4巻が現場でよく用いられている。

　例えばネチャーエヴァの教科書では、まずひらがな、カタカナの読み方と書き

順がじっくりと丁寧に解説されており、単元が進むにつれて随時いくつかの漢字の音読み・訓読みと字義が紹介されていく。また文法とは別に随時いくつかの決まり文句が紹介され、とりわけ「失礼ですが」「くださいませんか」といった会話上のエチケットや敬語表現が重視されている観がある。この教科書の注解によれば「日本のエチケットでは食事の前に『いただきます』ということばを発することとされている。ロシア語に類似のエチケット表現は無い」(267ページ)とのこと。各単元に示されている会話例文では、あいづち表現として「ああ、そうですか」がやたら多用されている。

この教科書に従って学習を進めていけば、終わりの方では以下のような会話が交わせるようになる。

 アンナ：どうもありがとう。明子さん、すみませんが、ちょっと寒くなりましたから、暖房をつけてくださいませんか。
 明　子：ああ、そうですね。そうしましょう。
 ……
 明　子：このレモネードをぜんぶ飲んでください。
 アンナ：はい。では、いただきます。
 明　子：アンナさん、おなかがすいていませんか。サンドイッチとかトーストをつくってあげましょうか。遠りょしないでください[8]。 (312ページ)

ここには、ロシア語で「飲んでください」と言う際の「飲み干す」「飲み尽くす」というニュアンスを含んだ完了体動詞の表現「выпейте」を念頭に置いての日本語訳や、「ご遠慮なく Не стесняйтесь.」というロシア語の慣用句を意識した表現などが窺えて、いかにもロシア的な日本語作文となっている。

おわりに

「フランス語は文学を語るのに適している。ドイツ語は哲学を語るのに適している。ギリシア語は神を語るのに適している。イタリア語は愛を語るのに適している。ロシア語は、それらすべてに適している」

ロシア人のお国自慢として、よく知られたジョークである。

考えようによっては、ロシアの文化自体がヨーロッパ文化の長所を貪欲に摂取しながら発展してきた歴史を、如実に反映した言葉とも解釈できる。ロシア語が

影響を受けた言語としては、さらに中央アジアの古いトルコ系言語と、英語を加えなければならないが……。

　諸外国から寄せ集められた文化のモザイクという点では、日本の文化も極めて似通った性質を備えているといえる。外来文化の摂取に貪欲で、大陸から伝来した漢字を基に独自の文字体系を発達させ、今や日本語の形態は、外国人にとって最も習得が難しい言語の一つと言われるほどに、独特なものとなっている。言語の特異さや複雑さは、ともすれば外部世界とのコミュニケーションを妨げる障壁にもなりうる。

　しかしながら言語の複雑さは、表現の豊かさといい換えることもできる。ひとたび複雑な規則を習得してしまえば、時と場合に応じた巧みな使い分けが可能であり、創意工夫に富んだ規則の応用によって、ことばの戯れを楽しむことも、新規の概念にふさわしい表現を創出することも可能になる。日本とロシアがともに、しばしば外国人の目には特異で理解し難い因習の中に自閉しているように映る反面、いざとなれば短期間で外国文化に追い付き追い越してみせるほどの柔軟性を発揮したりするのも、その言語構造と無関係ではないのかもしれない。

　ロシアと日本の違う所は、島国である日本が、歴史的にかなりの長期間にわたって存分に自閉していることが可能だったのに対して、大陸国家であるロシアは、絶えず周辺諸国や多民族の只中で揉まれ続けてきた点である。歴史上に現れた当初のロシアは、大国でもなければ先進国でもなかった。北欧ヴァイキング族、東ローマ帝国、モンゴル帝国といった列強に服属し、周辺の遊牧民や近隣の中小国にさえ侵略されるなど、度重なる屈辱に甘んじた時代もあった[9]。そのロシアが、いつしか急速に領土を拡張し、日本が鎖国を開始した頃に西欧化政策を断行して、今では世界の列強と渡り合う大国となっている。

　その独特な文化と言語に、ロシアの原動力が秘められているとするならば、グローバル化の波に揺られている日本人にとっても、興味津々たるものがあるのではないだろうか。

第 6 章　ロシア文化のなかのことば　*105*

注
1)　2001 年 1 月、ロシア外務省で演説した当時のプーチン大統領は、以下のような展望を述べている。

「対アジア関係はますます重要性を増してきている。断っておくが、わが国はヨーロッパとアジアのどちらを優先すべきかと、天秤にかけるのは誤りだ。現実的に、ロシアのような地政学的状態に置かれている大国にとって、国益は全方位に存在する。この認識に立脚して、地道に施策を積み重ねていかなくてはならない。わが国はアジアのあらゆる事象と緊密に結び付いていなければならない。アジア太平洋地域の基幹的な共同体に対して、わが国が積極的に参画することによって、同じくアジア諸国、とりわけ隣接する諸国の首脳と、友好関係および共同事業を段階的に発展させていくことによって、道は開けるであろう」
ロシア大統領ホームページ　「演説と催事」　http://2002.kremlin.ru/events/145.html

2)　1991 年のソヴィエト連邦崩壊以後、それまで「ソヴィエト市民」の名の下に統一されていた諸民族の民族意識が急激に高揚していることは、周知の通りである。この動向は民族自決権を強化する一方で、ロシア中央政府および周辺民族との摩擦や紛争の要因ともなっており、言語面では各民族が各々の民族語を特権化する流れの中で、それまで特権的に扱われてきたロシア語の使用や教育に対して逆差別的な動向さえ生まれている。ロシア連邦はロシア語を国家語として法令で定める一方で、連邦各地域の住民が独自にロシア語以外の公用語を設ける権利も認めているが、2002 年に連邦内の公用文字はキリル文字とする旨が法令で定められた。国内諸民族のロシア語離れ現象の一環として、民族固有文字への回帰や西欧ラテン文字導入を検討する動向があったことに対する牽制であった。民族意識の高揚は、ロシア中央政府や各地域で少数派として取り残されたロシア人住民においても同様なのである。

3)　古代ロシアではもともと多神教を崇拝していたが、10 世紀末にギリシア正教を国教として受け入れた。これによってロシアはキリル文字や、ギリシア語由来の語彙など、ギリシア正教会から提供された文化を摂取し、東ローマ帝国文化圏に自らのアイデンティティを定めることとなった。それが同時に、カトリックが中心だった西ヨーロッパと一線を画し、これと対峙することを自らに運命づけたのである。

4)　ちなみに英語の what, who に相当する что, кто といった疑問詞があり、英語で「Who's who」と題される人名事典が、ロシアでは「Кто есть кто」と題されている。

5)　ロシア語の単語は末尾に有声音が綴られていれば無声化して発音されるので、より厳密には「メドヴェーチ」と表記した方が適切かもしれない。ロシア文字の翻字では、日本語の濁音ジとヂを区別していない。

6)　筆者が参照したのは以下の版である。
Старков. А.П., Диксон. Р.Р. Учебник английского языка：для 5 класса средней школы. Изд. 13-е. М.1978
Старков. А.П., Диксон. Р.Р. Учебник английского языка：для 6 класса средней школы. Изд. 10-е. М.1977

Старков. А.П., Диксон. Р.Р. Учебник английского языка：для 7 класса средней школы. Изд. 6-е. М.1975

Старков. А.П., Диксон. Р.Р. Учебник английского языка：для 8 класса средней школы. Изд. 6-е. М.1976

7) 「エデュケーション・ファースト」ホームページより「地域別プロフィール　ロシア」
http://www.efjapan.co.jp/epi/country-profiles/russia/

8) *Нечаева Н.Т.* Японский язык для начинающих. М.2008. C.312.

9) ロシア人の母体民族であるスラヴ人は、しばしば周辺の種族との紛争で捕虜となり、奴隷として売買されたことから、奴隷を意味する英語「スレイヴ」の語源になったとする説がある。

参考文献

川端香男里、佐藤経明ほか編『新版ロシアを知る事典』平凡社、2004年
原卓也監修『世界の歴史と旅　ロシア』新潮社、1994年
下斗米伸夫、島田博ほか編『現代ロシアを知るための60章〈第二版〉』明石書店、2012年
宇山智彦ほか編『中央アジアを知るための60章』明石書店、2003年
ヨーロッパ・カルチャーガイド3『ロシア　『新生ロシア』のいまどき生活』トラベルジャーナル、1997年
川端香男里『ロシア―その民族とこころ』講談社学術文庫、1998年
塩川伸明『民族と言語（多民族国家ソ連の興亡1）』岩波書店、2004年
『世界の日本語教育　日本語教育事情報告編　第4号』国際交流基金日本語国際センター、1996年
アナスタシア・マシニナ「ロシアの高等教育機関における日本語教育―極東国立人文大学における日本語教育の実情と問題点―」『言語教育フォーラム　第3巻』神奈川大学、2009年
岩崎正吾・関啓子『変わるロシアの教育』東洋書店、2011年
ナタリア・ゲヴォルクヤンほか『プーチン、自らを語る』扶桑社、2000年

国際交流基金　日本語教育国別事情
http://www.jpf.go.jp/j/japanese/survey/country/2010/russia.html
国際交流基金　日本語教育国別事情調査　ロシア・NIS諸国日本語事情
http://www.jpf.go.jp/j/japanese/survey/country/russia_nis/index.html
http://www.efjapan.co.jp/epi/country-profiles/russia/
検索サイト　Yandex
http://www.yandex.ru/

第2部

「日本のことば」を考える

第7章

日本の言語政策と言語使用

はじめに

　本章では、日本の言語政策と言語使用の状況を概観する。時代の変化に伴い、言葉の使用も変わっていく。そうした変化は社会の発展と価値観を反映する。日本における言語政策と言語使用については、標準語、「ことばの乱れ」、英語教育、さらには増加する外国人住民に対するさまざまな言語的保障などをめぐってさまざまな議論が飛び交っている。本章ではこれらの問題について概説し、多言語社会としての日本の姿を描き出してみたい。

1. 日本語―標準語、敬語、国語教育―

(1)「標準語」の形成

　桂木隆夫は、日本政府には言語政策の理念がなく、日本語と国語を混同していると指摘している。国語は、日本語・日本文化のナショナル・アイデンティティと地方のアイデンティティとして再定義されるべきであり、国家の言語政策は、ナショナルな「国語」政策と方言政策の両方を含むべきだと主張している。桂木によれば、国語は日本語のアイデンティティとしての機能にかかわるものであり、標準語は日本語の伝達機能にかかわるものである。そして日本語は、国語と標準語の上位概念である[1]。

　日本における標準語という概念はふるいものではない。江戸時代には公的な話し言葉と呼べるものは存在しなかった。例えば、徳川幕府の最後の将軍である徳川慶喜は、薩摩出身の人物に会ったとき、彼の話していることをまったく理解で

きなかったという[2]。江戸に住む人が話す江戸方言はその時代には共通語ではなかったのである。むしろ、京都方言の方が高い地位を得ていたようだ。例えば、18世紀後半までは、方言辞書において多くの方言語彙が京都の話し言葉に「翻訳」されていた[3]。

1880年代頃、政府当局者、学者らが、国全体の標準語の重要性と緊急性を主張した。1888年に設立された国語伝習所の趣旨には次のように論じられている。

> 「國語は、國体を鞏固にするものなり、何となれば、國語は、邦語と共に存亡し、邦國と共に盛衰するものなればなり[4]」

19世紀半ばに日本が開国した後、国民の現実的かつイデオロギー的必要性から言語の改革と近代化の必要性が明らかになってきた。

共通語とは、ある地域の言葉がその使用範囲を全国にまで拡大し、相互の通じ合いが可能な言葉のことである。日本語では東京、特に山の手の言葉を指す[5]。事実上の共通語だったものは、20世紀の初めに標準語として公式に指定された。20世紀における標準語の地位は、文部省が設置した国語調査委員会によって1905〜1907年の間に発行された報告書のなかで確認できる[6]。公認の標準語が学校教科書で排他的に使われるようになり、政府により標準語の使用が推奨された。一方、政府は各地方の方言を締め出した。標準語は「良いもの」あるいは「美しいもの」として推進され、一方で方言は「悪い」言語であるかのような印象が植えつけられた[7]。標準語が基準として提示され、正統視された一方、地方から上京した人々はその話し方を嘲笑されて落ち込んだり、ときには自殺したりする者もいた。

1947年の小学校の学習指導要領では、正しいことばが使用されるべきであり、俗語や方言はできる限り避けるべきとの見解が示された。1951年のガイドラインも、子どもたちが自らのことばが幼稚で下品であり、方言を含んでいることに気づき、「良いことば」、つまり共通語を使うように教えられるべきとの見解を示した。このことは教科書だけでなく、広範な読書やラジオ聴取によって実現するというものだった。すなわち、ラジオ放送が学校での取り組みを補うものとみなされていた[8]。1968年の小学校4年生のガイドラインでも、共通語に触れる必要性が強調されていた。

だが次第に、標準語の普及とその方言への影響により、方言が消滅するという

懸念が生じてきた。そこで標準語普及政策は次第に寛大なものになりつつある。1960年代後半から1970年代にかけて、教育における方言のあからさまな否定は消えていった。それ以降は、方言と標準語を識別し、それぞれ適切な状況で使用するよう教えるようになっている。1978年までには、「訛りや癖のない正しい発音で話すこと」の指導とともに、標準語を指導することの重要性を強調する方針へと修正した[9]。

1980年代後半と1990年代の初期に制定された初等教育と中等教育の国語の学習指導要領は、児童・生徒はまず、地元の方言と共通語の違いを理解し、状況に応じて適切に使い分けることを学ぶことと明確に規定している[10]。

方言を廃して共通のことばで統一するというのではなく、状況に応じて方言と共通語を使い分けるというのが現行政策のカギである。このことは、各個人が国の一員であるとともに地域の一員でもあり、この異なる役割のなかで2つの日本語を使うということでもある。人々は、地域のつながりを回復する手段の一つとして地域文化を見直し始め、同化するよりも、違いや多様性を推進した。

方言はかつて日本政府によって制限され、方言の話者に対する差別もあった[11]。しかし1960年代後半以降、方言を抑制する政策は変わり、現在では人々の方言に対する考え方は、以前とは異なるものとなっている。文部科学省の2008年度、2009年度の学習指導要領が公表されてから、地域の方言を教える小学校、中学校が増えてきている。北海道の小中学校でのことばの知識に関する調査によると、低学年の生徒の方が高学年の生徒よりも多くの方言を知っていた[12]。また、文化庁が2010年に行った「国語に関する世論調査」によれば、回答者の79.2%が、状況によって共通語と方言を使い分けることがよいと考えている。一方で、できる限り方言を避け基本的に共通語を回答したのは13.6%であった[13]。

地方の文化と言語は、地方のアイデンティティの維持に重要だと考えられている。1980年代初頭、「ふるさと」というコンセプトは、中央政府や地方自治体により地方の、特に過疎地域を活性化するキャンペーンにおいて頻繁に引き合いに出されてきた[14]。

実際、方言は商業的に利用されることも多い。富山県では2011年、富山弁を活かしたフレーム切手やポストカードが販売された。高知県では、土佐弁をプリントしたトイレットペーパーが人気を呼んでいる。また、方言でありながら、共

通語と捉え使用されている、いわゆる「気づかない方言」もある。例えば、宮城県では「ジャージ」を「ジャス」と呼び、共通語として認識されて用いられている[15]。吉岡泰男は、熊本市や九州各地の若者は、友人との会話で伝統的な方言と基礎的な言葉に新しい流行の言葉を合わせていると指摘している[16]。このようにして、方言は、時間の経過とともに完全に消え去ったわけではなく、新しいかたちに進化しているのかもしれない。

(2)「ことばの乱れ」と敬語

日本語の「ことばの乱れ」は、新しい現象ではない。文法、敬語、表現、女性のことばなど、さまざまな「ことばの乱れ」の問題が指摘されている。文化庁が2007年に実施した「国語に関する世論調査」によると、回答者の約80%が、国語は「大変乱雑である」「やや乱雑である」と回答している。また同じ調査で、高齢層（50歳以上）の回答者が、若年層のことばの使い方に批判的な傾向があることがわかった[17]。

敬語は日本社会における不可欠な要素と考えられている。敬語の適切な使用はその人の教育レベルがわかるだけでなく、日本でのキャリアにおける成功にも影響する。ウェッツェルが述べるように、敬語の価値は「他者や社会との関係が敬語からわかることにある[18]」。つまり敬語の社会的機能こそ、日本人が敬語に関心をもつ理由だともいえる[19]。しかし一方で、文部科学白書は、多くの日本人が敬語を適切に使うのは難しいと感じていると認めている[20]。

「敬語の乱れ」には、過剰表現と誤用という2つ論点があるといえる。

「これからの敬語」（国語審議会建議、1952年）では「これまでの敬語は、主として上下関係に立って発達してきたが、これからの敬語は、各人の基本的人格を尊重する相互尊敬の上に立たなければならない」と述べられ[21]、また「現代における敬意表現」（国語審議会答申、2000年）では、過剰表現について「むしろ相手を不愉快にさせて円滑な意思疎通を阻害する場合が多い」と指摘されている[22]。しかし、日本は依然としてタテの関係に基づく社会であり、敬語のそのなかで相互の関係を明確にするために使われてきており、敬語の過剰表現は今後もなくならないと考えられる。

敬語の誤用は、多くの学者によって広く批判されている。例えば、使役表現の

「させていただく」は何らかの行動を起こす上で他者から許可を得る際に謙虚さを表す敬語として日本人の間で広く使われている。多くの日本人がこの表現を単純に「いたします」あるいは「なります」の代わりに使う傾向にある。しかし、この表現は本来、①他者から許可を得て何らかの行動を起こすとき、②その行動を行うことで賛意や利益を得るとき――の2つの状況でのみ用いられるものとされる[23]。例えば、「私は〇〇大学を卒業させていただきました」と自己紹介したり、「私は新郎と3年間同じクラスで勉強させていただきました」と結婚式でスピーチするのは正しい用法ではないとされる。しかし、実際にはかような使い方は頻繁に見られるものである[24]。

例えば英語などと比較したとき、日本語においては、男女で文法や語彙がかなり異なる。伝統的に、女性は「女性らしく」話すことが求められ、しばしば男性より礼儀正しく話したり、敬語や丁寧語を頻繁に使ったりする傾向があるといえるかもしれない[25]。しかし社会的、経済的状況、また「両性の平等意識が定着しつつあり〔…〕性による言葉遣いの違いも、互いが近づく方向で減少してきている」ことにより、女性の言葉遣いは変化しつつある[26]。

文化庁が2000年に実施した世論調査では、回答者の半数以上が男性と女性の話し方には違いがあるほうがよいと回答している[27]。しかし、2010年に行われた同じ世論調査では、この意見に同意した回答者は40%を下回った。代わりに、47.1%が男女の話し方の違いが小さくなっていくのは自然なことだと回答している（2000年の調査でこのように回答した人は34.8%だった）[28]。第2次世界大戦後に女性の教育レベルが上がったことや、働く女性が増えたことが男女の話し方の違いの縮小に関係しているといえるかもしれない。例えば、上位の職責や専門職の女性は女性らしい言葉遣いをあまり使わなかったり、より中性的な話し方をしたりするということがある。職場や職業によっては女性が敬語を使わずにぞんざいな言葉を使うこともある[29]。

若者言葉は日本社会におけるもう一つの言語問題である。例えば、若者の「れる」の用法についてはしばしば議論の種となる。文化庁の2010年の世論調査によれば、40歳以下の人々は、可能表現の「来られる」「見られる」「出られる」の代わりに「来れる」「見れる」「出れる」を使う傾向がある[30]。また、それより以前の同じ調査に比べると、「食べれる」「来れる」を使う人の割合が増えてい

る[31]。同じ調査のなかで、促音とともに形容詞の用法に関する質問では、半数以上の回答者が「寒っ」「すごっ」「短っ」などを日常会話のなかで使ったり、使う人に接しても気にならないと答えた[32]。

（3）国語教育

学習指導要領において、日本語教育は必修科目の「国語」として最上位に置かれている。第2次世界大戦後は検定教科書が使われている。

義務教育では国語の授業が全授業時間のおよそ5分の1を占めており、そのうちの8割が小学校で行われ、3分の1以上が最初の2年間で行われる。早い段階からの母語教育に力が入れられているのは明らかだ。

膨大な数の文字を学ぶには、どの科目よりも多くの時間が必要だと考えられている。漢字は、小学校6年間のうちに1,006字、中学校で1,130字の合計2,136字の常用漢字を読めるようになることが学習指導要領によって定められている。

漢字制限は1948年から実施された。これは、教育の民主化と情報アクセスの機会均等化の要請に基づくものである。膨大な数の漢字すべてを学校で教育するのは不可能であり、また、日本人のなかに漢字が読めない層が形成されたり、識字エリートによる専制が生じうるという議論があった。

学習指導要領では、小中学校と高校の国語教育の目標は次のように示されている。

> 「国語を適切に表現し正確に理解する能力を育成し、伝え合う力を高めるとともに、思考力や想像力及び言語感覚を養い、国語に対する関心を深め国語を尊重する態度を育てる。」（小学校）
>
> 「国語を適切に表現し正確に理解する能力を育成し、伝え合う力を高めるとともに、思考力や想像力を養い言語感覚を豊かにし、国語に対する認識を深め国語を尊重する態度を育てる。」（中学校）
>
> 「国語を適切に表現し的確に理解する能力を育成し、伝え合う力を高めるとともに、思考力を伸ばし心情を豊かにし、言語感覚を磨き、言語文化に対する関心を深め、国語を尊重してその向上を図る態度を育てる。」（高校）

つまり、小中学校では、「表現力」「理解力」「伝え合う力」「思考力」「想像力」「鋭い言語感覚」「国語の尊重」が目標とされている。高校では、これらに、「心情の豊かさ」「言語文化への関心」が加わっている。特筆すべき点は平成10年

に「伝え合う力」が取り入れられたことである。この「伝え合う力」は新しい時代、すなわち情報化・国際化の社会で生きるための国語の力である一方、人間関係が薄くなりつつある現代社会で、自分の思いを相手に理解してもらうための重要な能力であろう[33]。

近年、日本の若者の国語力が低下していると指摘されている。例えば、日本漢字能力検定協会が2005年に実施した「漢字能力調査」では、大学1年生の正答率は4割を下回った[34]。また、2006年に行われた「OECD生徒の学習到達度調査」(PISA : Programme for International Student Assessment) では、日本の生徒の読解力は15位であった[35]。2009年には8位に上昇したが、上海、韓国、シンガポール、香港などのアジア地域の後塵を拝したのは事実である。その原因は、完全学校週5日制、授業時間および内容の大幅な削減などを盛り込んだ「ゆとり教育」の導入や若い人の読書量の低下にあるとする見解が多いようである[36]。

2007年に文部科学省は「ゆとり教育」を見直し、授業時間数の増加、応用力の育成、教科書の改善などの政策を打ち出している。2011～2012年度から新学習指導要領が実施されたことによって、「ゆとり教育」が「脱ゆとり教育」に取って代わった。また、1990年代から、「国語表現法」や「日本語表現法」などの科目を開設する大学が増え始めた。1993年に富山大学で「言語表現科目」が設立されたのを皮切りに、多くの大学が「日本語表現法」に関連する科目を開設するようになったという[37]。現在、外国人向けの日本語講座を含む日本語科目が数多く開設されている。

2. アイヌ語と沖縄語

次に日本の少数民族のことばに言及しておこう。

まず、アイヌ語である。アイヌ語はアイヌ民族のことばで、かつては北海道や東北地方のほか、北方領土や樺太（サハリン）南部でも話されていたが、現在は北海道にごく少数の話者がいるだけである。

アイヌ語の起源をめぐってさまざまな主張があるが、いずれも十分な証明はできない。また、日本語や他の言語との関係も指摘されたが、まだ解明されてい

ない。北海道、クリル列島、サハリン島で使われていた言葉には差異が存在するが、日本語の方言の差と比較すればさほど大きくない[38]。2006年に実施された「アイヌ生活実態調査」によると、アイヌ民族の人口は約2万3,800人となっている[39]。しかし、アイヌ語の話者数はまだ正確に把握することができず、アイヌ語を第1言語として使用する話者はほとんどいないとされている[40]。近世までアイヌ民族が使用していたアイヌ語は現在、消滅の危機に瀕している。

アイヌ民族への同化は19世紀に入ってから始まった。18世紀の後半まで、アイヌは幕府の経済的支配下に置かれたが、アイヌ民族は言語と伝統的な価値を保有することができた[41]。明治政府は日本語の名前の義務化や日本語教育の強化などの同化政策をとった。それによって、アイヌ語の地位が低下するようになり、話者数も徐々に減っていった。

こうした状況の中で、ジョーン・バチェラー(1845-1944)や金田一京助(1882-1971)などの研究者が現れ、アイヌ語やアイヌ文化の研究に取り組んでいた。例えば、バチェラーはアイヌ語とアーリア語との関係を提起し、アイヌ語の語彙とウェールズ語やコーンウォール語の語彙との比較を行った[42]。知里幸恵や金成マツはアイヌ民族の口承文学をヘボン式ローマ字によって記録し、書籍にまとめ出版した[43]。アイヌ語は固有の文字をもっていないが、口承文学が数多く残されている。例えば、ユーカラという叙事詩にもカムイユーカラ(物語の主人公は動物である)やアイヌユーカラ(英雄のユーカラで主に蝦夷と和人との戦いがテーマになっている)などが分かれている[44]。文字をもっていない以上、こうした口承文学の重要性はより重要である。

戦後、とりわけ1970年代以降、アイヌ文化や言語に関する研究や調査活動が活発になされ、多大な成果をあげた[45]。1980年代から、二風谷アイヌ語塾(1987年に平取町二風谷アイヌ語教室と改名)をはじめとするアイヌ語教室が相次いで設立した。多くは文化庁と北海道教育委員会の支援を受けながら北海道でアイヌ語教育を実施している[46]。1997年には「アイヌ文化の振興並びにアイヌの伝統等に関する知識の普及及び啓発に関する法律」が成立し、施行された。同じ年にアイヌ語とアイヌ文化の振興を目的とする財団法人アイヌ文化振興・研究推進機構が設立し、アイヌ語のラジオ講座や弁論大会などの事業を実施する。

アイヌ語は危機的な状況にある言葉とされているが、近年、研究者と市民団

体の努力によって、希望の光が見えるようになった。アイヌ語教室のほか、学習教材も増えており、独学も可能になっている。また、アイヌ民族の若者たちも積極的にアイヌ語を勉強している。中川裕は「アイヌ民族の若者たちが次々学びの場に顔を出している。こんな状況は十年前には想像できなかった」と述べた[47]。インターネットと携帯電話が普及していることから、アイヌ語話者の交流がいっそう便利になり、学習者数も徐々に増えていくと考えられる。

次に琉球語である。琉球語は琉球列島の全域、すなわち奄美諸島、沖縄諸島、宮古諸島、八重山諸島で使われている諸方言の総称であり、大きく奄美沖縄方言群、宮古・八重山方言群、与那国方言群に分けられる[48]。音韻論的な見地から見れば、与那国方言は他の2つの言語群とはまったく異なる言語である[49]。琉球語と日本語は元はといえば同系であり、5〜8世紀までの間に分離したとされている[50]。

沖縄はかつて独自の王国を形成し、17世紀以降薩摩藩による支配下に置かれた。琉球王国の時代には、首都であった首里の言葉(首里方言)は共通語として使われていた[51]。しかし、書き言葉は漢文であり、琉球語の標準語化・書き言葉の標準語化をしようとする努力はなかった[52]。明治政府は1872年に、「琉球王国」を「琉球藩」とし、さらに1879年に「琉球藩」を廃止し「沖縄県」を設立した。それに伴い、沖縄県では標準語普及政策が実施され、国語としての日本語教育が施された。学校での琉球語使用が禁止され、方言を使った生徒を罰するための「方言札」が用いられた。したがって、公の場での琉球語使用はいうまでもなく、私的な場での琉球語使用も沖縄の都市化と村落共同体の崩落が進むにつれ、激減するようになった[53]。

現在、沖縄の教育機関の通常授業のなかで、方言教育はさほど多くはないようである。例えば、与那国町では与那国方言使用は奨励されておらず、多良間島での学校は共通語による教育が行われており、通常授業の方言教育は行われていない[54]。沖縄社会では、日常語として標準語の日本語(ヤマトーグチ)を話す層、琉球語(ウチナーグチ)を話す年配層、若い世代では語彙と文法に琉球語の影響を受けた標準語(ウチナーヤマトゥグチ)を話す層があり、複雑な言語の重層性がみられる[55]。

3. 英語教育の変遷

　明治時代、外国語教育制度は近代国家を築くという現実的な要請によって後押しされた。「富国強兵」のスローガンの下日本の列強の仲間入りを目指した明治期の指導者たちは、教育はそのための重要な手段と考えていた。外国語教育（特に英語教育）は、学校教育における最重要科目の一つとみなされていた。1890年代には外国語教育が中等、高等学校に設けられ、英語は主要外国語であった。1900年代に入ると、外国語の教科書や外人教師が次第に国語教科書や日本人教師に取って代わっていった。英語は学問とエリート選抜の手段ではあったが、実践的コミュニケーションの必要性は教育の最終目標とみなされていなかった。

　日本人の移民を禁止した米国の移民法制定（1924年）のときには英語反対の声が起こったが、大正時代においても英語教育は依然重要な地位にあった。しかし太平洋戦争中、日本政府は英語を敵国語として英語教育を廃止したり、縮小したりした。

　英語語彙からの借用語が急速に増えたのは1947年以降のことである。この年、教育基本法、学校教育法が公布され、新制中学校での英語教育が開始された。

　英語は1947年の教育改革によって中学校の必修科目となった。生徒たちは必然的に英語での会話経験がない、またはほとんどない日本人教師から学ぶことになり、また文法知識や語彙、和訳の力を問う大学入試に備えて勉強した。当時、英語は主に「訳読」、つまり文法・和訳の手法で教えられていた。

　英語教育は、日本の若い世代が明確な世界観をもち、国際的な知識とコミュニケーションを必要とする貿易大国にするために必要だと考えられた。高校へ進学する生徒が増え、彼らが英語を学ぶ時間は結果的に3年から6年に延びた。大学入試に英語の筆記試験が導入されると、英語の筆記能力はすぐに高等教育の入試結果を左右するようになった。

　政府の考え方が変わってきたのは1990年代からである。2000年1月、故小渕恵三首相（当時）の諮問機関「21世紀日本の構想」懇談会の最終報告書が首相に提出され、そこでは、「グローバル化と情報化が急速に進行する中では、先駆性は世界に通用するレベルでなければいけない。そのためには、情報技術を使い

こなすことに加え、英語の実用能力を日本人が身につけることが不可欠である」と指摘された[56]。さらに「長期的には英語を第二公用語とすることも視野に入ってくる」と言及され、これが大きな議論を呼んだ。

日本では、政策論議において英語が世界共通語であるという考えが一般的である。また、日本の英語重視は、国家の経済競争力を高める必要性から生じている。

例えば、日本は2000年代初頭から中盤にかけて「『英語が使える日本人』の育成のための行動計画」に関するいくつかの提言を発している。この計画は、国際的相互依存、グローバルな経済競争、環境問題、国際社会の一員としての自覚を掲げることによって、英語教育の重要性を合理的に説明している。

また、日本経済団体連合会（経団連）は2000年、グローバル化時代の産業競争力の強化に向けた人材育成に関する提言を発表し、そのなかで英会話能力の向上をより重視するよう求めた。ここでは、小学校に英会話教育を導入する、英語を母国語とする外国人の教員を積極的に採用する、英語教師採用試験にTOEFLとTOEICを利用する、大学入試センター試験で英語のリスニングテストを実施することなどが具体的に提言されていた[57]。現在、楽天やファーストリテイリングなどの日本企業は英語を社内公用語としている。楽天の社員は大部分の会議で英語を使うことが求められ、電子メールなども英語で書くことになっている。また、ファーストリテイリングの全社員が、TOEICで700点以上を取得することを義務づけられている[58]。

もっとも、日本人は英語学習に多くの労力と時間を費やしている割には、その効果が現れているとは言い難い。例えばETSの2009年報告において、日本人のTOEICの平均スコアは495で国際平均を下回っている[59]。日本人が英語を学ぶ上での大きな問題として、日本人が「完璧な英語」を話そうとすることを挙げる向きもある。英語を母語としない多くの国において、英語はコミュニケーション手段であり、文法や発音にそこまでこだわらない場合も少なくない。

学習指導要領も英語を重視しており、英語教育を「国際理解」の一部として扱っている。文化庁の2010年の世論調査によると、回答者の46%が、世界の人々と意思疎通を図る上で英語を共通語とするとよいと答え、23.8%は良いと思わないがやむを得ないと回答している[60]。つまり7割近くが、外国人との意思

疎通において、英語が重要な国際言語であると認識していることが窺える。

そして、文部科学省は 2011 年、小学校での外国語活動が 5 年生と 6 年生を対象に必修化された。この政策は産業界によって主導され、将来における雇用機会とグローバルに競争できる社会をつくりだすべく、圧倒的な親たちの支持の下に実施された。

大学については、英語で享受するプログラムを開設していた大学は 20 世紀末までほんの一握りにすぎなかった。21 世紀に入り、立命館アジア太平洋大学、早稲田大学国際教養学部、国際教養大学などの大学・学部が新設され、そこではほとんどの科目が英語で行われた。

日本と外国との間の国際交流を発展させ理解を深める手段として外国語教育を促進すべく、JET プログラムは 1987 年に設立された。外国語補助教員（ALT）は主に地方の教育委員会や公立小中学校および高校に配置されており、日本人の外国語教員の下で外国語指導に従事している。

4．その他の外国語

日本政府の 2010 年の公式データによると[61]、日本には現在 213 万 4,151 人の外国人が居住している。外国人登録者のうち、45.2%が永住者、54.8%が非永住者である。国籍別に見ると、最も多いのは中国籍で、次いで韓国・朝鮮、ブラジル、フィリピン、ペルーの順となっている。

中国人は、何世代にもわたって日本に住んでおり、現在は 4 世、5 世もある。しかし、日本生まれの中国人の大半は「外国人」のままだ。オールドカマーとは別に、日本語学習や大学・大学院などへの入学のために日本にくる中国人もいる。日中間の国交が正常化し、残留孤児や残留婦人（両親と離れたときに 13 歳以上だった日本人女性）の問題が広く認識されるようになった 1972 年以降、多くの中国人が来日するようになった。今日、68 万 7,156 人の中国人が日本で暮らしている。一般永住者は 6 万 9,484 人となっており、75%が非永住者である。

韓国人は、日本の永住許可をもつ外国人の中では最大のグループだ。彼らは数世代にわたって日本に住んできた。第 2 次世界大戦後、130 万人以上もの朝鮮人が祖国へ帰った。現在、韓国・朝鮮籍者は約 60 万人であり、その多くは、第 2

次世界大戦前に日本に生活の基盤をつくり、戦後も日本に居住した人々およびその子孫である。現在、韓国・朝鮮籍者の約70%が、日本の「特別永住者」である。彼らは主に日本語を話し、日本人と同じような暮らしをしている。実際に、「特別永住者」である韓国・朝鮮籍者の数は減少しており、毎年約1万人が日本国籍を取得している。

　日本語の知識をあまりもたず来日した家族の子どもたちが学校で勉強するのは大変である。日本における永住・非永住外国人の増加により、第2外国語としての日本語の教育を必要とする外国人の子どもの数が増えている。1992年、当時の文部省は外国人児童数の多かった学校に先生を多く割り当て日本語教室を開いた。2011年のデータによると、2010年における日本語教育が必要な児童数は、ポルトガル語と中国語を母国語とする生徒が1位、2位を占めた。

　韓国・朝鮮籍者の児童で日本語教育が必要な生徒は比較的少なかった。コリアンの多くは日本で生まれ、日本語が流暢だからである。一方、ニューカマーの中国人と日系人はそうではない。韓国人や中国人は、子どもたちを民族学校に入れる場合もある。第2次世界大戦後、日本にいる韓国人・中国人は子どもたちを差別から守り、教育を受けさせるために自分たちで学校を設立した。コリアンの学校は朝鮮総連の学校と韓国の学校とに分かれている。北朝鮮の教育システムは1大学、12高校、56中学校、83小学校、67幼稚園で構成されている。一方、韓国学校は日本には4つある。

　中国語学校も、2種類に分かれる。中華人民共和国によるものと中華民国（台湾）によるものである。伝統的に、これらの学校の中心的な役割は民族教育であり、新たな世代に母国の言語・文化から民族の起源と知識に対する誇りを教えることである。しかし、第4世代、第5世代が生まれ、このような民族性を重んじてきた学校も、今日では日本社会への参加をより重要視するようになっている。

　南米の日系人や非日本人家系の配偶者は、日本経済が労働力不足であった1980年代から日本に来るようになった。1990年、移民法が改正され、日系人の長期滞在と就業が認められるようになった。彼らの多くは日系ブラジル人で、続いて日系ペルー人である。多くは短期間の仕事のために来日するが、家族を呼び寄せる者も多く、その結果として長期滞在となる。日系人の多くは外国生まれの2世、3世で日本語が流暢ではない。2004年に実施されたある調査によると、日

本語を十分に理解し話すことができると答えたのは回答者の約10%であり、約40%は日本語を理解できなかった。

　竹中歩の研究によると、在日の日系ペルー人は「出稼ぎ」のつもりで来日しているため、長期の滞在は考えていない[62]。そのため日本語を学ぶことに無関心であるという。しかし同時に、彼らの日本語能力の不足が日本人との関係構築に熱心でないことの一因となっているという。彼らの多くは、近隣の日本人と積極的に交流をもたず、人間関係は主に職場のそれに限られている。津田岳雪の研究によると、日系ブラジル人も、多くの場合、日本人との交流に積極的ではなく、その理由は、日本人が自分たちとのかかわりを望んでいないと思っていることにある[63]。日本語能力がないことも、交流を難しくしている。多くの日系人が居住する自治体では、彼らに日本語教室、通訳サービス、情報ハンドブック、相談事業などを提供している。河原俊昭の研究グループをはじめとした研究者により、かような「自治体の言語サービス」に関する各種の調査研究が行われている[64]。

　また、静岡県では2012年4月から、日本で初めてポルトガル語で運転免許試験を受けることができるようになり、ポルトガル語を母語とする日系ブラジル人にとっては受験しやすくなった。日系人の子どもは日本の公立学校に入学することができ、日本語教育や日本の学校に適応するためのガイダンスを受けることができる。彼らは公立学校とは別にブラジル人学校でも勉強する。日系ブラジル人・ペルー人の多くは、日本滞在を短期間と考えており、子どもたちが母語の習得を願う場合が多い。

おわりに

　日本のことばは日本人の重要な財産であり、標準語のみならず方言や少数民族のことばも日本の文化と価値観を反映する。グローバル時代には、英語の教育は確かに不可欠だが、英語一辺倒なら、逆に母語である日本語の学習および使用に影響を及ぼす。今日、均衡の取れた言語政策の必要性はさらに高まっている。また、グローバリゼーションが進む中、国境を越えた人的な交流と移動が活発になり、それぞれの地域で多文化・多民族化が進展している。外国人住民が日本での生活に適応できるように、日本政府の役割はいうまでもなく重要ではあるが、外

国人住民も積極的に日本社会に参加せねばならない。日本語の学習のみならず、日本人との接触も必要であろう。日本はしばしば単一民族・単一言語の国と言われるが、本章で見てきたように、存外に言語的な多様性を内包する社会であり、この点を自覚することが共生社会の実現の第一歩であると考える。

注
1) 桂木隆夫「言語政策の第三の道」、田中慎也・木村哲也・宮崎里司編『移民時代の言語教育 言語政策のフロンティア1』ココ出版、2009年、22-43頁。
2) Hiraku Shimoda, "Tongues-Tied: The Making of a "National Language" and the Discovery of Dialects in Meiji Japan", *The American Historical Review*, Vol.115, No.3, June 2010, pp.714-731, 718.
3) 同上。
4) 「国語伝習所趣旨」、佐藤寛『日本語学新論』文明館、1891年、120頁
5) 沖森卓也編『日本語概説』朝倉書店、2010年、6頁。
6) Tessa Carroll, *Language Planning and Language Change in Japan*, (Richmond, Surrey: Curzon, 2001), p.55.
7) 実際、1960年代になっても、小学校や中学校で方言を「悪いことば」として使わないように教えられたとの投書が『朝日新聞』に掲載されている。Tessa Carroll, *Language Planning and Language Change in Japan*, (Richmond, Surrey: Curzon, 2001), p.181-95.
8) Tessa Carroll, p.183.
9) 同上、185頁。
10) T. E. McAuley, *Language Change in East Asia*, (Richmond, Surrey: Curzon, 2001), p.11-12.
11) Tessa Carroll, p.181-95.
12) 「道内小中学生の語彙力調査」、『朝日新聞』2011年11月12日付。
http://mytown.asahi.com/hokkaido/news.php?k_id=01000491111140001
13) 文化庁『平成22年度「国語に関する世論調査」について』2011年2月、12頁。
http://www.bunka.go.jp/ima/press_release/pdf/h22_yoronchosa.pdf
14) T. E. McAuley, *Language Change in East Asia*, (Richmond, Surrey: Curzon, 2001), p.17.
15) 注5に同じ。137頁。また、沖裕子の研究によると、近頃「ジャス」が方言であると認識されつつあるという。沖裕子「気がつきにくい方言」『日本語学』、1996年。
16) 吉岡泰男「若い女性の言語行動」、『日本語学』13 (1)、1994年、33-44頁
17) 文化庁『平成19年度「国語に関する世論調査」の結果について』2008年2月。
http://www.bunka.go.jp/kokugo_nihongo/yoronchousa/h19/kekka.html

18) Patricia J. Wetzel, *Keigo in Modern Japan: Polite Language from Meiji to the Present*, (Honolulu: University of Hawaii Press, 2004), p.60.
19) 例えば、文化庁「国語に関する世論調査」(2010年)によると、回答者の65.5%が敬語の用法に関心を示している。文化庁『平成22年度「国語に関する世論調査」について』2011年2月、12頁。http://www.bunka.go.jp/ima/press_release/pdf/h22_yoronchosa.pdf
20) 「そこで、国語の重要性やこれからの時代に求められる国語力、また、そのような国語力を身に付けるための方策などについて検討するため、文化審議会国語分科会では、平成14年2月に文部科学大臣から諮問された「これからの時代に求められる国語力について」の審議を重ね、16年2月に答申しました。その後、国民の大部分が敬語を必要だとしているにもかかわらず、敬語の実際の使用に困難を感じている人が多いという実態が、文化庁の「国語に関する世論調査」で明らかになったことから、「敬語に関する具体的な指針作成」について審議がなされました。18年11月から12月にかけて、一般からの意見を広く聞いた上で、19年2月に文部科学大臣に「敬語の指針」が答申されました。」
http://www.mext.go.jp/b_menu/hakusho/html/hpaa200901/detail/1284378.htm
21) 全文は文化庁ウェブサイトで閲覧可能。
http://www.bunka.go.jp/kokugo_nihongo/joho/kakuki/01/tosin06/index.html
22) 第22期国語審議会答申(2000年12月)「現代社会における敬意表現」
http://www.mext.go.jp/b_menu/shingi/12/kokugo/toushin/001216.htm
23) 『敬語の指針』40頁。
http://www.bunka.go.jp/bunkashingikai/soukai/pdf/keigo_tousin.pdf
24) 同上、41頁。
25) Agnes Niyekawa, *Minimum Essential Politeness: A Guide to the Japanese Honorific Language*, (Tokyo: Kodansha International, 1991); 川成美香『日本語学』12 (6):、1993年、121-134頁。
26) 第22期国語審議会答申(2000年12月)「現代社会における敬意表現」
http://www.mext.go.jp/b_menu/shingi/12/kokugo/toushin/001216.htm
27) 文化庁『平成22年度「国語に関する世論調査」について』2011年2月、5頁。
28) 文化庁『平成22年度「国語に関する世論調査」について』2011年2月、5頁。
29) Tessa Carroll, p.108.
30) 文化庁『平成22年度「国語に関する世論調査」について』2011年2月、6頁。
31) 同上。
32) 同上、11頁。
33) 小森茂『小学校教育課程の解説』第一法規出版、1999年7月、6-19頁。西村周「伝え合う力を育てるための国語科教育の在り方―「話すこと・聞くこと」領域における小中一貫学習指導計画の開発―」京都市総合教育センター、2004年、5頁。
http://www.edu.city.kyoto.jp/sogokyoiku/kenkyu/outlines/h16/pdf/494.pdf

34)「大学1年の正答率4割弱、漢字能力調査　四字熟語1割台」、『人民網日本版』2005年10月4日付　http://j.people.com.cn/2005/10/04/jp20051004_54034.html
35)「OECD生徒の学習到達度調査」とはOECD経済協力開発機構が15歳児を対象とする国際学力調査のこと。2000年から初めて実施され、以降3年ごとに行われる。読解力、数学的リテラシー、科学的リテラシーを主要分野として調査する。2000年から2009年までの調査結果は文部科学省のホームページに掲載されている。
http://www.mext.go.jp/a_menu/shotou/gakuryoku-chousa/sonota/07032813.htm
36)　例えば、上原作和は「…「語彙力」の低下、語彙カテゴリーの単純化は、言うまでもなく、「ゆとり教育」とともに、現代の教育環境の激変と無関係ではないように思われる」と述べた。(上原作和「学生の語彙使用例から見た「日本語力」とその教育方法」『明星―明星大学明星教育センター研究紀要　第2号』、2012年) また、文部科学省は「これからの時代に求められる国語力」において、「近年の日本人の国語力をめぐっては、言葉遣いや語彙、発表能力や文章作成能力などに種々の問題点を指摘する声が多い。これらの問題点の要因の一つとして、中学生以降の年代における読書量の低下を挙げることもできよう」との見解を示している。
http://www.mext.go.jp/b_menu/shingi/bunka/toushin/04020301/003.htm
37)　三宅和子「大学における「日本語」教育の総合的展開―自律的な個人を育てる人間教育をめざして―」『日本留学試験とアカデミック・ジャパニーズ (2)』(平成14-16年度科学研究助成金 (基盤研究A) 研究成果報告書　研究代表者：門倉正美)。
38)　奥田統己「アイヌ語 (1) アイヌ語の概略・日本語との系統論をめぐって」(札幌学院大学：北の文化―考古学と言語学から―)
http://jinbunweb.sgu.ac.jp/~okuda/works/02003-2001-01-03.pdf
39)　北海道アイヌ協会ウェブサイト　http://www.ainu-assn.or.jp/about03.html
40)　北原次郎太「アイヌ語継承の現状」『文化庁委託事業「危機的な状況にある言語・方言の実態に関する調査研究事業」報告書』、2011年2月、92ページ。参照URL：http://www.bunka.go.jp/kokugo_nihongo/kokugo_sisaku/kikigengo/pdf/kikigengo_kenkyu.pdf
41)　Fred E. Anderson and Masami Iwasaki-Goodman, "Language and Culture Revitalisation in a Hokkaido Ainu Community," in Mary Goebel Noguchi and Sandra Fotos (eds.), *Studies in Japanese Bilingualism*, (Clevedon, England; Buffalo, N. Y.: Multilingual Matters Ltd., 2001), pp.45-67.
42)　Masayoshi Shibatani, *The Languages of Japan*, (Cambridge [England]; New York: Cambridge University Press, 1990), pp.3-9.
43)　注40に同じ。94頁。
44)　梅原猛・埴原和郎『アイヌは原日本人か』小学館、1982年、216-7頁。
45)　注40に同じ。93-94頁。
46)　注40に同じ。94頁。
47)「アイヌ語学びやすく　辞書やCD教材、文法書も登場」、『北海道新聞』2009年1月15日

付。参照 URL：http://www.hokkaido-np.co.jp/cont/kawaraban/47269.html
48) Masayoshi Shibatani, *The Languages of Japan*, (Cambridge [England]; New York: Cambridge University Press, 1990), pp.189-94.
49) 同上。
50) Osumi Midori, "Language and Identity in Okinawa Today," in Mary Goebel Noguchi and Sandra Fotos (eds.), *Studies in Japanese Bilingualism*, (Clevedon, England; Buffalo, N. Y.: Multilingual Matters Ltd., 2001), pp.68-97.
51) 同上。
52) 宮島達夫「日本語の〈危機〉」7頁。
http://www.elpr.bun.kyoto-u.ac.jp/essay/tatsuo_miyajima.pdf
53) ソジェ内田恵美「日本の言語政策における統一性と多様性」早稲田大学政治経済学部教養諸学研究会『教養諸學研究』、2008年12月。http://dspace.wul.waseda.ac.jp/dspace/bitstream/2065/32785/1/KyoyoShogakuKenkyu_125_Sauzier-Uchida.pdf
54) 山田真寛「沖縄県与那国島方言」、下地賀代子「沖縄県多良間島方言」文化庁委託事業『危機的な状況にある言語・方言の実態に関する調査研究事業　報告書』、2011年2月。参照 URL：http://www.bunka.go.jp/kokugo_nihongo/kokugo_sisaku/kikigengo/pdf/kikigengo_kenkyu.pdf
55) 注53に同じ。
56) 報告書全文は http://www.kantei.go.jp/jp/21century/
57) http://www.keidanren.or.jp/japanese/policy/2000/013/index.html
58) 「ユニクロには『強い店長』が必要：人材グローバル化を急ピッチで推進」SankeiBiz. 2012年10月13日付 http://www.sankeibiz.jp/business/news/121013/bsg1210131700005-n4.htm
59) Li Chiung-Li and Sandy Haggard, "Promoting Government Employees' English Proficiency through a TOEIC Training Course–A Case Study of Pingtung County," p.5. 以下の URL で論文本文を見ることができる。
http://wr.meiho.edu.tw/course/file/% E5% 85% B8% E8% 97% 8F6.pdf
60) 文化庁『平成22年度「国語に関する世論調査」について』2011年2月、16頁。
61) http://www.e-stat.go.jp/SG1/estat/List.do?lid=000001074828
62) Ayumi Takenaka, "How ethnic minorities experience social mobility in Japan: an ethnographic study of Peruvian migrants," in Hiroshi Ishida and David H. Slater (eds.), *Social Class in Contemporary Japan: structures, sorting and strategies*, (London; New York: Routledge, 2010).
63) Takeyuki "Gaku" Tsuda, "Crossing Ethnic Boundaries: Japanese Brazilian Return Migrants and the Ethnic Challenge of Japan's Newest Immigrant Minority" in Nelson H.H. Graburn, John Ertl, R. Kenji Tierney (eds.), *Multiculturalism in the New Japan: Crossing the Boundaries within*, (New York: Berghahn Books, 2008).

64) 例えば、次の研究を参照。河原俊昭編著『自治体の言語サービス―多言語社会への扉をひらく』春風社、2004 年；河原俊昭・野山広編著『外国人住民への言語サービス』明石書店、2007 年。

第8章

日本の英語教師
―期待される英語教師像とその言語観―

はじめに

　文部科学省が公表している統計によれば、2009年10月地点で、中学校3万1,487人、高等学校2万9,255人、合計するとおよそ6万人もの英語教員が教鞭をとっている[1]。小学校などで英語を教える教員や、大学等の高等教育機関における英語教員を合わせれば、かなりの数にのぼるであろう。さらに、小中学校等で活躍しているALT[2]のうち、英語を担当する方々もいる。ALTには、JETプログラム[3]という公的機関から派遣された者に加え、私的機関から派遣される者もいる。JETプログラムだけでも、4,000名ほど海外から招致されているため、正確な数値は定かではないが、民間機関も合わせると1万名は超えるであろう。

　本章は、「日本の英語教師」について論じる。ここで「日本の」という点について少し補足しておきたい。上記の数値は、公教育機関における英語教員についてのみのものである。英会話学校や英語の専門学校などにおける英語教師についても、「日本の」という範疇に入れて考えることができる。しかしながら、これらは民間企業であり、各々の学校で独自の教育理念をもっている。したがって、「日本の英語教育の政策理念」という点では、分析の対象から外すべきであろう。他方で、公教育機関の場合は、国家の教育政策として行われている点で異なる。本章では、「日本の」ということばを、後者の側面、すなわち「公教育機関での英語教師」を考察の対象とする。そして、これを制度面および英語教師へのアンケートの2つの側面から分析する。前者からは、日本の英語教育制度が、「どのような英語教師像」を求めているのかを探る。後者では、実際の英語教師が「ど

のような言語観を抱いているのか」を考えたい。

1. 制度的側面における英語教師の言語観

本節ではまず、英語教育に関する日本の方針を簡略に追う。次に、英語教師に求められる資質について取り上げる。

(1) 英語教育の方向性

文部科学省は、平成14年7月12日に「『英語が使える日本人』の育成のための戦略構想」を打ち出した。そこでは、次のような英語に対する認識（＝言語観）が見られる。

> 経済と社会におけるグローバル化にともない、子どもたちが21世紀を生きるためには、国際共通語となっている英語のコミュニケーション技能を獲得することが重要となっている。このことは、子どもたちの未来および国家としての日本のさらなる発展という観点からも極めて重要である[4]
>
> （文部科学省：http://www.mext.go.jp/english/news/2002/07/020901.html）

前年の2001年11月26日に当時の文部科学大臣が、中央教育審議会に対して「新しい時代にふさわしい教育基本法のあり方」を諮問した。上記の引用文での趣旨を簡潔に述べれば、「社会で英語が必要だから、英語を身につけさせよう」ということになる。いわば「人材教育」である。一見すると妥当な見解のように感じるかもしれないが、問題がないというわけではない。

第2次世界大戦時、「国家に役に立つ人材教育」という観点から、教育は推し進められた。「社会に役立つ人材を育成する」という教育に対する方針は、このように「社会」が「戦争」に巻き込まれた場合に、容易に利用される危うさをもつ。もちろん、社会情勢を無視して教育を単なる理想論として片付けるわけにはいかない。しかしながら、社会の変化に耐え得る教育像がなければ、社会の変化に伴って教育の内容が変化してしまうという、なんとも心許ないものとなってしまう。教育が戦争に加担したという反省の下、戦後以降の日本では「人格教育」が掲げられてきた。教育基本法の第1条（教育の目的）に「教育は、人格の完成を目指し…」と明記されたのは、そのためであった。ここで言う「人格」とは、

条文に何ら形容が付されていないことからも明らかなように、「その一人一人がほかの子とは絶対かけかえることのできないプライバシーに基づいた特性」（小森 2004: 83）を意味した。「学校教育とは、人格教育である」とするこのような教育観は、例えば教育基本法より遅れることおよそ40年、1989年に採択された「子どもの権利に関する条約」の第29条にも見られる思想である。

　このような経緯があるにもかかわらず、「人材教育」を求めたわけである。為政者にとっての「グローバル化」というものの脅威は、非常に大きなものだったと想像できる。例えば、中学校や高校における英語科教育の指針を示す『学習指導要領』には、「実践的コミュニケーション能力」という文言が現れた。『中学校学習指導要領（平成10年12月）解説－外国語編』によると、「実践的コミュニケーション能力」とは、「単に外国語の文法規則や語彙などについての知識をもっているというだけではなく、実際のコミュニケーションを目的として外国語を運用することができる能力のこと」（文部省1999: 7）である。それ以前の英語科教育においても、英語を実際に運用することのできる能力は目指されてきたが、実用性がより強調されることとなった（現行の『学習指導要領』では「実践的」は消えている）。

　さて、上述の戦略構想に基づき、「国民全体に求められる英語力」として、次のような「達成目標」が設定された。

中学校卒業段階：
　挨拶や応対等の平易な会話（同程度の読む・書く・聞く）ができる（卒業者の平均が英検3級程度）。
高等学校卒業段階：
　日常の話題に関する通常の会話（同程度の読む・書く・聞く）ができる（高校卒業者の平均が英検準2～2級程度）。

　上記の目標は、実は英語圏で生まれ育ち、英語を第1言語とする者でさえ、必ずしも達成可能なものではない。これは、日本で生まれ育ち、日本語を第1言語とするからといって、外国人の日本語学習者向けに実施されている日本語検定に合格できるかどうかを考えればわかるであろう。上記の目標に付け加え、「国際社会に活躍する人材等に求められる英語力」として、「各大学が、仕事で英語が使える人材を育成する観点から、達成目標を設定」することが求められることに

なった。これに基づき、各大学が独自に、英語教育のスタンダードを模索している。

　ここで、安易に「オール・イングリッシュ」で授業をしたところで、成果はさほど期待できないことを確認しておきたい。確かに、授業をすべて英語で行うオール・イングリッシュであれば、英語に接する時間が増えるため、英語力が向上するという期待は、情緒的には理解できないわけではない。しかしながら、「英語を英語で教えること」については、「効果的である」という研究結果もある一方で、非科学的な迷信のようなものであるという研究報告もある。日本では前者ばかりが取り上げられているが、おそらく「英語力」にコンプレックスを抱いている層が中心に世論を形成しているからであろう。例えば、フィリプソン（Phillipson 1992）は、「英語を学べば学ぶほど、英語力は上昇する」や「英語だけで学ぶほうが効果的である」といった見解は、英語教師や応用言語学者たちの先入観によるものであると批判している。そもそも、中学校や高校で週に4～6時間程度「オール・イングリッシュ」で授業を受けたところで、日常的に英語を使用しないのであれば、「英語漬け」とは言い難い。言語習得研究の成果によれば、1,000～1,200時間程度の学習で言語の運用能力は獲得できるのであるが、これは1年程度の短期間で行った場合に期待できる効果である。しかしながら、中学・高校でのすべての英語の授業時間数を足したところで、せいぜい同等程度の時間数である。限られた時間数の中で、いかに効果的に英語を教授するかについて、今一度考えるべきであろう。

　とにもかくにも、高校卒業者が90％を十分に超える日本において、英検準2～2級程度の英語力が「国民全体に求められ」ていることは事実である。そもそも、そうなる必要があるのか、についても十分な議論が重ねられていないが、国民のほぼ全員が英検2級程度の英語力を有するという、イギリスやアメリカ合衆国の直接植民地支配を経験していない国家としては、異例のレベルが目標として掲げられている。

　次に、「国民全体」に「英語力」を付ける英語教師には、どのような資質が求められているのかについて確認しておこう。

(2) 英語教師に求める資質

　中学校・高校における英語教員免許を取得するためには、教育職員免許法施行規則に定められた「教科に関する科目」のうち、英語学・英米文学・英語コミュニケーション・異文化理解の4つの領域に関する単位を修得しなければならない。文部科学省による『英語が使える日本人の育成のための英語教員研修ガイドブック』によれば、「英語が使える日本人」を育成する英語教員に求められる資質は、次の3つに大別できる。

① 教員としての資質
② 英語の運用能力
③ 英語を教える能力

　「英語ができれば、英語教師として相応しい」というほど単純なものではないと考えているようである。「日本語ができれば、日本語を教えられる」のであれば、日本語を第1言語とする日本人であれば、誰でも日本語教師になれることになる。しかし、「日本語を第1言語とする日本人」が、小中高時代の「国語」試験において、常に満点をとってきたわけではないだろうし、ましてや日本語を教えられるわけでもない。その意味で、「英語ができれば、英語教師として相応しい」とはしないこの見解は、妥当なものであろう。ただし、問題がないわけでもない。もちろん、「英語ができる」に越したことはないが、英語力がそれほど高くなくても、指導力に優れている可能性があることが看過されているからである。例えば、プロスポーツ選手とコーチの関係を考えてみればわかりやすい。名選手が必ずしも名コーチになれるわけではなく、選手としてはそれほど優秀な成績を残せなかったとしても、名コーチになれる者が大勢いるのは事実である。選手としての経験をもたない者であっても、名トレーナーになっている者さえいるぐらいである。したがって、①はともかく、②や③は別次元の問題として捉えるべきであろう。

　さて、実際に教員として採用されるかどうかを左右するのは、各自治体の教育委員会が課す教員採用試験である。これに照らしながら、上記の3つについて少し考えよう。

　まず、①に関してであるが、多くの都道府県が、教育に対する熱意や児童・生徒への愛情などを、理想の教員像として掲げている。多少、募集要項の年度が異

表2　英語教師に求められる資質

都道府県	教師像
愛知県	・豊かな専門知識と技能を備えた人物。 ・児童生徒に愛情を持ち、教育に情熱と使命感を持つ人物。 ・広い教養を持ち、円満で調和のとれた人物。 ・実行力に富み、活力・体力のある人物。 ・明るく、心身ともに健康な人物。 ・穏健、中正な良識のある人物。
岐阜県	・明るくて、豊かな人間性を持つ人 ・積極的な行動力とねばり強さを持つ人 ・子どもと共に生活することに喜びに感じられる人
福岡県	・教育に対する使命感と情熱をもつ人物 　強い責任感と子どもの成長を願う深い愛情を持つ教員 ・豊かな人間性とたくましさをもつ人物 　子どもの心を引きつけて離さない魅力と困難にうちかつ力強さを持つ教員 ・実践的指導力のある人物 　学び続けることで身に付ける高い専門性と行動力を持つ教員
佐賀県	・子どもへの深い愛情 ・職務に対する責任感と誠実さ ・積極性と若さあふれるバイタリティ
熊本県	・教育愛や使命感に燃え、情熱とやる気を持った人材 ・単に専門の知識が優れているだけでなく、幅広い生活体験に裏打ちされた指導力と柔軟な思考ができる豊かな感性を備えた人材 ・それぞれが持つ職能、専門分野、能力・適性、興味・関心等に応じ、生涯にわたりその向上が図られることが期待できる人材
大分県	・使命感にあふれ、豊かな人間性を持つ人 　子どもの成長を願って、強い責任感と思いやりの心をわすれない ・専門的知識をもち、実践的指導力のある人 　子どもの側に立って、いつも情熱にあふれ、よくわかる授業をする ・柔軟性をそなえ、たくましく生きる人 　子どもたちの明日のために、協働し、へこたれない心を持ち続ける
宮崎県	・豊富な体験をもつ、人間性豊かな教員 ・職務遂行に必要な知識を備え、児童生徒の学習指導・生徒指導に力量を発揮する有能な教員 ・児童生徒の教育に情熱をもって取り組む、意欲あふれる教員 ・児童生徒及び保護者等との対応が的確にできる教員 ・職務遂行に必要な体力を有する教員

※「教職課程」Vol.28 No.9 より

なるが、筆者が直接かかわってきた地域（九州、東海一円。一部抜粋）を表2に取り上げたい。

「教育」というのは、学校においてのみ行われる営為ではない。私たちは日々、家庭や友だち関係など、日常のあらゆる場面でさまざまなことを学んでいる。したがって、学校教育の教師にのみ過度な期待をもつべきではない。しかしながら、昨今は、教育が問題視されている時代である。教師の人間性をわざわざ明示的に求めるのは当然のことであろう。そのため、上述した3つの資質のうち1番目に「教員としての資質」が掲げられていると考えられる。

次に、②「英語の運用能力」である。英語の運用能力を仮に測定可能なものであるとするならば、教員採用試験において、現在最も活用されているのは、TOEICである。このTOEICにおいて、ある程度の得点を獲得しておけば、教員採用試験の英語を免除する自治体は少なくない。その点数の基準は、多少の差は見られるが、おおむね850点前後である。これに対し、上記の「英語が使える日本人構想」で示された中学校英語教師に求められる得点は、英検準1級／TOEICで730点以上／TOEFLで550点以上となっている[5]（なお、日本人のTOEIC受験者の平均点は、おおむね500点台で推移している）。

上述したように、「英語ができれば英語の教師になれる」というほど、単純なものではない。資格試験の有無は別として、日本語を不自由なく使いこなせるからといって、プロの国語教師や日本語教師になれるわけではない。文部科学省も、このあたりは理解しているので、上記のような3つの観点から「英語教師の資質」を示していると思われる。

最後に③「英語を教える能力」である。自治体によっては、すでに数年前から6年目研修や12年目研修などを、教員に課してきたケースもある。2009年4月から、正式に教員免許更新講習の受講が義務化された。これは、大学等の高等教育機関で開講される教師のスキルアップのための講義である。最新の研究成果に触れつつ、他の教員との交流を通じて、「教師力」をブラッシュアップすることが期待されている。筆者もこの講習を毎年複数回、開講している。現職の教員方も大変であるが、準備する大学教員もかなりの負担となっているのが事実である。ただし、多くの教員が熱心に講義を受講してくれている。自らの教育実践に不安を抱いていたり、あるいは更なるスキルアップへの意欲を抱いていたりと、

先生方の免許更新講習に臨む姿勢は、幅広いものがあるようである。

そのほかにも、各地でさまざまな英語教授法のワークショップが開催されている。大学をはじめとした研究機関に所属する研究者からの授業案の提示や、現職教員同士の授業アイデアの発表会、教育委員会が主催するものなど、さまざまである。これらを通じて、教員たちは、日々、より良い授業づくりに励んでいる。このあたりは、もう少しマスコミでも取り上げるべきであろう。

以上、少々話が脱線したかもしれないが、英語教師に求められる資質を簡潔にまとめれば、「英語力があって、人間性も豊かで、かつ、教育力に優れていること」の3点とされている。

2. 現職英語教員の言語観

筆者はこれまでに、英語教員の研修を担当してきた。研修に際して、英語教師の方々がどのような言語観を抱いているのかを把握するために、簡単なアンケートを実施してきた。ただし、研修で出会ったすべての先生方にアンケートをとってきたわけではない。また、小学校の英語活動に従事する先生もいれば、中学校や高校で英語教育に携わっている先生まで幅広く研修を担当してきた。本節での分析にあたっては、数多く担当してきた研修のうち、ランダムに取り上げている。そのため、ここで取り上げるアンケート調査の対象となったのは49名である。以上をあらかじめお断りしておく。これだけの数では、「日本全般の」英語教師については語り得ないことは自覚しているが、ある程度の傾向が見られるのも事実である。以下、詳しく見ていこう。

(1) 言語の多様性に関する知識

世界には、およそ200の国・地域がある。「およそ」「ほど」としたのは、戦争や紛争、クーデターなどによって、その数は常に変動する可能性があるからである。他方、世界にはおよそ3,000〜6,000の言語が存在すると言われている。こちらも同様に、数が前後する。また、言語の数の場合は、研究者によって数え方の基準が異なるということも理由の一つである[6]。さて、「言語の数」と「国・地域の数」とを合わせて考えれば、1つの国・地域において、15〜30の言語が

存在することになる。世界的に見れば、「多言語社会」というのはごく自然な姿なのである。以上を踏まえた上で、筆者のアンケート調査の結果を見てみよう。

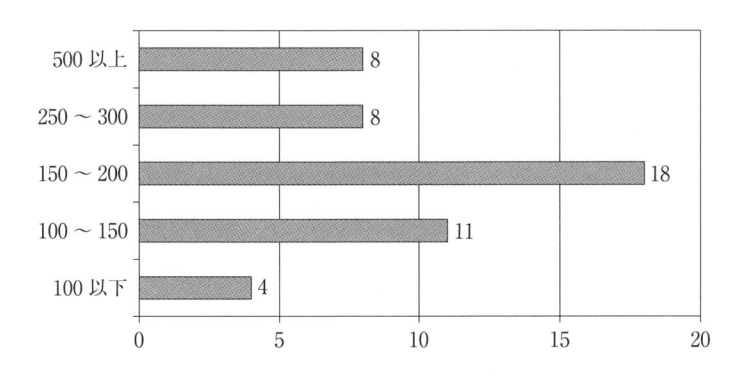

範囲	人数
500以上	8
250〜300	8
150〜200	18
100〜150	11
100以下	4

図1　英語教師が思う「世界の国の数」

　世界の国の数を、100以下だと答えた先生方は4名で、そのうち2名は50以下だとしている。500以上と答えた先生は8名で、そのうち3名が800ほどとしている。世界の国や地域の数をおおむね把握している英語教師は、およそ半分程度であるということになる。

　次に言語の数についてはどうであろうか。

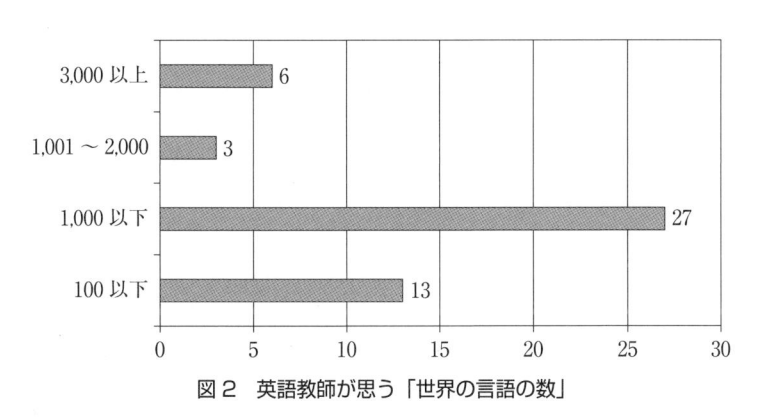

範囲	人数
3,000以上	6
1,001〜2,000	3
1,000以下	27
100以下	13

図2　英語教師が思う「世界の言語の数」

　世界の言語の数を、100以下とした先生は13名で、そのうち7名は50以下の数値を記入している。この13名を除いて、1,000以下の数値を答えた先生は

27名。そのうち、8名が200以下、14名が500以下の数値であった。3,000以上と答えた先生は6名であるが、そのうち1人は、1万としており、3,000〜6,000という妥当な数値を上げたのは、49名中わずか5名という結果であった。もちろん、統計的な観点から結論を導き出すには、あまりにも少数であることは承知している。しかしながら、多くの英語教師たちが、世界の言語情勢について、かなり無頓着であるということは言えるであろう。

ところで、中学校向けの検定英語教科書の一つである『NEW CROWN』には、1970年代後半頃より、教科書の裏表紙に世界の言語情勢が掲載されている。もちろん、『SUNSHINE』をはじめとした他の英語教科書にも、掲載されてきた。多くの教師が、教材研究の重要性を認識しているはずであるが、日常の公務に追われているためであろうか、このような部分にまでは目が行き届いていないようである。

世界の国の数や言語の数については、単なる知識に関する無知の問題とも言える。もちろん、知識不足というものは、教壇に立つ以上、心もとないことは否めない。しかしそれ以上に、世界の言語(や文化)について、どのような価値観(＝言語観)をもっているのかが重要であろう。学校教育では、文部科学省による検定教科書の使用が基本とされている。教科書は、専門の研究者たちが何度も議論を重ねて作成したものであるため、教材としては非常に練られている。したがって、その教材をいかすか否かは、教員の力量に左右される。高級な食材を入手しても、料理人の味付けによっては、いか様にもなる。英語教科書を食材とたとえるならば、料理人の味付けとは、英語教員のことばに関する価値観だと言える。以下、英語教師のもつ言語観について少し詳しく見ていこう。

(2) 言語観について

言語観とは、「ことばをどのようにとらえるか」という視点や、ことばに対して抱く態度や意識、イメージのようなものである。私たちは、生まれてから現在に至るまで、周囲の人々やテレビをはじめとしたマス・メディアなどの影響を受けながら、さまざまな価値観を身につけていく。言語観とは、それらのうち、ことばに関するもののことを言う。したがって、あまりに多岐にわたっており、森住(2001)が述べるように、言語観は「抽象度が高」く、「これこれが言語観だ

という項目立てもしにくい」ものである。そこで森住は、以下のような価値観を含んだ項目に対して、「YesかNoかによって言語観が浮かび上がってくる」(同: 12) としている。なお、図3にグラフに示すため、各項目に番号をつけておく（原文には番号はない）。

① ある国や地域に行ったら、あいさつぐらいはその国や地域のことばを使う。
② 国際理解の原点は互いにことばを学び合うことである。
③ 少数民族や先住民族のことばは滅亡しても仕方がない。
④ ことばの学習は役に立たなければ意味がない。
⑤ ことばについて考えない人は、人間について考えない人である。
⑥ ことばの教育はスキルの習熟に専念すればよい。
⑦ ことばの教育は人間教育に資するものでなければならない。
⑧ 英語が話せるということは「国際人」である。
⑨ 英語は大言語であり、最も便利なのでみんな英語を学ぶのは当然である。
⑩ 日本式英語を堂々と押し進めるべきである。
⑪ Queen's English は正当で美しい。
⑫ 外国人が法廷に立つようなことがあれば、その母語使用を保証すべきである。
⑬ 日本でも英語を「第2公用語」にした方が国際通用力が増す。

(森住 2001: 12)

　上記の項目について、「YesかNoかによって言語観が浮かび上がってくる」と述べられているが、「どちらとも言えない」という選択肢もまた、言語観が窺えると筆者は考えている。なぜなら、YesかNoの間で揺れ動く価値観もあるであろうし、あるいは「そもそもこういったことを考えたことがないので、答えようがない」ということもまた、言語に対する価値観の表れだと考えられるからである。
　そこで、上記の項目について、49名の先生方に「A（そう思う）」「B（思わない）」「C（どちらともいえない）」の3択で選んでもらった。結果は次の通りである。

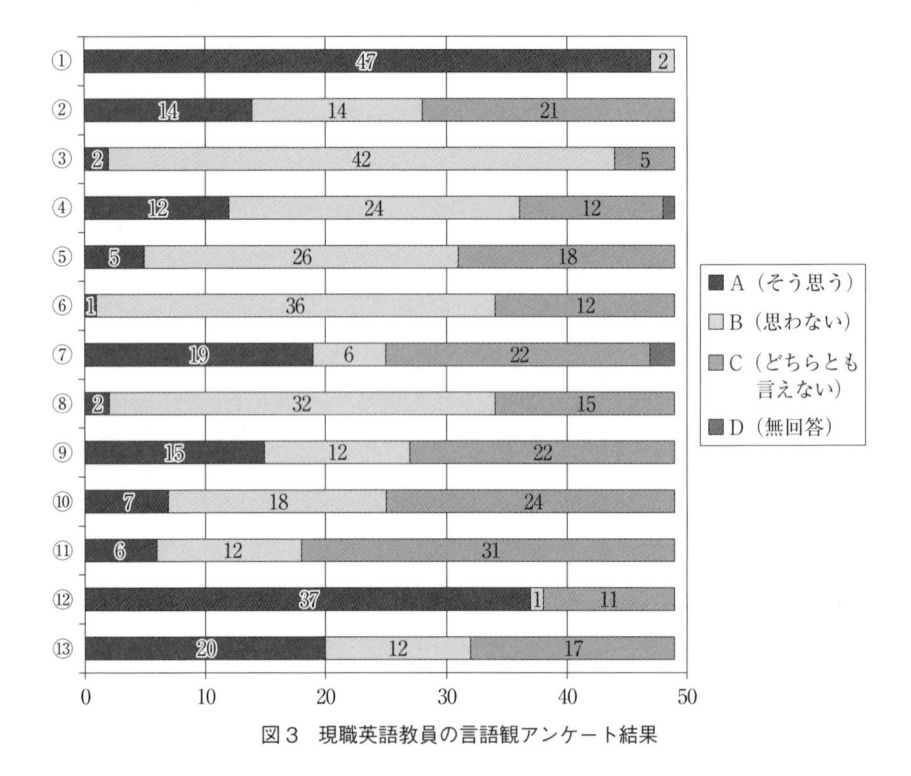

138　第2部 「日本のことば」を考える

項目	A（そう思う）	B（思わない）	C（どちらとも言えない）	D（無回答）
①	47			2
②	14	14	21	
③	2	42	5	
④	12	24	12	
⑤	5	26	18	
⑥	1	36	12	
⑦	19	6	22	
⑧	2	32	15	
⑨	15	12	22	
⑩	7	18	24	
⑪	6	12	31	
⑫	37	1	11	
⑬	20	12	17	

図3　現職英語教員の言語観アンケート結果

　①は、「ある国や地域に行ったら、あいさつぐらいはその国や地域のことばを使う」である。これに対しては、ほぼすべての英語教員が「そう思う」と回答している。先に「言語の数」についての知識には、残念ながら無頓着であることがわかったが、他方で、ほとんどの英語教師が、「言語間の平等」という意識はもっているようである。

　言語観の平等についての意識の高さは、③（「少数民族や先住民族のことばは滅亡しても仕方がない」）の回答からも窺える。49名中42名の英語教師が、「思わない」とした。現在、かなりの数の少数言語が、その消滅の危機にさらされている。言語が消滅するということは、その言語の使い手である民族が消滅することを意味する[7]。世界には少数言語を保護するべきであるという立場から、さまざまな権利が保障されている。例えば、「世界人権宣言」（1948年12月、第3回国連総会採択）では、人種／性別／宗教による差別だけではなく、言語による差

別についても言及されている。この世界人権宣言では、教育を受ける言語についての権利は言及されていないが、「国際人権規約」(1966年12月、第21回国連総会採択)では、自らの言語を使用する権利が言及されている。言語問題は人権問題なのである。

なお、このような少数言語の消滅の背景には、英語をはじめとした社会的大言語への乗り換えがあるという指摘がある。これを「言語帝国主義」(英語の場合は、「英語帝国主義」)という。確かに、現在、世界のさまざまな人々とコミュニケーションをとる場合に、相対的に英語が用いられることが多い。このことは、「英語」という1つの言語に権力が集中していることを意味する。このような状況に警鐘を鳴らしたり、批判したりする、いわば「反＝英語帝国主義論」が、主として1990年頃から活発に議論されてきた。興味深いことに、非英語圏からのいわば「負け犬の遠吠え」のような批判論ではなく、英語圏においても非常に活発に議論されている。

いずれにしても、言語的な平等という意識をもった英語教員は多いと言えそうである。教員の資質には、人間性が求められていることを確認したが、平等意識も人間性の一つに入れるのであれば、これは評価すべき点であろう。

しかしながら、「英語学習」という観点になると、少し異なってくる。⑨(「英語は大言語であり、最も便利なのでみんな英語を学ぶのは当然である」)から、そのことが窺える。「英語を学ぶのは当然である」と考える英語教師は、「当然ではない」とする英語教師を上回っている(「どちらともいえない」と回答した先生が多いのも、この⑨の特徴である)。

英語学習の当然視であるが、これには少し補足説明が必要であろう。まずは、学校教育の制度上の問題である。読者の多くは、中学生の頃から「英語」を「教科目」として学んできたであろう。しかしながら、実は、英語は「教科目」ではない。実際には、「外国語科」が必修科目として位置づけられ、「英語の履修」はあくまでも「原則」とされるにとどまっている。しかも外国語科の必修化は、平成10年度版『学習指導要領』の施行とともに始まったものであり、非常に歴史が浅い。研修に参加された先生方が中学生の頃は、英語はもちろん、外国語科そのものが必修科目ではなかったと思われる。このように、制度的に見れば、英語の学習は「当たり前」というわけではない。

次に、「世界中で英語は使われているから」や「アジアに後れをとるから」という理由で、英語の学習を当然視する見方についても考えておこう。クリスタルによれば、英語を第1言語として使用している人口は、およそ3.3億人と推定される。フィリピンやシンガポールなどのように、かつてのイギリスの植民地では、英語を第2言語として用いている人がいるが、それらの総計は推定4.3億人である。そして、日本や中国のように英語を外国語[8]として学び、使用する人口は7.5億人と推定される。これらをすべて合わせると、15.1億人ということになる。地球全体の人口を仮に60億人とすれば、25％ほどに相当する（以上、Crystal 2003: 59-69）。中国人のすべてが中国語を使用していると見るならば、人口的にはほぼ対等であろう。ただし、英語の場合は、さまざまな国や地域で使用されているという点で異なる。

このことから、「やはり英語は世界中で用いられている」と結論づけるのは、少し短絡的であろう。他の言語と比較すれば、確かに広範に普及していることは事実である。しかしながら、75％の人々が用いていないにもかかわらず、「世界中で」と表現するのは、少し過剰と言わざるをえない。英語を用いていない人の方が、圧倒的に多いからである。その意味で、「英語は世界の共通語」とする論理は、英語ができることによる恩恵に授かっている人たちのイデオロギーが反映されたものである。

さらに、上記で示した「英語を使用する人びと」が用いている英語は、決して画一的なものではない。共通点が多く見られる一方で、互いに理解が困難なほどの発音や表現などの違いもある。例えば、インドの英語やシンガポールの英語、フィリピンの英語など、それぞれの社会で用いられている言語の影響を受けながら、独自の英語の体系化が進んでいる（これを「土着化」と言う）。世界のさまざまな英語についての研究が「国際英語論」である。上記のインドやシンガポールのほかに、旧イギリス領のスリランカなどでも、その研究成果をもとに従来の「イギリス英語」や「アメリカ英語」をモデルとした英語教育から脱却し、独自の英語体系をもとに英語教育を再構築しつつある。他方、日本は「discuss about」とすれば「文法的誤り」として否定的に捉えられがちである。ひとくちに「英語」といっても、その姿は多様であり、国や地域によって独自の特徴を有しているのが社会言語的な事実である。『学習指導要領』の文部省による公的解

釈である『中学校学習指導要領（平成10年12月）解説－外国語編』には次のような文言がある。

> 現在、英語は世界中で広く使用され、その使われ方も様々であり、発音や用法など多様性に富んだ言語である。その多様性に富んだ現代の英語の発音の中で、特定の地域やグループの人々の発音に偏ったり、口語的過ぎたりしない、いわゆる標準的な発音を指導するものとする。　　　　　　　　　　　　　　　　（文部省1999: 33）

『学習指導要領』の公的な解釈に、このような英語の多様性が明記されているのである。ただし、「ネイティブ」信仰は根強く残っている。例えば、平成10年度版『学習指導要領』において、「指導計画の作成と内容の取り扱い」の箇所に、「生徒の実態や教材の内容に応じて、コンピュータや情報通信ネットワーク、教育機器などの有効活用やネイティブ・スピーカーなどの協力を得ることなどに留意すること」（文部省1998: 94）と記載されている。これは平成20年度に公表された新しい学習指導要領においても同様である。つまり、現状では、「タテマエ」として英語の多様性について言及しているが、「ホンネ」としては英米英語を規範としたままである、と解釈できるだろう。

（3）言語観と教育観

英語もことばの一つである。したがって、英語教師は、ことばを教えるプロ集団ということになる。先に、英語教師に求められる資質を、制度的な側面から概観した。次に、英語教師たちの言語観を教育観とともに見ていこう。

先ほどのアンケート項目のうち、④「ことばの学習は役に立たなければ意味がない」についてである。49名中、12名が「そう思う」、24名が「思わない」、12名が「どちらともいえない」と回答した。また、⑥「ことばの教育はスキルの習熟に専念すればよい」については、1名が「そう思う」とこたえ、36名が「思わない」としている。

ここで、「役に立つ」の解釈によって解答が左右されることが予想できる。例えば、ビジネスの世界を念頭に置くならば、「役に立つ」とは、「話せる英語」や「伝わる英語」という実用性のことを意味することになる。また、いわゆる進学校などで、入学試験に強くなるということを念頭に置いていれば、「役に立つ」は「受験に役に立つ」すなわち、「受験英語」ということになる。⑥についても、

同様のことが言える。ビジネスの世界であれば、「説得的な英語でのコミュニケーション能力」や、同僚と交わす「日常会話」などが、「スキル」ということになるであろう。他方、受験の世界では、「正解を導く」ことや「頻出問題に強くなる」といったところであろうか。このように、場面や目的、状況などによって、何が「実用」であったり、何が「スキル」であったりするのかは変化する。ここではビジネスの世界や受験の世界というように、議論をわかりやすくするために特定の集団内の目標が画一的なものであるという前提で述べたが、究極的には、「役に立つ」ものや「必要なスキル」というものは、個人によって異なるものである。

次に、⑦(「ことばの教育は人間教育に資するものでなければならない」)について考えよう。筆者が行っている研修の対象者は、英語の教員免許を取得している先生方や小学校の教員免許の所有者である。すべての受講者が、学校教育の枠内で何らかの形で英語を教えている。

本章2.（1）で言及したように、学校教育は教育基本法や学校教育法、さらには『学習指導要領』に基づいている。そのうち、教育基本法第1条（教育の目的）には、「人格の完成」を目指すことが掲げられているのであった。この教育基本法は、日本国憲法と不可分の関係にある。第2段落では「われらは、個人の尊厳を重んじ、真理と平和を希求する人間の育成を期するとともに、普遍的にしてしかも個性ゆたかな文化の創造をめざす教育を普及徹底しなければならない」とある。これは、憲法第13条の基本的人権の規定（「すべて国民は、個人として尊重される。」）に結びつくものである。この前文を受けて、上記の教育基本法の第1条がある。2006（平成18）年12月に、教育基本法が新しく公布・施行となり、そこでは、教育の目標に職業との関連を重視することが具体例として挙げられた。しかしながら、「人格の完成」や「個人の尊厳」など、従来から掲げられている普遍的理念は維持されている。したがって、学校教育における英語科教育の目標には、いわゆる4技能（リスニング、スピーキング、リーディング、ライティング）の習得や、コミュニケーションを図ろうとする態度の育成などがあるが、これらすべての根底に「人格の完成」がなければならない。

⑦において、「ことばの教育は人間教育に資する必要はない」と考える英語教師は6名であった。少数ではあるが、自らがなぜ英語を教えているのか、そして

その先には何があるのかを意識しないままに教育に携わっているようである。もしそうであれば、ぜひ一度、教育が描く未来像について考えてもらいたいものである。「どのように教えるか」というハウツーの前に、「なぜ教えるのか」、あるいは「どのような未来社会を目指すのか」という根源的な問いが不可欠である。広田（2004）が述べるように、「異なる未来社会の構想は異なる教育の未来像を描くことになる」（同：99）からである。

（4） 英語の多様性

本章の3.（1）において、「言語そのものの多様性」に対して、英語教師がどのような言語観を抱いているのかを考察した。しかし、英語教師の専門はあくまでも「英語」である。そこで、「英語」の多様性についてどのような言語観をもっているのかについて考えてみよう。

⑩および⑪は、英語の多様性に関する質問である。まず、⑩「日本式英語を堂々と押し進めるべきである」についてはどうであろうか。もちろん、「日本式英語」をどのように定義するのかによって、その解釈は変わってしまう可能性はあるが、その点についてはおくとしよう。49名中7名の先生方が、日本式英語を支持している。他方、否定的に捉えている先生は18名であった。どうやら、日本式英語の評価は低いようである。

⑪では、「Queen's English は正当で美しい」と思うかどうかをたずねた。6名が、「そう思う」とこたえている。興味深いのは、⑩において「日本式英語」に肯定的であった先生のうち、2名が⑪において「Queen's English は正当で美しい」と考えている。好意的に解釈すれば、英語の変種間に格差を想定していない言語観をもっていると言えるかもしれない。というのは、日本式英語にも、Queen's English にも、同等の評価を下しているからである。

ここで、1つ興味深い研究結果を紹介しておこう。スミス＆ラフィクザッド（Smith & Rafiqzad 1979）という2人の研究者は、さまざまな英語の使い手を対象に、お互いの英語について理解のしやすさという観点で比較を行った。その結果、教養あるアメリカ人の英語と教養ある日本人の英語とでは、後者の方が20％も理解度が高かったという（前者は55％、後者は75％）。私たちはよく、「日本人英語はなまっている」のように揶揄されるのを見聞きするが、アメリカ人の

ように流暢に話しても、半分ほど理解してもらえない可能性があるということになる。このように、「母語話者のような発音ができること」と「国際的な場面での通用度の高さ」とは、別問題なのである。

　読者の中には、テレビドラマ等で俳優が、自分の出身地ではないことば（いわゆる方言）を話すのを聞いて、違和感を抱いたり、「ちょっと違う」と感じたりした者がいるかもしれない。たいていのドラマでは、専門家による「方言の指導」を受ける。そして、演じるのはプロの俳優である。それにもかかわらず、自分の生まれ育ったことばの発音やイントネーションの影響を完全に消し去ることは難しく、その「方言」の「ネイティブ」からすれば、違和感をもたずにはいられないことが多い。それと同じで、日本語を母語に生まれ育った人々にとっては、どれだけ練習をしても、完全な「ネイティブライク」な発音は極めて難しいものである。

　日本では、こういった母語の影響を否定的に捉え「なまっている」とか「発音が悪い」と考えられる傾向が強いように思える（なお、英語教材の付属CDのような「正しい」発音を、ネイティブ・スピーカーとの実際の会話の中で聞くことは、実はそう多くはない）。しかし、3.（2）において言及したように、英語を第2言語として使っている国・地域では、むしろ肯定的に捉えている。彼らの大半は、かつてのイギリスの植民地である。つまり、英語を押しつけられた歴史をもっている。彼らは、「自分たちの言語ではないが、それがなければ国内の多民族どうしのコミュニケーションがとれない」という葛藤の中で、「押しつけられた英語」を「自分たちの言語」として変容させていっているのである。筆者の2011年度の大学院のセミナーには、タイ、パキスタン、ラオス、中国、モンゴル、イエメンからの留学生がいた。彼らはとても特徴のある英語を堂々と話す上に、お互いの独特な発音の違いを楽しみあっていた[9]。昨今では、アメリカ合衆国のような、その多くの者が英語を第1言語とする地域の人々が、「さまざまな英語」を学ぶという現象が生じている。とりわけ、中国やインド等のビジネス界での台頭により、それぞれの母語の影響を受けた英語を理解することは、避けて通れないものであると認識されているようである。

(5) 言語問題に対する認識

　⑫と⑬は、言語が社会的な問題として取り上げられた場合に関係している。順序が逆転するが、まずは⑬（日本でも英語を「第2公用語」にした方が国際通用力が増す）から見ておこう。

　2000年に故・小渕首相の頃、英語を日本の「第2公用語にする」という「英語公用語化」論が物議をかもした。「公用語」は、厳密に言えば、「行政サービスを受けられる言語」であるが、「日本人は全員、英語を使って日常生活を送らなければならない」と受け止められた。ちなみに、「日本語」は「公用語」として制定されてはいない。そのため、「第2公用語」以前にそもそも「第1公用語」がないという指摘もあった。結局、さまざまな方面から批判を受け、英語は日本の「第2公用語」にはならなかった。もしも英語を公用語にしていれば、イギリスやアメリカ合衆国から直接的な植民地支配を受けていない国としては、極めて異例の「自己植民地化の国」として世界から脚光（？）を浴びていたであろう。

　英語は公用語にならなかったが、人々の英語に対する危機感は高まった。現在の小学校英語活動が、その象徴である。先述した「アジア諸国に後れをとるな」という認識もあいまって、小学校英語は始まった。「幼少期から学べば、英語は身につく」という世論の影響もあったであろう。ちなみに、「幼少期から学べば英語が身につく」という考えに対する実証的な証拠は、十分ではなく、否定的な研究結果さえある。先に挙げた「英語帝国主義論」の代表的な論者であるフィリプソンは、英語帝国主義を再生産する1つの言説であると厳しく批判している。

　以上のような背景を多少なりとも知っていれば、「英語を公用語に」という発想はなかなか出にくいであろう。しかしながら、アンケートによれば49名中20名の英語教師が、英語の公用語化に賛成している。単なる無知なのか、あまりに英語が好きなのか、あるいは週に数時間の英語の授業では英語を生徒に身につけさせられないという判断なのか、その真相は定かではない。とにかく、半数近くの英語教師が「自己植民地化」を希望しているようである。

　最後に⑫「外国人が法廷に立つようなことがあれば、その母語使用を保証すべきである」について考えよう。上述したように、日本語は日本の公用語としては規定されていない。ただし、法廷場面での言語として、日本語が制定されている。

日本の法廷場面なのだから、日本語の使用は当然だろうと思われるかもしれない。しかし、外国人住民が増加しつつある昨今においては、これまでと同じ考え方では済まなくなる可能性がある。法廷言語の多様化や通訳の配置といった対応が考えられるが、これらに関しては、現在進行形で行われている。3.（2）で取り上げた「言語権」と関係するのであるが、自らの言語を使用する権利は、人権の問題なのである。

　アンケートでは法廷言語の問題として問うたのだが、筆者の狙いは、教室における言語の多様化に対して、英語教師たちはどのように対処しようと考えているのかを伺ってみたかった、というのもある。筆者の知る日本語を母語としない小学生は、学校のテストにおいて、算数の文章問題をすべて間違えたのだが、筆者が文章題の日本語を英訳してみたところ、すべて正解した。この場合、算数がわからなかったのではなく、日本語がわからなかったということになる。これでは「算数」の能力を問うはずのテストが、何を測定しているのか怪しくなってしまう。社会のグローバル化が進み、モノや情報だけではなく、ヒトも国境を越えて行き交う時代であるという前提に立てば、教室内の言語は今後ますます多様化する可能性が高い。英語教師はこういった言語と社会の問題についても、敏感である必要があるだろう。さもなければ、教師の力量や教育上の熱意とは異なる側面から、児童や生徒の学ぶ権利を脅かしてしまう危うさがある。

おわりに

　本章ではまず、社会のグローバル化に伴って、「国民全体に求められる英語力」という発想が生まれたことを確認した。その上で、「どのような英語教師像が求められているのか」を考えた。英語教師には、英語の運用能力だけではなく、英語を教える能力と、さらに教員としての資質が求められているのであった。

　教員としての資質とは何かを英語教育の文脈で考えるために、現職英語教員の言語観を取り上げた。その結果、言語が社会問題・人権問題と深くかかわっていることに無自覚な英語教師が多いことを指摘した。また、世界の言語の多様性や、英語の多様性に関する知識は十分ではなく、あまり寛容ではない傾向も浮かび上がった。実社会における「英語」と、英語教師が考えているそれとは、大き

くかけ離れているようである。英語だけで「世界中と」コミュニケーションできるわけではないし、その「英語」も多様な姿をもっている。このような「社会における言語」という視点が欠如している。

　英語に限らず、言語は何のために身につけるのであろうか。その一つには、他者とわかりあうためというのがあるだろう。「正しさ」や「美しさ」を称揚するあまり、他者が用いる言語に対して「変な日本語」とか「なまっている」といった態度をもってしまっては、言語の表現能力がいくら向上しても、良好な人間関係を築くことは難しくなってしまう。言語によるコミュニケーションには、言語使用に対する寛容な態度も不可欠なのである。本当に「英語が使える」人を育成するのであれば、言語の表現能力だけではなく、このような言語観についても同時に育成する必要があると思われる。

　そのためには、英語教師が「教師としての資質」の一環として、上記のような言語観をもつことから始めなければならない[10]。本章では、英語教育の制度や英語教師がもつ言語観を取り上げてきた。言語観は、文字通り「観る」だけにとどまらない。物事をさまざまな角度から「観る」ためには、知識の幅も必要となる。また、常に意識的に「観る」ことができるわけでもない。無意識のうちに、他者の言語使用を判断してしまう可能性もある。その意味で、「言語観」は「言語感」とも表現できるかもしれない。言語と文化、言語と社会との関係に敏「感」であることもまた、英語教師にとって必要な資質なのではないかと思われる。これがなければ、「英語に堪能」であっても、知らず知らずのうちに他者を傷つけたり、英語学習への動機付けを損ねたりする危うさがつきまとうからである。ことばの問題全般に敏感な英語教師が、ひとりでも多く輩出されることを願ってやまない。

注
1)　これらの数値は、平成23年1月14日に行われた「外国語能力の向上に関する検討会（第3回）」における配布資料による（文部科学省ホームページより閲覧可）。
2)　Assistant Language Teacher の略。外国語指導助手。なお、「外国語」の指導助手なので、必ずしも「英語の指導助手」ではない（また、「助手」であり、「教師」「先生」でもない）。実際、英語以外の言語を担当するALTも来日している。英語の指導助手については、AET（Assistant English Teacher）という名称がある。しかしながら、昨今の小学校や中学校の

教育現場では、ALT を AET と同じ意味で用いる傾向がある。以前と同様に AET と呼んだり、あるいは英語 ALT と呼んだりするなどの配慮が必要であろう。さもなければ、児童・生徒のうちに、「外国語＝英語」という言語観を植え付けてしまいかねない。

3) Japan Exchange and Teaching Programme の略。日本名は、「語学指導等を行う外国青年招致事業」。

4) 原文は次の通り。"With the progress of globalization in the economy and in society, it is essential that our children acquire communication skills in England, which has become a common international language, in order for living in the 21st century. This has become an extremely important issue both in terms of the future of our children and the further development of Japan as a nation."

5) 2006年12月に文部科学省が行った小中高での英語教育の実施状況調査によると、英検準1級や TOEIC で 730 点以上、TOEFL で 550 点以上を取得したことのある英語教師の割合は、中学で全体の 24.8％、高校で 48.4％であった。このことが発表された当時、英語教師たちの英語力が問題視された。しかし、「英語力」はこれらの試験だけで測定できるものではない。また、「取得したことのある英語教師」ということなので、高得点を獲得するであろう方が受けていない可能性もある。英語のできる方の中には、英語試験では英語力をはかれないと考えている者が少なくなく、受験していない可能性が考えられる。

6) 最近では新聞などにおいても「多言語社会」や「多言語化」という言葉を見かける。これは、「民族」の数によって「言語」の数を計算しており、民族と言語という2つの異なる概念を結びつけている。しかし、一つの民族が同じ「言語」を用いていると考えられるようになった背景には、政治的／社会的力関係の問題がある。したがって、厳密には、「多言語社会」や「多言語化」を考える際には、「多言語」という考え方に至るまでの過程を分析する必要がある。ただし本章では、議論をわかりやすくするために、あえて「民族」と「言語」とを結び付けた所を議論の出発点にしていることをお断りしておく。詳細については、酒井（1996）などを参照のこと。

7) 上記、注6) を参照のこと。

8) 本文でも述べたように、平均すれば1つの国に 15～30 もの言語が存在する。それゆえ、「外国語」のように「国」を基準に言語を考えること自体が、非常に乱暴なものの捉え方である。「外国語」に対応するとされる英語は "foreign language" であるが、"foreign" は「自分とは異なる」程度が原義である。つまり、「国」と必ずしも結びつくものではない。おそらく、「日本は単一言語の国である」という信念／言語観が働いて、「外国語」という訳語があてられたのではないかと思われる。また、「国」をとった「外語」であっても、やはり「国の外」という考えは残ってしまい、国内の言語的多様性が言い表せていない。そこで、「異言語」という用語が用いられることが多いのだが、最近になってようやくマスコミなどでも見かけつつある。

9) これは何も、「どのような発音でもかまわない」と言っているわけではない。互いに容認可

能な範囲であれば、多様性を尊重し合う姿勢が必要ではないか、ということである。ことばを異にするもの同士がコミュニケーションをとる場合、もしも相互理解に失敗したのであれば、その責任が他方にのみあるわけではなく、双方にあると考えることができる。英語でのコミュニケーションの場合であれば、「こちら側の英語力が不十分であるから」という視点だけではなく、「こちら側の英語を相手側が理解できない」ことも、相互理解の妨げになっているのではないか、ということである。このように、「当たり前」と思っていた視点を問い直し、再考することを「批判的言語意識教育」と言う。

10) このような観点から、筆者は将来の英語教員を養成する科目の一つである「英語科教育法」を実践してきた。詳しくは、仲（2012）を参照のこと。

参考文献
〈日本語による文献〉
大石俊一（1990）『「英語」イデオロギーを問う』開文社出版.
── (1997)『英語帝国主義論──英語支配をどうするのか──』近代文芸社.
大谷晋也（1997）「Self-disempowerment のための英語教育を──日本の中等教育における多文化／グローバル教育の主眼として──」『言語と文化の対話』89-101. 英宝社.
大原始子（1997）『シンガポールの言葉と社会──多言語社会における言語政策──』三元社.
小森陽一（2004）「教育基本法改悪と「戦争をする国」」『現代思想』4月号. 青土社. pp.78-88.
酒井直樹（1996）『死産される日本語・日本人：「日本」の歴史 − 地政的配置』新曜社.
佐藤慎司＋ドーア根理子（2008）『文化、ことば、教育：日本語／日本の教育の「標準」を越えて』明石書店.
佐藤学（2009）「言語リテラシー教育の政治学」マイケル・W・アップル＋ジェフ・ウィッティ＋長尾彰夫（編著）『批判的教育学と公教育の再生』pp.39-55. 明石書店.
田中克彦（1981）『ことばと国家』岩波書店.
田中望（2000）『日本語教育のかなたに：異領域との対話』アルク.
津田幸男（1990）『英語支配の構造』第三書館.
仲潔（2002）「英語教育は英語帝国主義にどう対処するか」森住衛監修・言語文化教育研究論集編集委員会（編）『言語文化教育学の可能性を求めて』pp.246-263. 三省堂.
── (2003)「制度論としての JET プログラム──国際英語論の観点から──」『外国語教育研究』第 6 号. pp.1-19. 外国語教育学会.
── (2008)「言語観教育序論：ことばのユニバーサルデザインへの架け橋」『社会言語学』第 8 号（「社会言語学」刊行会）pp.1-21.
── (2012)「言語文化観を育成する「英語科教育法」の実践：言語文化観のゆさぶり」森住衛（監修）関西言語文化教育研究会（編著）『言語文化教育学の実践』pp.47-67 金星堂.
中村敬（2004）『なぜ、「英語」が問題なのか？──英語の政治・社会論』三元社.
日野信行（2003）「〈国際英語〉研究の体系化に向けて──日本の英語教育の視点から──」『アジア

英語研究』第5号:5-43. 日本「アジア英語」学会.
広田照幸 (2004)『思考のフロンティア 教育』岩波書店.
本名信行 (編) (2002)『アジアの最新英語事情』大修館書店.
峯村勝 (2002)『英語教育の基本問題』言語教育研究所.
森住衛 (1992)「英語教育題材論 第7回 ことばに係わる題材」『現代英語教育』第29巻第七号: 30-31. 研究社出版.
――(2001)「英語教育の根本を考える―時代を乗り越える不変なものは何か―」『現代英語教育の言語文化学的諸相』2-15. 三省堂.
ラミス、ダグラス (1976)「イデオロギーとしての英会話」『イデオロギーとしての英会話』斎藤靖子ほか訳. 晶文社、pp.17-37.

〈英語による文献〉
Canagarajah, A.Suresh. (1999) *Resisting Linguistic Imperialism in English Teaching.* Oxford: Oxford University Press.
Cook, Vivian. (1999) "Going Beyond the Native Speaker in Language Teaching" *TESOL QUATERLY.* Vol.33. No.2. Summer: 185-209.
Crystal, David. (2003 second edition) *English as a Global Language.* Cambridge: Cambridge University Press.
Jenkins, Jennifer. (2000) *The Phonology of English as an International Language.* Oxford: Oxford University Press.
Kachru, Braji B. (1976) "Models of English for the Third World: White man's linguistic burden or language pragmatics," *TESOL Quarterly,* Vol.10, No.2. pp.221-39.
――(1986) *The Alchemy of English: the Spread, Functions and Models of Non-native Englishes.* Oxford: Pergamon Press.
Pennycook, Alastair. (1994) *The Cultural Politics of English as an International Language,* London: Longman.
――(2001) *Critical Applied Linguistics: A Critical Introduction.* London: Lawrence Erlbaum Associates.
Phillipson, Robert (1992) *Linguistic Imperialism.* Oxford: Oxford University Press.
Skutnab-Kangas, Tove. (1988) "Multilingualism and the Education of Minority Children" in Skutnab-Kangas and J. Cummins (1988) *Minority Education: From Shame to Struggle.* Clevedon: Multilingual Matters. pp.9-44.
――(1990) *Language, Literacy and Minorities.* London: The Minority Rights Group.
Smith, L. E. and Rafiqzad, K. (1979) "English for cross-cultural communication: the question of intelligibility," *TESOL Quarterly* 13, 3: 371-380.

第 9 章

「英語社内公用語」とはなにか
―ビジネス雑誌記事タイトルに見られる英語観―

はじめに

　本研究は、2010年以降生じた英語社内公用語論がもつ英語観を分析する。はじめに、日本における英語公用語論の歴史と英語観の特徴について考察する。第2に、2001年からいくつかの企業で採用された英語の社内公用語化と、2010年に宣言された「英語社内公用語化」について述べる。最後に、ビジネス雑誌に掲載された記事のタイトルを言語分析することで、英語社内公用語論が内包する英語観とその問題点について考察する。

1. 日本における英語公用語論の歴史的背景とその特徴

　日本の英語公用語論の歴史は、明治時代にさかのぼる。当時政治家であった森有礼は、1872年にイェール大学のサンスクリット学者ホイットニーに書簡を送り、英語を日本の言語として採用することを提案した。その背景には、第1にその当時の日本語が「日本人自身の要求を満たすためにさえも不十分で」あったこと、第2に今まで頼ってきた中国語では最先端の文化や知識を取り入れて近代化を図ることができないという状況があった。結果として森は、英語が日本の近代化のための最適な言語ではないかと考えたのである。
　英語を公用語とする提案は2000年にも起こった。小渕首相の下で開かれた「21世紀日本の構想」懇談会において、英語を将来的に日本の第2公用語とするために、まずは英語を国民の実用語とする提案が示され、論議が起こった。
　この懇談会の最終報告書第1章は、「グローバル・リテラシーの確立」という

テーマで英語の実用能力を日本人全員が身につけることの必要性が、今後の日本の戦略課題の一つとして捉えられるべきである、としている。グローバル・リテラシーとは、「国際対話能力」であり、世界に通用する情報技術と英語の実用能力を含む。ここでの英語は外国語ではなく、「国際共通語としての英語」であり、「グローバルに情報を入手し、意思を表明し、取引をし、共同作業するために必須とされる最低限の道具」である（鈴木他、2002: 34-35）。

懇談会は、この「国際共通語としての英語」を習得することは、世界を知り、世界にアクセスする最も基本的な能力を身につけることであるとしている。この英語を第2公用語とする考えには、アメリカ英語やイギリス英語といった英語を母語とする国々の文化や考え方は含まれておらず、あくまでも国際コミュニケーションの手段としての言語、global citizenshipを獲得し、活動できるための共通語としての英語が強調されている。

ここではまた、日本語と英語の機能の違いが示されている。日本語は母語として日本の文化と伝統を継承するためのことばであるのに対して、英語は世界を理解し、世界にアクセスできる手段としている。

英語を日本人の実用語とするために、この報告書では①英語教育の改善、②公的機関の刊行物やホームページなどの二言語表記などを提案している。

(1) 公用語化の理由と英語観

このように、明治維新から現在に至るまで、日本では英語を公用語とする提案が何度かなされてきた。その時期によって、英語公用語化の理由とその英語観は異なっている。

森有礼が提案した英語公用語論のなかには、自らの母語である日本語に対する否定的な感情がみられる。森が英語公用語を提案した時代において、日本語はまだ標準化されていなかったこと、日本語による教育もまだきちんと開始されていなかったことなどが、ホイットニーへの手紙から見て取れる。またその際に、日本で公用語とされる英語は、アメリカ英語、イギリス英語そのままではなく、簡略化された英語を導入したいということであった。この簡略化された英語は国内コミュニケーション（intranational communication）のための言語として考えられていたようである。

「21世紀日本の構想」懇談会における英語第2公用語の提案は、森の意見とは異なる様相を帯びている。第1に、ここでの英語は外国語ではなく、国際共通語としての言語として捉えられている点である。前述したように、森の提案する英語は、国内コミュニケーション手段としての役割が強調されているのに対し、「21世紀日本の構想」懇談会における英語は、国際・グローバルコミュニケーション（international/global communication）手段としての役割が中心となっている。第2に、「21世紀日本の構想」懇談会における英語は、補助的な「第二」言語（additional language）であって、日本語と置き換えるためのものではないという点で森の提案とは異なる。森の英語公用語論では、日本語と置き換えるようなニュアンスがあるが、「21世紀日本の構想」懇談会における英語はあくまでも補助的な公用語であり、日本語の歴史・文化伝達機能を前提とした上でのことである。第3に、この英語第2公用語の提案は、今後の日本の対外政策の戦略課題であり、その目的はグローバル社会に日本を発信していくことに集中している点である。このことは、森の時代にはなかった視点であり、日本が近代化、発展のために世界から情報を獲得するために英語を使用していた時代から、自国を世界に知らしめ、グローバル社会でその立場を確立するためのことばとして英語を必要とする立場へと変化したことを物語っている。

2. 英語の社内公用語化

（1） 2001年　英語社内公用語化の実施

　このように、日本の言語政策として英語を公用語とする提案が何度か起こったが、日本の企業においてもこの考えが広まっていった。例えば、「21世紀日本の構想」懇談会の1年後の2001年に英語を社内公用語とした企業がある。電子部品メーカーのSMKやコイルの大手製造会社のスミダコーポレーションといった会社がそれである（齋藤＆柴田、2011　吉原他、2001）。

　SMKのいう社内公用語とは、英語を社内での共通語として位置づけ、海外・社内文書および外国人の参加する会議とその資料作成が英語で行われる、ということである。スミダコーポレーションにおける英語は、グループ内共通語という位置づけがなされており、①外国人が加わった際の社内会議、②各種データベー

スを含む社内ネットワーク、③会計システム、出張申請書、伝票などの帳票類、④役員会、そして⑤経営企画に携わるスタッフや香港本社では日常業務として英語が使用されている。

2001年から英語を社内公用語として採用したSMKやスミダコーポレーションなどの企業に共通している点は、第1にグローバル企業であるということ、第2に英語社内公用語化が「内なる国際化」（吉原、2007、2001）によって制定された企業内の言語政策であるということである。

グローバル企業とは、国内市場にとどまることなく海外での事業展開を発展させることによって、世界中に生産、販売、開発の拠点をもうけている企業であり、その結果現地スタッフとのコミュニケーションのために共通語が不可欠となり、社内公用語として英語を選択することとなった。

「内なる国際化」とは、「日本親会社の内部の国際化」を指し（吉原、2007: 76）、外国人社員が雇用されることによって、会社内部から多言語場面が生じてくる現象を示している。SMKにおいては、日本人従業員は全社員の2割もいない（齋藤＆柴田、2011）。日本語を母語としない社員が8割以上となっており、そのような多言語場面で最も迅速にコミュニケーションがとれる言語として英語が採用された。スミダコーポレーションも、社員1万4,600名のうち、日本人は330名しかいない（ibid）。このような状況下において、業務上のコミュニケーション言語として英語が採用されることとなった。

これらの企業においても、英語はイギリスやアメリカの母語というよりは国際コミュニケーション言語として捉えられている。両企業とも、日本語非母語話者のアジア人社員が多数を占めており、彼らの英語は第1言語ではない可能性が高い。このように考えると、グローバルビジネス場面における共通語としての英語は、ELF（English as a Lingua Franca）（Jenkins, 2002, 2006, 2009ab, among others）であってENL（English as a Native Language）（Kachru, 2001, 2005, among others）ではないことがわかる。

（2）2010年「英語社内公用語」宣言

2010年には、ユニクロを展開するファーストリテイリングとインターネットビジネスの大手企業である楽天が、2012年から社内公用語を英語とする意向を

発表した。ファーストリテイリングの柳井社長は、2010年3月に英語社内公用語化への意向を示し、その際に、2012年3月から1人でも母国語の異なる社員が参加する会議における使用言語は英語とし、社内資料もそれに準ずるものとした。また、社員はTOEICのスコア最低700点取得が求められ、店長以上の社員の英語研修が義務づけられた。楽天は、2010年6月30日に2012年から英語を社内公用語とする、と宣言した。同企業の三木谷社長は、「真の世界企業への脱皮をテーマにする。海外進出の更なるスピードアップを進め、海外に軸足をシフトする」とし、ファーストリテイリング同様企業のグローバル化を目指すための社内言語政策として、英語を採用したことを示した。楽天では、会議や朝会は英語で行う、社員食堂のメニュー、社員証を英語表記とするといったことから、2012年以降は日本人同士の会話であっても英語で話さなければならず、補助言語としての英語というよりは、日本語から英語への置き換えという考え方がみられる。

　2010年のファーストリテイリングと楽天の英語社内公用語宣言の目的は、「21世紀日本の構想」懇談会と類似しており、両企業がグローバル企業として成長し、世界市場で活躍していくための手段として、全社員が英語で業務遂行できることを目的としている。

　ファーストリテイリングの柳井社長によると、今後国内の衣料品市場は人口減少などの理由で縮小が予想されており、海外市場への進出は不可避である。現在ユニクロは、ロンドン、上海、ニューヨーク、韓国、パリ、シンガポール、ロシアなどに出店しており、今後も中国を中心に大量出店を世界に広げていく予定である。また、製造拠点を中国からインド、バングラディシュ、ベトナムなどに拡大していく方針としている。また、2020年までに売り上げを現在の7倍超とすることを目標としており、売り上げの海外比率を7割程度にまで拡大しようとしている。さらに、2011年の雇用に関しては、雇用予定人数600名のうち、半数の300名を外国人枠としており、「内なる国際化」をも計算に入れた上での企業の国際化を推進している。

　楽天は現在、6カ国・地域に進出したビジネスを展開しているが、将来的には27カ国・地域での事業展開を見込んでいる。海外取扱高比率を70％、グローバル流通総額を20兆円と目標設定し、2010年にはBaiduとの合弁による中国EC

市場参入、アメリカ Buy.com やフランスの PriceMinister といった EC サイト大手企業の買収により、企業のグローバル経営展開を開始した。これによって、買収した企業の社員との会議ややりとりが日本語ではなく英語となり、英語の必要性が急速に高まった。ここにも、SMK やスミダコーポレーション同様、「内なる国際化」に伴う英語の社内公用語化の流れが見て取れる。

　ファーストリテイリングや楽天が SMK などの企業と異なる点は、多言語場面を作り出すための公用語化という戦略的な面である。近い将来に多言語状況が生じることを想定した上で、実用語として英語を社内公用語とする準備を開始した、といえるのではないか。したがって、英語を社内公用語と定めてから、企業内の英語コミュニケーション場面が増加したのではないか。そのように考えると、前述の SMK やスミダコーポレーションの「内なる国際化」によって英語が不可避となった公用語化とは異なり、英語の公用語化を企業のグローバル化戦略の一つとして捉えているように感じられる。

3. 英語社内公用語ディスコース

　2010 年にファーストリテイリングと楽天によって発表された英語社内公用語化を皮切りに、さまざまなメディアを通じて英語社内公用語化に関する記事や書籍、インターネットによる意見などが流れた。楽天とファーストリテイリングの英語社内公用語化は、海外メディアでも取り上げられるほどの影響力があった。

　本節では、2010 年以降出現した英語社内公用語論を一つのディスコースとして捉え、その一部を構成する雑誌記事のタイトルをテクストとして言語分析する。ここでいうディスコースとは、'language use in speech and writing as a form of social practice' (Fairclough, 1989: 20, 1996: 71, Fairclough and Wodak, 1997: 258) であり、社会で実際に行われている活動や行動の一形式としてのテクスト（話し言葉と書き言葉によって描写されたものすべてを指す）の中で適用されている言語使用を指す。それによって、英語社内公用語ディスコースが内包する英語観を考察する。

第9章 「英語社内公用語」とはなにか―ビジネス雑誌記事タイトルに見られる英語観― *157*

(1) 英語社内公用語ディスコースの構成要素

　ファーストリテイリングと楽天の英語社内公用語化宣言の後、メディアを通じて多くのテクストがいち早く日本社会に出現した。インターネットによるテクストとしては、新聞各社による記事掲載から個人ブログなどを通しての意見交換、また電子掲示板サイトによる書き込みなど多岐にわたる。楽天の三木谷社長のインタビューなども、インターネット上で公開された。新聞などでも企業の英語社内公用語化は大きく取り上げられ、その影響力は多大なものであったことがわかる。ビジネス雑誌では特集号が組まれ、英語の社内公用語化の賛否、もし企業が突然英語を公用語にしたらどうするか、実際に英語の社内公用語化を経験した人の体験談など、さまざまな記事が掲載された。書籍に関しても同様で、英語社内公用語化の是非、公用語としての英語をどう習得するか、今後の企業のグローバル化と英語社内公用語の関係、英語帝国主義など、企業の取締役、ジャーナリスト、研究者、企業コンサルタントなど、さまざまなバックグラウンドをもった人々が、多様な視点から英語社内公用語に関する論を展開している。

(2) クリティカルディスコース分析

　本研究は、クリティカルディスコース分析というアプローチを応用して、英語社内公用語ディスコースを分析する。クリティカルディスコース分析とは、言語学の理論や分析方法を用いて、社会的事象を分析するアプローチである。1970年代に発生した批判社会学の流れから来ており、1990年代にはFowler, Fairclough, Kressやvan Dijkなどによって理論的枠組みや分析方法などが提案された。分析者の主観的視点、政治的立場の明示などが他のディスコース分析者によって指摘されたが（Widdowson, 1995, 1996; Blommaert, 2005）、クリティカルディスコース分析におけるディスコースの定義や分析者の立場が言語学のディスコース分析とは異なることから（Cameron, 2001; Fairclough, 1996; Wodak and Meyer, 2001）、現在では言語学分野だけでなく社会学などにも応用され（Fairclough, 2003）、広く活用されている。

　クリティカルディスコース分析はアプローチであって分析方法ではないので、研究者によって具体的な分析方法は異なる。例えば、Fairclough (1989) のLanguage and Powerや、1992年のLanguage as a Social Practiceでは、言

語分析、コンテクストとの関連、ディスコースとの関連と3段階を踏まえた分析方法が示されている。Wodak は、歴史的視野を応用した分析を体系化し、van Dijk は社会認知的アプローチを用いて、人種差別問題などを分析している。最近では、Koller によるメタファーに注目したビジネスディスコース分析もあり、実にさまざまな視点と方法で分析が行われていることがわかる。

　本研究では、クリティカルディスコース分析を応用して、英語社内公用語ディスコースを構成するビジネス雑誌記事のタイトルを言語分析し、それぞれのタイトルに含まれる英語観を明らかにした上で、それらが読者ひいては社会に与える影響について考える。

　本研究では、ビジネス雑誌記事のタイトルに注目して、英語社内公用語ディスコースの英語観について考察する。分析対象となったビジネス雑誌は、以下の通りである。

① 『賃金事情』(2010年12月20日号 No. 2599, 6-9)
② 『週刊ダイヤモンド』(2011年1月8日新春号 No. 99 (2), 26-28)
③ 『プレジデント』(2011年4月18日号 No. 49 (12) 74-79)
④ 『Voice』(2010年10月号 No. 394 172-177)
⑤ 『アエラ』(2011年1月17日号 No. 24 (2) 24-27)
⑥ 『週刊エコノミスト』(2010年9月21日号 No. 88 (53) 74-76)

(3) 英語社内公用語ディスコースがもつ英語観

　英語社内公用語ディスコースでは、すでに「(英語)社内公用語」という表現が定着しており、多くの雑誌記事や書籍タイトルがこの表現を適用している。例えば、『英語社内公用語化の傾向と対策』(森山、2011)、『楽天の「社内英語公用語化」宣言』(『賃金事情』、No.2599、2010)、『「英語社内公用語化」を考える』(週刊エコノミスト、88[53]、2010)、『英語を社内公用語にしてはいけない3つの理由』(津田、2011) などである。このことは、公用語の定義を社内に限定し、広義の公用語の定義（田中、2000）と区別しているように思われる。また、「化」ということばを最後につけて名詞化することで、英語を企業内の公用語とすることが一つの動向であることを示唆している。名詞化すると、その動向の源泉があいまいとなり、あたかも自然発生的に起こったかのようである（Fairclough,

1992: 179, Shibata, 2009: 89)。

　英語社内公用語ディスコースを構成するビジネス雑誌記事のタイトルを分析していくと、「(英語) 社内公用語」という表現がさまざまな要素を含んでいることがわかる。第1に、英語があたかも日本企業すべてに重視されているかのような状況、第2に、英語から逃れられない状況になった日本企業と日本人、第3に、英語社内公用語の賛成意見と反対意見がもつ英語観の違いである。

<u>英語はすべての日本企業に重視されているか</u>
『週刊エコノミスト』2010年9月21日号の特集記事「『英語の社内公用語化』が進む理由」のすぐ下に、小さなフォントで以下のように記述されている。
　　英語が出来なければ、出世できないどころか、会社にもいられない。
　　そんな時代が近づいている。
　　グローバル企業にとっては、日本人を雇用しなくても、
　　優秀な人材は海外に大勢いるからだ。(p.74)
この記述では、「英語が出来ること」と、「出世」の関係が前提にある。これは「どころか」という副助詞によってこれら2つがつながっていることでわかる。「どころか」は、ある事柄を挙げてそれを否定することで、その後ろに来る内容を強調するという機能をもっており、「英語が出来ないと出世が出来ないのは当たり前だが、それにもまして今度は会社にいられなくなってしまう」ことを指している。会社にいられなくなる理由が、3-4行目に書かれており、接続助詞の「から」によって、前述した事柄を理由としていることがわかる。ここでは、「優秀な人材が海外に大勢いる」という理由で、英語ができない人は会社にいられない時代が近づいていることを示している。
　ここで興味深いのは、「会社」と「グローバル企業」という表現である。1行目では、普通名詞の「会社」が使われており、まるでどんな会社でも英語が必要不可欠であるかのようである。ところが3行目では、「グローバル企業にとっては」という表現が使われている。「にとって」は連語であり、格助詞「に」に、動詞「取る」の音便形「とっ」が後続し、最後に接続助詞の「て」がくる。この表現の前に示されているものが判断基準や評価基準になることを示す。そうなると、3行目では「英語が出来ることが雇用や就労の条件である」という判断基準

は「グローバル企業」となり、普通名詞が示す「会社」ではないことになる。1行目の文章では、英語ができなければならないことが、あたかも一般的な会社すべてにあてはまるようであるが、最後まで読むとそれがグローバル企業であることがわかるのである。

次に、同記事の出だし部分を見てみる。

> 日本の企業が英語重視の姿勢を加速させている。インターネットショッピング大手の楽天と、ユニクロを展開するファーストリテイリングは今年に入って、社内公用語を英語にすると発表した。なぜそこまでやるのか。(p.74)

ここでも同様に、はじめの文に「日本の企業」という表現を用いて、日本企業全般で英語重視になりつつあることを強調しているように感じられる。しかし、後続する文章を読むと、楽天とファーストリテイリングの2社が挙げられており、記事の内容の前半部分はこの2社に注目した英語社内公用語化について説明している。これに続く表現である「英語重視の姿勢」とはどういう意味であろうか。「重視」という名詞は、重要なものとして注目することを意味し、「姿勢」はここでは心構えや態度、つまり英語を重要なものとして捉える態度を指す名詞である。さらに「加速させる」とは、速度を増すことであり、前の部分が動作であることを暗示しているように思われる。つまり、英語を重要とみなす態度は一種の動きであり、その動きを日本企業が加速させている。ここの「させる」は、自発的なニュアンス「−するにまかせる」を指し、あたかも自然な、当然の流れとして企業の英語重視が急速に進んでいることを示しているようである。

『賃金事情』（2010年12月20日号 No.2599）の記事のタイトルでは、もともと重要であった英語力が楽天の英語社内公用語化宣言を機に、さらに増したようなニュアンスで示されている。

> 楽天の「社内英語公用語化」宣言
> ますます重要になる英語力、各社の英語力強化策は？ (p.6)

このタイトルでは、はじめに大きく楽天が英語を社内公用語化する宣言をしたことを示し、2行目に副詞「ますます」を用いて、もともとあった状況、つまり英語が重要であるということがいっそうはなはだしくなることを強調している。この表現は、前提に「英語は重要だ」という概念があることになる。しかし、誰にとってかは言及されていない。しかし後半部分には「各社」とあり、ここでも

どの会社であるかは明記されていない。あたかも会社一般に英語が重要であること、その前提が「ますます」大きくなったかのように記述されているようである。

1） 英語から逃れられない日本企業と日本人

次に、『アエラ』の2011年1月17日号の記事のタイトルを見てみる。

　　楽天、ユニクロ、『20人の会社』……
　　英語公用語で会社が変わった
　　話せない人には「苦労」が待ち構える。
　　だが、そうも言っていられないのか—。
　　日本語と英語。企業、そして私たちはまさに、
　　グローバル戦略の岐路に立たされた。

このタイトルの2行目「英語公用語で会社が変わった」（この中で最も大きなフォントで記載されている）では、格助詞「で」によって英語公用語が手段であることがわかる。それでは何の手段かというと、後述の「会社が変わる」手段である。どのように会社が変化したのかは、このタイトルからだけではわからないが、最後の行「グローバル戦略の岐路」ということばにその変化の方向性が見て取れる。「岐路」は、字義通りには分かれ道、それが比喩的表現として、企業経営を旅にたとえたその分かれ道、つまり重要な決定場面を指しているのであろう。岐路というからには、道はいくつかあり、1つは「グローバル戦略」、もう1つはこれまでの事業方針だろう。というのは、2行目に「会社が変わった」といっており、グローバル戦略を選択することによって会社が変わったことを指しているからである。そう考えると、グローバル戦略の手段として英語公用語がある、ということになる。

さらに、5行目には、「日本語と英語」という記述がある。これも二項対立のように並列されており、その後ろの「岐路」に関係しているようである。英語を取るか、日本語を取るかの選択に、企業と、「私たち」で表徴される読者が「立たされている」かのような、切迫した雰囲気が読み取れる。英語公用語という「グローバル戦略」を選択した企業や人のなかに英語が話せない人がいるとすれば、それは「苦労」であるが、4行目の「だが、そうも言っていられないのか—」が、英語を話すことを苦労だと考えてはいられない時代になってしまった、という苦悩が見られる。「そう」は、前行から「英語が話せない」ということであろ

う。接続助詞「も」は、逆接を示し、後ろの「いられない」をとる。「いられない」は、動詞「い」（ある状況にいること）助動詞「られ」は可能、助動詞「ない」は打ち消しを指す。つまり、「英語が話せないと言っていられる状態にずっと居続けることが出来ない」となる。

『週刊ダイヤモンド』（2011年 No.99 p.26-28）も、英語から逃れられないという状況に注目した記事を掲載している。以下がそのタイトルである。

　　英語から逃げない
　　英語の公用語化を笑うな
　　楽天やユニクロが宣言した英語の公用語化を「ばかげている」と一蹴する日本人が少なくない。だが、背景を理解すれば笑い飛ばすことなどできないはずだ。英語の重要性を軽視してはならない。（p.26）

はじめの2行は最後の部分よりもフォントが大きく掲載されている。特に1行目は2行目よりも大きく印刷され、この記事のメインテーマであることがわかる。全体的に、このタイトルは英語社内公用語が宣言されてからの世論が「笑う」「ばかげていると相手にしない」といった対応であったことに警鐘を鳴らしている。「英語から逃げない」「英語の公用語化を笑うな」は、命令口調で読者に語りかけているかのようである。特に1行目は、語りかけることで、日本人が英語の公用語化を相手にしないという態度が英語から逃げていることを示しているように感じられる。

4行目にある「だが、背景を理解すれば笑い飛ばすことなどできないはずだ。」では、何の背景についてかは省略されているが、前文を踏まえるとそれが「英語の公用語化」であることがわかる。ユニクロや楽天で英語が公用語化された背景を読者が理解すれば、そのことを笑い飛ばすことなどできない、という表現も、今日本人が立たされている状況が英語から逃げられないことを強調しているかのようである。ここで使用されている副助詞「など」は、婉曲表現で「でも」や「なんて」を意味するが、そのあとに否定の「できない」がくることによって、「笑い飛ばすという行為なんて不可能である」ということになる。その後に来る「はずだ」は、形式名詞的に用いられ、ある事象が当然生じることを示す。つまりここでは、「英語社内公用語宣言の背景を理解することで、それを笑い飛ばすことなんて当然出来ない」ということを示しており、英語の社内公用語化を真剣

に捉えるべきであるという考えを内包しているように感じられる。

2） 英語の重視は英語の社内公用語化とは異なる

上述した2つの概念が英語の社内公用語化に賛成の記事に掲載されたタイトルであるのに対して、ここでは英語の社内公用語化に反対する意見が掲載された雑誌タイトルに注目して、その英語観について考察する。『Voice』（2010年10月号）の記事のタイトルは以下の通りである。

> グローバル経営時代には必須のスキル！？
> それでも必要なのはビジネスマンの一割！？
> 「企業の社内公用語を英語に」論の愚昧
> ビジネスにおける英語の重要性は理解できるが、社内公用語を英語にするのはちょっと無謀では……。
> 外資系企業のトップとしても活躍してきた筆者が、"苦手意識いっぱいの日本人"に送るビジネス英語論。(p.172)

1行目は！？を用いて英語社内公用語ディスコースにおいて示されている前提事項を疑問視する姿勢から始まっている。つまり、「グローバル経営時代において英語は必須のスキルだろうか？」という問いかけである。2行目は接続詞「それでも」から始まり、「—であったとしても」を指す。前述した内容の反意を示し、「グローバル経営時代において英語は必須のスキルであったとしても、必要なのはビジネスマンの一割にすぎないのでは？」という疑問を投げかけている。この2行によって、読者は他の英語社内公用語ディスコースにおける賛成意見にはない視点、「英語が必要なビジネスマンは全体の一割ではないか」という点に注目することとなる。

4行目には、これまでの英語社内公用語論に賛成しているテクストとは異なる英語観が示されている。前半部分の「ビジネスにおける英語の重要性は理解できるが、」では、他のテクスト同様英語の重要性が示されている。「理解できるが」という表現によって、英語が重要であるということはこの記事の著者にとっては理解可能であることがわかる。注目すべきは、後半部分である。後半では「社内公用語を英語にするのはちょっと無謀では…。」とある。この部分が、英語社内公用語を賛成するテクストと異なっている。賛成意見をまとめたテクストでは、英語の重視＝英語社内公用語化という図式が成り立っていたのに対し、ここで

は、前半部分を逆接の接続詞「が」によって異を唱え、係助詞「は」を用いて、英語の重視と英語社内公用語化を区別・対比している。つまり、英語の社内公用語化は英語を重視することと同一ではない、ということがわかる。ただし、最後の部分「ちょっと無謀では……。」では、程度を表す副詞の「ちょっと」によって「無謀」の意味を弱めるとともに、「……」によって、結論部分を曖昧にし、英語の社内公用語化が絶対に不可能である、反対である、と強く主張することを避けている。

次に、『プレジデント』（2011年4月18日号）に掲載されたタイトルを分析する。

「英語公用語」に意義あり─勉強するより仕事しろ！（英語と就職、出世、お金）(p.74)

このタイトルの後半部分「勉強するより仕事しろ！」が興味深い。ダッシュ前の記述では、「英語公用語に意義あり」として、英語が社内公用語とされることに反対する姿勢を示し、ダッシュの後には「勉強するより仕事しろ！」がきている。格助詞「より」は、前と後の事柄を比較しており、ここでは「勉強すること」と「仕事すること」を比較して、後者の「仕事する」ように命令（命令形と！マーク「しろ！」によって表徴）している。前半部分とあわせてみると、「英語公用語」が「仕事すること」ではなく「勉強すること」につながってくるように思われる。英語社内公用語を推進するテクストにおいては、グローバル戦略の手段として示されていた英語社内公用語であるが、ここでは日本人社員がまず学ばなければならない、勉強しなければならないものとして記述されているようである。

(4) 英語社内公用語ディスコースの問題点

英語社内公用語ディスコースがもつ公用語の定義は、「21世紀日本の構想」懇談会における英語第2公用語の提案同様、「外向け公用語」「国際公用語」（田中、2000：159）である。つまり、英語社内公用語ディスコースにおける公用語の定義は、外交手段（ここではグローバル経営戦略手段）としての言語であり、多言語場面を想定した言語権の保障という言語政策の下で定義づけられている公用語（田中、2000）とは大きく異なることがわかる。

ところが、ビジネス雑誌の記事タイトルを分析してみると、英語社内公用語ということばの定義が非常にあいまいであることがわかる。記事によっては、あたかも日本企業すべてが英語を必要としているかのように示す一方で、グローバル企業における英語の社内公用語化を例証していたり、日本企業や日本人は英語から逃れられないかのような切迫した状況を強調していたりする。ところが、英語社内公用語に反対意見の記事には、英語社内公用語化と英語の重視は同一ではなく、「英語が苦手な日本人」には「無謀」な言語政策であるという考えが含まれてもいる。

ここで、いくつかの問題が浮上する。まず、社内のコミュニケーション言語を英語にするだけで企業のグローバル化が成立するか、ということである。Hultgren and Cameron（2010）によると、英語能力だけが企業間の異文化間コミュニケーションを成功させるわけではない。コミュニケーションの要素が言語だけではないことは明らかであり、多文化社会のさまざまな要素を理解しなければ、企業のグローバル化とグローバルビジネスコミュニケーションの成功はあり得ないのではないだろうか（柴田、2011）。

第2の問題は、「本当に全社員が英語を話せなければならないか」ということである。鳥飼（2010）は、英語を全社員が話せなければならないという考えを疑問視しており、専門家としての通訳や翻訳の機能をもっと有効に活用する可能性を示唆している。また、すでにグローバルに展開している大手企業の多くは、英語を全社員が話せなくても一部の社員が英語で業務を遂行することでグローバル経営が成り立っている。普通名詞の「会社」が用いられることであたかもすべての日本企業が英語を社内公用語とする動向になりつつあるかのような記事のタイトルや、日本企業や日本人は英語から逃げてはいられない状況になってしまったことを強調する記事によって、読者は今後すべての日本人社員が英語で業務を遂行できなければならないかのような感覚をもたないだろうか。それが英語社内公用語ディスコースの狙いだとすれば、企業のグローバル化の手段が、企業目標となるような事態になりかねない。「勉強するより仕事しろ！」という記事のタイトルは、そのような流れに警戒を促しているように思われる。

おわりに

　本研究では、英語社内公用語ディスコースをビジネス雑誌記事のタイトルから分析することによって、現在日本社会で話題となっている「英語社内公用語」が内包する考えをいくつか指摘した。本研究はビジネス雑誌記事タイトルに限定されているため、英語社内公用語ディスコースを構成するインターネット、新聞、書籍などのテクスト分析は行っていない。今後の研究としては、これらのテクスト分析を進めつつ実際にそれらを読んだ大学生のインタビューなども考慮して、英語社内公用語ディスコースが社会に与える影響について考えていきたい。

参考資料

文責不明『プレジデント』(2011)(4月18日号) 49 (12), 74-79
無記名 (2011)「英語から逃げない」『週刊ダイヤモンド』(1月8日新春号) 99 (2), 26-28
津田幸男 (2011)『英語を社内公用語にしてはいけない3つの理由』阪急コミュニケーションズ
土屋亮、井上和典 (2011)「英語公用語で会社が変わった」『アエラ』24 (2), 24-27
成毛眞 (2010)「『企業の社内公用語を英語に』論の愚昧」『Voice』394, 172-177
松崎隆司 (2011)「『英語の社内公用語化』が進む理由」『週刊エコノミスト』88 (53), 74-76
溝上憲文 (2010)「楽天の『社内英語公用語化』宣言」『賃金事情』2599, 6-9
森山進 (2011)『英語社内公用語化の傾向と対策』研究社

参考文献

齋藤智恵、柴田亜矢子 (2011)「日本企業における英語ニーズとその対応」本名信行、猿橋順子、竹下裕子、米岡ジュリ、齋藤智恵、松本明子、柴田亜矢子『国際言語管理の意義と展望：企業、行政における実践と課題』青山学院大学総合研究所叢書, 122-139
柴田亜矢子 (2011)「企業英語と異文化間コミュニケーション：企業研修のこれから」『News Soken』10 (2), 6-7 青山学院大学総合研究所
田中克彦 (2002)「公用語とは何か」中公新書ラクレ編集部＋鈴木義里 (編)『論争・英語が公用語になる日』中公新書ラクレ, 149-160
中公新書ラクレ編集部＋鈴木義里 (編) (2002)『論争・英語が公用語になる日』中公新書ラクレ
鳥飼久美子 (2010)『『英語公用語』は何が問題か』角川書店
船橋洋一 (2000)『あえて英語公用語論』文春新書
吉原英樹 (2007)「内なる国際化」『ビジネスリサーチ』1000, 76-77

吉原英樹、岡部曜子、澤木聖子（2001）『英語で経営する時代』有斐閣選書
Blommaert, J. (2005) *Discourse: A Critical Introduction*. Cambridge: Cambridge University Press.
Cameron, D. (2001) *Working with Spoken Discourse*. London: SAGE.
Chilton, P. (2005) Missing Links in Mainstream CDA: Modules, Blends and the Critical Instinct. In Chilton, P. and Wodak, R. (eds). (2005) *A New Agenda in (Critical) Discourse Analysis*. 19-52. Amsterdam: John Benjamins Publishing Company.
Fairclough, N. (1989) *Language and Power*. London: Longman Group UK.
Fairclough, N. (1992) *Discourse and Social Change*. Oxford: Polity.
Fairclough, N. (1996) A Reply to Henry Widdowson's 'Discourse Analysis: A Critical View'. *Language and Literature*. 5 (1), 49-55.
Fairclough, N. (2003) *Analysing Discourse: Textual Analysing for Social Research*. London: Routledge.
Fairclough, N. and Wodak, R. (1997) Critical Discourse Analysis. In van Dijk, T. (ed) *Discourse Studies: A Multidisciplinary Introduction*, Volume 2. 258-284. London: Sage.
Forey, G. and Lockwood, J. (Eds). (2010) *Globalization, Communication and the Workplace: Talking across the World*. London: Continuum.
Hultgren, A. K., and Cameron, D. (2010) Communication Skills in Contemporary Service Workplaces: Some Problems. In Forey, G. and Lockwood, J. (Eds). (2010). *Globalization, Communication and the Workplace: Talking across the World*. London: Continuum.
Jenkins, J. (2002) A Sociolinguistically Based, Empirically Researched Pronunciation Syllabus for English as an International Language. *Applied Linguistics*. 23 (1), 83-103.
Jenkins, J. (2006) Global Intelligibility and Local Diversity: Possibility or Paradox? In Rubdy, R. and Saraceni, M. (eds) *English in The World*. 32-39. London: Continuum.
Jenkins, J. (2009a) *World Englishes: A resource Book for Students*. London: Routledge.
Jenkins, J. (2009b) Exploring Attitudes towards English as a Lingua Franca in the East Asian Context. In Murata, K. and Jenkins, J. (eds). (2009) *Global Englishes in Asian Contexts*. London: Palgrave.
Kachru, B. and Nelson, C. L. (2001) World Englishes. In Burns, A. and Coffin, C. (eds) *Analysing English in a Global Context*. 9-25. London: Routledge.
Kachru, B (2005) *Asian Englishes Beyond the Canon*. Hong Kong: Hong Kong University Press.
Koller, V. (2005) CDA and Social Cognition: Evidence from Business Media Discourse. *Discourse & Society*. 16 (2), 199-224.
Koller, V. (2008) *Metaphor and Gender in Business Media Discourse: A Critical Cognitive Study*. New York: Palgrave Macmillan.

Kress, G. (1990) Critical Discourse Analysis. *Annual Review of Applied Linguistics* 11, USA: Cambridge University Press. 84-99.

Kress, G. and Hodge, R. (1979) *Language as Ideology.* London: Routledge and Kegan Paul.

Kress, G. and van Leeuwen, T. (1990) *Reading Images.* Geelong, Australia: Deakin University Press.

Kress, G., Leite-Garcia, R., and van Leeuwen, T.(1997)Discourse Semiotics. In van Dijk, T. A. (ed). *Discourse as Structure and Process.* 257-291. London: SAGE publications.

Shibata, A. (2009) *English in Japan: Conceptualisations of English and English Education in Japanese Educational and Social Contexts.* Ph.D. Thesis from the University of London.

Widdowson, G. (1995) Discourse Analysis: A Critical View. *Language and Literature.* 4 (3), 157-172.

Widdowson, G. (1996) Reply to Fairclough: Discourse and Interpretation: Conjecture and Refutations. *Language and Literature.* 5 (1), 57-69.

Wodak, R. and Meyer, M (eds) (2001) *Methods of Critical Discourse Analysis.* London: SAGE.

第3部

北東アジアにおける
ことばのダイナミズム

第10章

ろう者と手話
―日本と中国の手話事情―

1.「ろう者」とは

　聴覚に障害があるために、音声日本語（以後、日本語）が聴き取れず、声を発して話すことがうまくできない人々は「ろうあ者（聾唖者）」ではなく「ろう者（聾者）」と呼ばれる。これは、聴覚障害者は「聞こえない」（すなわち「ろう（聾）」である）が、「話すことはできる」（「あ（唖）ではない」）からである。もちろん、ろう者は自分で発した声が聞こえないため、第三者にわかるような明瞭な発音ができるようになるためには、根気強く発話訓練をする必要がある。そのため、ろう学校やろう児をもつ家庭では熱心に発話練習を行う場合が多い。広義のろう者とは、重度の聴覚障害（障害の等級が1〜3級）をもち、手話などの視覚的なコミュニケーション手段によって日常生活を送る者を指す。狭義のろう者とは、音声言語の基本的概念を習得する以前に重度の聴覚障害をもち、手話を第1言語とする者である（米川、2002）。

　アメリカでは、1990年に障害による差別を禁止する「障害をもつアメリカ人法」（ADA法：Americans with Disabilities Act of 1990）が制定された。この法律によって障害者に対する人権が尊重されることになったが、アメリカのろう者は、障害者を「障害」（disabilities）でなく「違った能力」（different abilities）を有する者と認識してほしいと要望している。このようなアメリカのろう者の活発な運動に影響され、最近では日本でも「ろう者とは、日本手話という、日本語とは異なる言語を使用する言語的少数者である」という考え方が支持されるようになってきた。

　従来、ことばと文化の研究は常に音声言語とその話者が対象となり、音声を伴

わない手話とろう者が取り上げられることはなかった。しかし、1970年頃から非言語コミュニケーション（NVC: nonverbal communication）の研究が盛んになり、ジェスチャーや顔の表情、対人距離など、音声を伴わない意思伝達手段の研究が始まると、手話についても注目されるようになった。以後、手話はヒトが使用する「もうひとつの言語」として研究が進み、やがて、手話を母語とする聴覚障害児教育のあり方にも大きな影響を及ぼすことになる。

本章では、日本における「ろうコミュニティ」の形成と手話の普及、隣国中国の手話事情を紹介したあと、日本手話を例にして、手話という言語の特徴について述べる。さらに、ろう者と手話をめぐるさまざまな問題に触れ、言語的・文化的少数者としてのろう者について考察する。

2. 日本における「ろうコミュニティ」の形成

日本におけるろう者コミュニティの形成は、1878年の京都府立盲唖院（現在の京都府立ろう学校）の設立によって始まったと考えられる。もちろん、どのような時代にも聴覚障害者は存在していたであろうが、たいていの場合はだれともコミュニケーションをとれず、ろう者は孤独な生活を強いられていたと推測される。しかし、京都府立盲唖院の設立により、それまで一人ひとりバラバラになって暮らしていたろう者が初めて集団で学びあい、交流しあう場が作られたのである。

やがて1891年には日本で最初のろう者集団である東京都盲唖同窓会が結成された。この時代は、ろう者のコミュニケーション手段であった手話がろう教育に採用され、教師と生徒が手話を介してコミュニケーションをとっていた。ところが、1925年頃になると、手話教育を主流とするろう教育は、口話教育へと切り替えられた。この時代には手話に対する偏見を是正する合理的根拠を思索することもできず、また健常者中心の富国強兵政策が進められていたのである。

しかし、このような荒波の中においても、地域的なろう者集団は全国的な集団として発展をとげ、1925年には日本聾唖協会が設立された。第2次世界大戦の影響で一度は解散させられたものの、戦争終結後の1947年にこの協会は全日本ろうあ連盟として会員数2,300名にのぼる全国規模のろう者団体に成長した。全

国で唯一のろう者の当事者団体として、現在は全国47都道府県に傘下団体を擁している。ろう者の人権を尊重して文化水準の向上を図り、その福祉を増進することが連盟の掲げる目的であり、ろう者の自立と平等の機会の獲得を目指す「ろう運動」の母体となっている。

3. 一般社会への手話の広がり

（1）手話サークル

　日本で手話が一般に広く知られ、理解されるようになったのはろう運動の大きな成果であるが、同時に聴者（聴力に障害のない者）の協力も重要な要因である。特に興味深いのは手話サークルと呼ばれる市民グループの活動である。これは聴者とろう者が一緒になって手話を学び、お互いに交流するグループ活動を指す。

　最初の手話サークルは「みみずく」と呼ばれるもので、1963年京都に誕生した。ことの起こりは、病院に入院した1人のろう者と看護師との出会いと交流であった。これに注目した当時の京都府ろうあ協会の指導により、看護師、学生、若い労働者などが中心となり、聴者が手話を学ぶ市民サークルが生まれたのである。

　この手話サークルの特色は、ろう者と聴者がまったく平等の立場で社会的連帯を謳ったことである。「みみずく」はその会則で、「手話を学んでろう者のよき友となり、共に手をつないで差別や偏見のない社会を実現するために努力すること」をサークル学習の目的に掲げている。これが大きな社会的反響を呼ぶなかで、全国各地に続々と手話サークルが結成されていった。

　全日本ろうあ連盟が実施した調査によると、2008年現在、すべての都道府県に手話サークルが存在し、その総数は1,887、会員総数は4万1,089人である（全日本ろうあ連盟、2008）。諸外国には、日本の手話サークルに匹敵するようなものは存在せず、日本の手話サークルは、自発性、非営利性、無報酬という、ボランティアとしての条件を完璧に満たした、国際的に希有ともいえる存在である（高田、2008）。

(2) ろう者に対する情報保障

　手話サークルで学ぶ健常者の増加とともに、手話通訳の重要性も次第に認識され始めた。1966年、京都府議会において、議員がろう者問題について知事に質問した際に議場に手話通訳を設け、これを多数のろう者が傍聴したのは、一般社会に手話通訳の重要性を気づかせた画期的な出来事であった。翌年には東京の一角で総選挙の立会演説会の際に手話通訳がつけられるなど、その後少しずつ、ろう者に対する手話通訳保障に向けて動きが活発になっていく。

　全日本ろうあ連盟は、国（あるいは地方自治体）の関係部局に陳情書を提出してろう者のための手話通訳保障を求めるとともに、一般市民の協力を求めて署名運動などを進め、ついに1970年に手話奉仕員養成事業が開始された。その後、1973年には手話通訳設置事業が、1976年には手話通訳派遣事業が地方自治体に対する補助事業として開始されることになった。地方自治体によっては、手話通訳者を公務員、嘱託、あるいはろうあ連盟などの団体依託として採用し、通訳設置、通訳派遣を行うようになった。1978年には通訳の身分保障や通訳者数など、いくつかの問題を抱えながらも、辺地を除いて全国的に手話通訳の公的保障が可能な状況となった（本名・加藤、1994）。

　このようにして手話通訳の有効性が確立すると、手話通訳の専門家集団も誕生した。1968年に福島市で開かれた第17回全国ろうあ者大会と併行して、第1回全国手話通訳者会議が開催された。その後、手話や手話通訳とかかわる人たちの学習と研究の組織を本格的にもちたいという声が高まり、1974年に全国手話通訳問題研究会（全通研）が誕生した。手話に関心のある人なら、通訳者でなくても入会可能であり、初年度の会員数は258名であった。現在は会員数1万人を超える全国組織に成長している。全通研は先の通訳者会議に代わり、全日本ろうあ者大会との併行ではなく、独自に研究討論集会（毎年冬に開催され、全通研および全日本ろうあ連盟の会員を対象とする。）と研究集会（毎年夏に開催され、全通研会員以外の人も参加できる。）を開催するようになった。冬の討論集会では毎年複数の分科会を開き、手話通訳をめぐるさまざまな問題が熱心に協議されている。

　このように、手話通訳者が全国規模で活動を展開するようになったのは、各地の手話サークルや、全国に置かれている全通研の支部がかなり力をつけてきた結

果といえる。現在、全通研は全国47都道府県すべてに支部を置き、聴覚障害者団体とともに地域の福祉向上のための活動や学習を行っている。1975年には研究誌『手話通訳問題研究』の創刊号を発行し、今ではこの研究誌を年4回発行するほか、『全通研会報』を年1回発行し、手話通訳に関する情報をタイムリーに提供している。また、手話通訳の専門性が問われる時代となった昨今、手話や手話通訳に関する書籍も多数、編集・出版するようになった。

2010年7月、全通研は一般社団法人となり、その活動目的を「聴覚障害者福祉と手話通訳者の社会的地位の向上を目指して、手話や手話通訳、聴覚障害者問題についての研究・運動を行う」と謳っている。

(3) 手話通訳士制度の始まり

ろう者が一般社会に積極的に参画できるようになり、通訳保障が進むと、通訳の内容も次第に多様化し、通訳者にはより高い通訳技能と幅広い知識が必要となってきた。そして、手話通訳にはボランティアの域を超えた専門性が求められるようになった。全日本ろうあ連盟は、当時の厚生労働省（当時は厚生省）に対して、高度な技術をもつ手話通訳者を専門家として公認するよう要請してきた。同省はこれを受けて1989年に手話通訳士制度を発足させ、1990年には公認手話通訳技能認定試験（手話通訳士試験）が開始された。

毎年1回実施されるこの試験では、高度な専門性が求められる。高い通訳技能に加えて、「ろう」という障害の特徴、聴覚障害者の生活、国語力、音声言語と手話の類似点や差異などについて十分な知識があるかどうかが問われる。試験は1次試験（学科）と2次試験（実技）に分かれる。合格率は20～30％で、狭き門である。2010年度までに累計2,827人が合格して手話通訳士と認定されているが、この数はまだまだ十分とはいえない。日本には聴覚障害者が約36万人いるので（平成18年度身体障害児・者実態調査）、ろう者にとって十分な通訳保障をするには、今後もボランティア通訳者の助けが必要である。

1990年に第1回目の手話通訳士試験が実施されてから3年後には、「日本手話通訳士協会」が設立された（現在は法人化され、「一般社団法人 日本手話通訳士協会」）。協会設立の目的は、手話通訳士の資質および専門的な技術の向上と、手話通訳制度に寄与することである。通訳者の基本的な理念となる「手話通訳士倫理

綱領」の作成をはじめ、関係書籍の出版、会報の発行など、活動の範囲を広げている。

　一般社会における手話通訳士資格の社会的認知度はまだ高くないが、衆議院比例代表選挙の政見放送には手話通訳士が導入されるようになった。また、2011年3月11日に東日本を襲った東北地方太平洋沖地震と大津波の直後、全日本ろうあ連盟からの強い要望を受け、政府は2日後の3月13日から官房長官の記者会見に手話通訳を配置した。1995年の阪神・淡路大震災の時にはなかったことである。このように、聴覚障害者の社会参加が進む中で手話通訳士の重要性はますます高くなってきている。それと同時に、手話通訳士の責任も大きくなっている。

（4）NHK テレビの手話番組

　ろう者が中心となり、聴者の協力を得て進んできた手話の普及、手話通訳制度の確立、手話研究の発展をさらに刺激する出来事がもう一つある。それは、NHK 教育テレビの手話講座の放送開始である。NHK は全国の聴覚障害者に共通の広場として、1977 年から教育チャンネルで「聴力障害者の時間」という番組の放送を開始した（その後、この番組は「ろうを生きる難聴を生きる」とタイトルが改められた）。当初、放送されたのは日曜日午後6時40分から20分間であった。冒頭の5分間はニュースを伝え、続く15分間はろう者の職業や教育に関する話題や、各地の聴覚障害者にかかわる出来事、注目すべき人物紹介など、ろう者の日常生活に役立つ情報を提供した。放送では、手話、指文字、口話（発話）、日本語字幕などが内容に応じて使用され、ろう者にも健常者にも理解しやすいような工夫がなされている。

　さらに、NHK は、一般社会に手話が普及してきたことや、手話通訳士試験が実施されるようになったことで、手話を学習したいと希望する人が増加していると判断し、1990 年4月にテレビ手話講座「NHK みんなの手話」を毎週1回放送することを決定した。これにより、全国の老若男女がお茶の間で手話を学習することができるようになった。

　このように、全国ネットで一般市民に向けて手話講座の番組が放送されるのは世界でも稀な試みである。この番組は、日常生活に必要な手話語彙や手話表現を学習するための、初心者向けの内容であるが、外国語のテレビ講座のように、進

行役はろう者と聴者がペアを組んで担当する。この手話講座は、聴者が手話を習得するばかりでなく、ろう者にとっても、新しい語彙や表現を学ぶ絶好の場となっている。

　ろう者向けの番組放送開始から34年を経た今、さらに手話での放送は拡大され、「NHK手話ニュース」（毎日放送。その日のニュースを手話で伝える5分間番組）、「NHK手話ニュース845」（その日の出来事を手話で伝える15分間のニュース番組）、「週間手話ニュース」（1週間の出来事を手話で伝える20分間のニュース番組）、「こども手話ウィークリー」（聴覚障害のある子どもを対象にして、手話で伝える10分間のニュース番組）、「ワンポイント手話」（初心者向けに手話を紹介する5分間番組）が加わって、より幅広い年齢層を対象に、手話による放送が趣向を凝らして毎日放送されている。

（5）　全国手話検定試験のスタート

　ろう者が豊かな社会生活を過ごすためには、手話通訳者やボランティア通訳の存在は不可欠だが、一人でも多くの一般の人々が手話でろう者とコミュニケーションできるような社会を実現することが何よりも重要である。このような時代のニーズに応えて、2006年に社団法人全国手話研修センター[1]が厚生労働省の後援を受け、全国手話検定試験を開始した。表3が示すのは、この試験の各レベルに関する標準的な学習効果等の詳細である。

　第1回全国手話検定試験は2006年に実施され、2012年までに7回の試験を行った。本試験の目的は以下の通りである。
① 手話のできる人が1人でも増えることを願い、ろう者が安心して暮らせる社会、ろう者が生活のいろいろな場面で、手話でコミュニケーションができる社会（情報バリアフリーの社会）をつくること、
② 「手話通訳者になるかどうかはわからないが、自分はどれくらいろう者と話ができるかを知りたい」という手話学習者が、手話でコミュニケーションできる力を知ること。

　この検定試験は日本手話の学習者であればだれでも受験できる。5級、4級、3級、2級、準1級、1級の6つのレベルからなり、1級が最上級レベルである。

表3　全国手話検定試験　各級の詳細

級	標準的な学習効果	標準学習期間	受験に必要な手話単語数
5級	ろう者との会話に興味をもち、挨拶や自己紹介を話題に手話で会話ができる（名前、家族、趣味、誕生日、年齢、仕事、住所などの表現ができる）	6カ月	約200〜300
4級	ろう者と会話をしようとする態度をもち、家族との身近な生活や日常生活の体験を話題に手話で会話ができる（1日・1週間の生活や出来事、1年の行事や出来事、思い出や予定について表現ができる）	1年	約500〜600
3級	ろう者と積極的に会話をしようとする態度をもち、日常の生活体験や身近な社会生活の体験を話題に手話で会話ができる（友だち・近所の人・職場の同僚など、子どものこと・健康のこと、仕事のことなどについて表現ができる）	1年半	約800〜1,000
2級	ろう者と積極的に会話をしようとする態度をもち、社会生活全般を話題にして平易な会話ができる（旅行、学校、公的な挨拶、仕事、福祉事務所での応答などの表現ができる）	2年	約1,500
準1級	ろう者と積極的に会話をしようとする態度をもち、社会活動の場面を話題に会話がき、一部専門的な場面での会話ができる（学校、職場、地域、自治会や保護者会、サークルや趣味の活動等について、手話で表現ができる）	2年半	約2,200
1級	ろう者と積極的に会話をしようとする態度をもち、あらゆる場面での会話を手話でよどみなく表現できる	3年	約3,000

（全国手話検定試験ウェブサイトを参考にして作表）

5〜3級までは実技試験のみ、2級以上には実技のほかに筆記試験も課されるが、手話によるコミュニケーション能力を評価・認定するのが本試験の目的であるので、すべての受験者には、ろう者の面接委員と手話でコミュニケーションをする面接試験が課される。合格者が、それぞれのレベルに応じてどのような社会活動ができるのか、手話でのコミュニケーション能力の活用例を示す「Can-doリスト」も作成されている[2]。

これまで、手話通訳を志す人たちを対象とする手話試験は実施されていたものの、全国手話検定試験のように、日本の手話を学習している人ならだれでも受験できる試験の実施は世界でも例をみない。ここにも、日本社会における手話普及と、それを支える日本のろう者の積極的なはたらきかけが感じられる。

第1回試験は5級、4級、準1級、1級の試験が実施されたが（3級と2級は第2回試験から実施されている）、各級の受験者数と合格率は、5級：984人、93.7％、4級：844人、91.5％、準1級：158人、83.6％、1級：86人、64％であった。2010年の第5回試験はすべての級が実施され、受験者数は以下のように大きな伸びを示している。5級：2,310人、97.5％、4級：1,929人、97.1％、3級：1,925人、92.9％、2級：797人、87.2％、準1級：203人、90.6％、1級：152人、73.7％。今後も、受験者数は各級で増加していくことが十分予測できる。

4. 中国のろう者と手話

さて、北東アジアの聴覚障害者のことばと社会を考えるとき、中国のろう者社会を抜きに語ることはできない。ここでは、隣国に目を転じ、中国のろう者と手話に関する事情を紹介する。

2006年の第2次全国障害者サンプル調査によると、中国の聴覚障害者数は、総人口の1.53％、実に2,004万人いると推計されている。このうち何割が手話使用者であるかは調査されていないが、おそらく大きな集団が形成されていることであろう。中国は莫大なろう者人口と広大な領土を有するため、言語政策の一環として、国が各地方の方言を超えた標準手話の制定を推し進めてきたことを特徴とする。以下、まず手話標準化事業の母体となっている中国のろう者協会について述べ、次に標準手話である「中国手語」について、さらに関連の手話研究および手話教材について述べたあと、最後に「中国手語」の将来を展望する。

(1) ろう者協会

中国を代表するろう者団体は中国聾者協会であり、同協会は中国障害者連合会の専門協会として位置づけられる。通常、障害当事者団体は自らの意志で集まった人で構成されるが、同協会はいわゆる会員制をとっておらず、病院等で聴力障

第 10 章　ろう者と手話―日本と中国の手話事情―　179

害があると認定された人が事実上の構成員となっている。

　歴史的には、ろう者協会の活動は古く、1949 年の中華人民共和国成立後、1956 年には中国聾唖者福祉会が設立されていた。しかし、その後、障害者関連の団体の合併が繰り返されろう者団体としての独自性は薄まり、1988 年以降は中国障害者連合会の一専門部門として位置づけられるようになった。中国障害者連合会は、障害者を代表する唯一の合法組織として存在し、行政区画に対応して中央から地方にかけて全国的なネットワークを形成している。この障害者連合会は純粋な障害当事者団体ではなく、政府・共産党が財政と人事を事実上掌握している準国家機関である。その一部門である聾者協会もそれに付属して全国的に展開されており、末端組織を含めて最終的には 3,076 の協会が設立される予定となっている（小林、1998）。

　聾者協会は定款で「ろう者の共同利益を代表」すると謳っているものの、一般のろう者が協会の意思決定に関与したり、代表の選出にかかわったりすることは皆無であり、その意味で協会はろう者を「代表」しているとはいえない。そもそも、中央レベルの中国聾者協会でも、組織としては主席団として主席が 1 名、副主席が 5 名、委員が 37 名いることになっているが、これらは名目にとどまり、実際には実務を担当する常任の副主席 1 名によって組織が運営されているといえる。しかも、その副主席も政府と連合会が決定した業務をこなすだけであり、聾者協会としての決定権や裁量権はごく限られている。

　また、聾者協会としての独自事業は少なく、行政部門が本来果たすべき役割を代行することが業務の中心となっている。したがって、ろう者個人の意見を集約することや障害当事者団体としてろうあ運動を進めていくようなことはほとんどない。数少ない行事としては、毎年 9 月の第 4 日曜日に催される「国際ろう者の日」の記念大会がある。大会では、障害者連合会や聾者協会の幹部による講話、模範として表彰されたろう者による体験談、ろう学校の生徒や老人部によるアトラクションなどが行われる。日本とは異なり、一般のろう者が集まって議論を行ったり、意見を表明したりする総会のような場は設けられていない。

　とは言うものの、ろう者関連の唯一の組織としてその存在は重要である。ろう者関連の事業は基本的にすべて聾者協会または障害者連合会の関与の下で行われるからである。協会の具体的な業務は以下の通りである（2008 年中国聾人協会

章程)。

① ろう者を団結、教育して法律の遵守と義務の履行を促し、ろう者と社会とのコミュニケーションをはかり、社会建設のために貢献すること、
② ろう者のリハビリテーション、教育、貧困解決、労働・就業、権利擁護、社会保障および障害予防を促進し、各種訓練に関与・実施し、文化・体育活動を展開すること、
③ 情報バリアーフリー環境を築き、補助器具の開発・活用を推進する。「中国手語」、字幕、ろう児のリハビリなどろう者に関する業務に対して諮問、建議、奉仕、監督すること、
④ ろう者の障害者事業従事者を養成、推薦すること、
⑤ 中国障害者連合会が委託した業務を引き受けること、
⑥ 中国のろう者を代表して国際活動に参加し、国際交流・協力を促進すること。

国際活動では、中国を代表するろう者団体として世界ろう連盟（World Federation of the Deaf）への加盟が認められている。

現在、地方の各聾者協会は当該地域の障害者連合会に付置される形となっているが、徐々に社会団体として独立した法人格を取得する動きが拡大している。したがって、将来的には、聾者協会の独自活動が拡大する可能性は存在する。

(2) 標準手話

日本では、全日本ろうあ連盟が発行している『わたしたちの手話』（全 10 巻）（総見出し語数約 4,000）[3] および『日本語―手話辞典』（見出し語数 4,800）[4] で紹介されている手話表現が広く普及しており、標準手話として機能している。一方、国土が広大な中国の場合は、標準手話である「中国手語」と「地方手話」に分けられる。前者は、中国政府主導の下で行われている手話の標準化事業の成果である。後者は、日常生活の中で通常使用されているローカルな手話であり、「北京手話」や「上海手話」などがある。

中国政府は、ろう者に対して効率的に政策を推し進め、教育を普及するために手話を統一する必要性があることを感じ、言語政策の一環として、早くも 1958 年に手話標準化事業を開始した。当時の中国聾唖人福利会によって聾唖人手語改

革員会が組織され、1959年には内務部、教育部、中国文字改革委員会の承認を経て、手話語彙数 2,000 を収録した『聾唖人通用手語草図』(聾唖者共通手話略図)が発行されている。そして、その後、文化大革命を経て、1990年に中国聾人協会が編集した『中国手語』(見出し語数 3,330)と『中国手語(続編)』(見出し語数 2,266)が刊行された。現在は、2003年に出された改訂版が標準手話のテキストとなっている。

　手話標準化事業そのものは当初からろう者のための団体である中国聾唖人福利会が請け負っていたが、発行が国の中央機関の承認を経ていることからもわかるように、手話標準化事業は国が主導する言語政策の一環として進められてきた。中国文字改革委員会は中国の標準語である「普通話」を普及させるための機関であり、手話標準化事業も当初は手話改革事業と呼ばれ、手話を「安定」させることおよび手話単語を「統一」することを基本任務としていた。ここでいう「安定」とは手話を中国語の話し言葉または書き言葉の語順に合わせて表現することで、手話を中国語の文法に乗せることを意味し、「統一」とは地方手話を基礎に一種の共通手話(単語)を制定することを意味する。要するに標準化事業は、手話単語を統一するだけでなく、中国語を基礎とした手指中国語(Signed Chinese)を作り上げることを究極の目的としてきたのである(小林、1996)。

　1991年10月に民政部・国家教育委員会・国家言語文字工作委員会・中国障害者連合会から出された「全国において『中国手語』を普及、応用することに関する通知」では、集会・テレビなど公共の場所、ろう学校・大学などの教育現場においては必ず「中国手語」を使用しなければならないことが規定されており、ここに中国における「中国手語」の公的位置づけを見いだすことができる。しかし、手話標準化事業はろう者協会が請け負い、ろう者も参加していたものの、標準化は必ずしもろう者の自然発生的なニーズから始まったものではなかったため、普及の点で問題を抱えていた。すなわち、中国では人口が多く、歴史が長い分、各地にろう者の集団が形成され、それを基礎とした地方手話(方言)が形成、発展してきた。一方で、地理的な要因のみならず、政策的に人の移動が制限されてきたことから、一般のろう者にとって標準手話の必要性はなかったのである。

　標準手話の普及の重点の一つはろう学校に置かれてきたが、当初、各地のろ

う学校は現地の手話で授業を続けたところが多かった。「中国手語」の使用を徹底するよう通知が繰り返し出されてきたが、教師は、生徒に通じる、生徒たちが使用している現地の手話を使わなければ意味がないと考えていたからである。テレビでも同じ現象が起こり、地方の手話付きテレビ番組も中央の要請を無視して当該地域の手話を採用する場合が多かった。もっとも、教師や手話通訳者自身が「中国手語」の使用を拒否していたのではなく、「中国手語」を習得する専門的な養成課程がなかったことにも起因する。したがって、大学の教員養成課程などで「中国手語」が指導され、教師や通訳者が「中国手語」を身につけるようになるに伴い、逆に授業での教師の手話やテレビの手話通訳者の手話がわからないというろう者の声が強まってきている。

　なお、標準手話が推進される一方、地方手話も一定の範囲において尊重されてきたといえる。すなわち、「中国手語」と「地方手話」との関係を、中国語の標準である「普通話」と「方言」との関係と同様に位置づけ、「中国手語」を共通語として普及する一方で「地方手話」もローカルな言語として認めてきたのである。ただし、それはあくまでも現状黙認の範囲内においてであり、政府は公の場での「中国手語」の使用を望んでいる。

（3）中国における手話研究・手話教材
　中国では手話標準化事業が早くから開始されたことで、手話研究もそれに付随する形で早期に開始された。1958年には、言語学者、ろう教育関係者、障害者事業関係者による論文が散見されるようになる。この時期の論調としては、手話には文法もなく、語が倒置しており、複雑な思想や感情など抽象的なことが表現できない欠陥があり、それを解決するためには、指文字を積極的に導入する必要があるとするものが多かった。1980年代初めからは、ろう学校の教員による論文が出始め、ろう教育の中での手話の活用を模索する視点から、手話をろう者の言葉として捉え、研究することの重要性を指摘する論文が現れる。その後、1990年代に入ると、ろう学校の教員およびろう教育関係者によって、手話そのものを研究対象とした分析がなされるようになり、海外の手話言語学研究の成果に言及する論文も現れ始める（小林、2002）。

　中国の手話研究の特徴は、それが国家の言語政策、すなわち手話標準化事業の

一環として推進されてきたことにある。これによって、手話はろう者の「言葉」であることが公に認識されるようになったが、問題は「言葉」としての位置づけにあった。例えば、張茂聰ら（1998）の研究では、手話は独自の語彙、文法を備えた一種の独立した言語であるとして分析を行っており、海外の研究成果も参照している。その一方で、張茂聰らは、手話の語彙不足、手話の思考道具として不完全性を指摘し、中国語に近づくことで手話は言語としての完成度を高めることができると主張しており（張、1998）、手話を独立した「言語」というよりコミュニケーション手段として見ていることが示唆される。この点は、中国における手話研究の担い手の中心が、ろう者協会関係者、障害者事業関係者、ろう教育関係者など手話標準化政策を推進する立場にある者を中心としていることに起因していると考えられる。

　さて、多くの手話教材が標準手話である「中国手語」を基礎に、中国語の文章に逐語的に単語を当てはめて表現することを指導するなか、2006年には地方からユニークな教材が発行されている。遼寧人民出版社から出された遼寧省聾人協会編『手語你我他』（手話・あなた・私・彼（女））である。本書は地元のろう者が実際に使っている手話を教えることを目的にしており、以下のような特徴が挙げられる。第1に、標準手話である「中国手語」ではなく、地元の手話である「遼寧手語」を扱っていること。第2に、手話教材では初めて正面から手話には独自の文法があることを主張し、中国語（文法）とは異なる手話の文法と特徴を教える構成となっていること。第3に、多くの手話教材が聴者の主導の下で作成されてきたなか、本書はろう者自身が企画・研究・執筆をしていることである。

　『手語你我他』の執筆メンバーは5人のろう者からなる。編者の遼寧省聾者協会主席を中心に、大連市聾者協会および瀋陽市聾者協会の主席も加わっている。本書の編者によると、従来の教材は手話単語のイラストを中国語の語順に並べているだけで、ろう者が見ても通じない。関係者の間でも手話は独自の文法を備えた言語であることが十分認知されておらず、ろう者が使う手話の文法に言及した教材が必要だった。そこで日常交流するなかで発見した現象、手話の規則性などを整理して本書を執筆したという（小林、2010）。

　しかし、ここで次のような単純な疑問が生じる。すなわち、本書は「中国手語」を普及する国の手話標準化政策と矛盾しないのだろうかという疑問である。

編者の説明によると、「中国手語」の制定・発行は手話普及に大いに貢献している。以前、中国語に基づいた表出方法が提案されていたのは、手話の規則に関する科学的な認識が欠けていたからであり、近年やっと自然手話には手話自身の文法があることが認識され始めたところである。『中国手語』は語彙集であり、文法には言及しておらず、自然手話の文法そのものを否定しているわけではない。本書は『中国手語』では触れられていない文法に重点をおいていること、また採録した手話は遼寧手話であるが、この点でも地方手話を尊重するという手話標準化政策の方針に沿っているので矛盾はないとのことである（小林、2010）。

このように手話教材の主流が『中国手語』に掲載された手話語彙を中国語の順番に表すよう指導する形式をとっているなか、遼寧省聾者協会が編集した手話教材は、地方の手話を手話の文法に合わせて表すよう指導する形がとられる斬新的なものであり、中国の手話教材開発に一石を投じている。『手語你我他』の編者が前書きで述べている通り、「本書を世に問うことができたことは、ろう者が自分の言語について関心を持ち、思索していることを証明しただけでなく、ろう者の研究能力および研究成果を示して」いる。実際、この経験が買われ、編者の一人は国際NGOの委託を受けて現地に赴き、2011年にチベット手話の本を刊行するに至っている。

（4）中国手語の将来

2008年に、教育部と中国障害者連合会は共同で「第11次5カ年期間に全国の一部ろう学校で『中国手語』の拡大推進を展開することに関するパイロット事業方案（2008-2010年）」を発布し、全国11ヵ所のろう学校で重点的に「中国手語」の普及を試みてきた。しかし、こうして「中国手語」の普及を推進してきたのにもかかわらず、困難に直面しているのは、手話に対する研究が不足しているからであるとの認識の下、彼らは手話の科学化、規範化を図る必要があると考え始めた。そこで、2011年から始まった障害者事業を定めた第12次5カ年発展綱要では、手話を「教育」の項目のなかで特別に取り上げ、手話の研究・普及を主要な任務目標の1つに位置づけた。具体的には、手話を「国家中長期言語文字事業計画綱要」に組み込んで重点事業として実施すること、共通手話の標準、手話水準等級の標準および手話通訳等級の標準の改訂、研究、開発をすること、特

殊教育学校のカリキュラム改革と結び付けて共通手話の使用を広め、手話通訳などの社会サービスを提供する機構を発展させること、聴覚障害者に手話通訳等のサービスを提供すること、手話に関する高度な知識を擁する人材の養成および研究機構の建設を行うこと、などが検討されている。

これを受け、2011年に発布された「国家中長期言語文字事業改革・発展計画綱要（2010-2020年）」では、手話の標準化および普及を国家言語文字事業の当面の重点プロジェクトとすることが規定された。そのために手話の標準化の研究開発、手話の普及と運用、手話の基礎研究を強化することとなった。具体的には、国家言語委員会の第12次5カ年計画および各年度の計画に組み込んで、「手話・点字の共通標準の研究開発、修正」を行い、手話標準化事業に参考となる材料を提供する任務が加えられた。

また、国連障害者権利条約[5]に批准したことに関連して、中国共産党は2008年に、バリアフリー建設を加速すること、特に積極的に情報およびコミュニケーションに関するバリアフリー化を推進し、公共施設では手話などのバアリフリー・サービスを提供するよう指示を出した。さらに、2010年には、国務院が改めて手話に対する支援の強化を要請し、障害者サービス体系において手話によるサービスの提供も重要項目として推進されるべきことが打ち出された。このように、手話に関する研究機会の拡大と、ろう者に対する情報保障の確保によって、今後、徐々にではあるが中国においても言語としての手話の認識が深まっていくことが期待される。

5. 手話とジェスチャー

さて、ここで、手話とはどのような言語か、手話とジェスチャーはどのように異なるかなどについて述べることにする。言語としての手話研究は、まだ歴史が浅い。アメリカの言語学者ストーキー（William C. Stokoe）らがアメリカの手話の構造を分析し、手話を構成する3つの要素（手の形、手の位置、手の動き）を抽出して、1965年に世界で初の手話辞典『アメリカ手話辞典』（*A Dictionary of American Sign Language on Linguistic Principles*）を編集したのが、手話研究の始まりと言われている。それまで一般社会では、手話をジェスチャーと同

等に非言語として捉え、言語とは認識していなかった。

　しかし、ストーキーの手話辞典編集後、手話にとって強力な追い風が吹くことになる。それは、1960年後半から1970年代にかけて、社会言語学の分野に台頭した「ノンバーバル・コミュニケーション」（非言語伝達）の研究成果である。ノンバーバル・コミュニケーションの研究では、私たちが日常生活において、音声以外の意思伝達手段をいかにたくさん使用しているかが明らかにされた。ざっと例を挙げても、ジェスチャー、顔の表情、視線、空間配分、音調など、さまざまな要素が考えられる。

　確かに、ろう者が手話を表現するとき、ノンバーバル・コミュニケーションの要素がたくさん使用されているが、ストーキーによる手話の構造分析が示すように、手話はジェスチャーやパントマイムのように、事物や行為をただ描写するのではない。もちろん、手話での表現には、健常者が日常会話で使用するジェスチャーもある程度含まれているが、手話語彙全体から見ると、それらはごく少数である。しかも、健常者が使用するジェスチャーが手話として使われると、もっと広い意味とはたらきをもってくる。また、他の要素と組み合わさって、より複雑に使用される。かつては、写像的な身振りから始まったと思われる手話は、運用の過程で音声言語と同様に恣意性を獲得したといえる。

　ここで、日本人が一般のジェスチャーで使用する「お金」というしぐさ（親指と人さし指で輪をつくる）を例に挙げて、手話の「お金」が他の要素と組み合わさって、「お金」以外にいろいろな意味を伝えることを説明する（本名・加藤、1994）。それぞれの手話表現は図4にイラストで示す。

① 高い：右手でつくった「お金」を下から上にあげる。
② 安い：右手でつくった「お金」を上から下に降ろす。
③ インフレ：両手でつくった「お金」を同時に徐々に斜め上にあげる。
④ 金持ち：両手でつくった「お金」を肩の上から前方に弧を描きながら降ろす（お金で懐が膨れ上がっている様子）。
⑤ 経済：両手でつくった「お金」を交互にからだの前で水平に回す（お金が循環する様子）。
⑥ 給料：右手に「お金」をつくり、額に当ててから左の手のひらにのせて、両手を手前に引く（大切なお金を手に受けて、頂いている様子）。

第 10 章　ろう者と手話—日本と中国の手話事情—　187

⑦　税金：右手に「お金」をつくり、「お金」の輪を一気に解いて、手のひら全体を前方に見せる（お金を求められている様子）。
⑧　デパート：両手に「お金」をつくって前後させ（「商売」の意味）、その後に「建物」を示す。
⑨　銀行：両手につくった「お金」を同時に上下させる（日本銀行の建物の

①　高い　　②　安い　　③　インフレ　　④　金持ち

⑤　経済　　⑥　給料　　⑦　税金　　⑧　デパート

⑨　銀行　　⑩　けちん坊　　⑪　使う　　⑫　買う

⑬　売る　　⑭　むだ（むだ使い）　　⑮　わいろ

図 4　「お金」の手話を使った表現のいろいろ

柱または格子を示す)。
⑩　けちん坊：右手に作った「お金」を歯にくわえる（お金にしがみついて離さない様子）。
⑪　使う：右手に「お金」をつくり、左手の手のひらに乗せて、数回前に出す。
⑫　買う：右手に「お金」をつくり、前方に押し出すと同時に、左手を前方から手前に引く（お金を出して、物を得る様子）。
⑬　売る：左手を前方に押し出すと同時に、右手につくった「お金」を前方から手前に引く（物を相手に渡して、お金を得る様子）。
⑭　むだ（むだ使い）：右手につくった「お金」を、左手のひらからすばやく数回前に出す（お金がむだに出ていっている様子）。
⑮　わいろ：右手につくった「お金」を左肘の下に入れ込む（ひそかに「袖の下」に金銭を送るイメージ）。

このように、「お金」という手話は、動きや場所、動く方向を変えたり他の手話と組み合わさって、より複雑にことばを形成していく。一般のジェスチャーがノンバーバル（非言語）であるのに対して、手話は明らかにバーバル（言語）として機能しているのである。

つまり、下にまとめたように、ヒトのコミュニケーション手段には「ことばによるもの」と「ことばによらないもの」が存在し、前者には音声言語と手話言語という2つの手段が、後者にはそれ以外のさまざまな要素が存在している[6]。

(1) ことばによるもの（Verbal Communication）
　① 音声言語（話しことば／書きことば）
　② 手話言語（身体手話／手話文字体系はまだ確立されていない）

(2) ことによらないもの（Nonverbal Communication）
　① 身振り（ジェスチャー、パントマイム、顔の表情、視線、姿勢など）
　② 音調（声の強弱、抑揚など）
　③ 空間配分
　④ 接触

⑤　身体とその装飾品
⑥　におい
⑦　環境

6. ろう教育と手話

(1) 口話法か手話法か

　かつて京都の盲唖院では、ろう児と教師は手話でコミュニケーションをとっていた。その後、日本のろう学校では教育言語として音声日本語（以下、日本語）が使用されるようになり、ろう児には早期から日本語の発話（発語）と読話（読唇）の訓練がなされている。しかし、もともと音声による情報の受信・発信が困難なろう児にとって、「聞く」「話す」に重点をおいた指導法（「口話法」と呼ばれる）は想像以上にストレスを与えるものである。特に幼少期においては、学校でも家庭でも日本語の発話を強いられることによって情緒不安定な子どもや、学習意欲の低下などを生むケースも出てきた。聴覚障害児教育に関するあるプロジェクト委員会の報告書では、口話主義の問題点を次のように述べている[7]。

　　口話第一主義の問題は、聞こえない児童・生徒に対して、聞こえる児童・生徒の音声コミュニケーション環境に同化することを求め、同化できる力を高めるために奔走したことにある。結果として、聴覚障害児・生徒は、いわば、聞こえる者の音声会話能力を絶対視・目標視し、これを到達点として、少しでもそれに近づくように努力を強いられることになる。もちろん、永久に聞こえる者と同じレベルには到達しないから、挫折感を生み、それがトラウマとして植えつけられてしまう。（日本の聴覚障害教育構想プロジェクト委員会、2005）

　このような傾向は日本に限らず、世界各国で共通している。その背景には、1880年にイタリアのミラノで開催された「第2回ろう教育者国際会議」において、純粋口話法が全面的に支持され、発語指導による教育こそがろう児の言語習得を決定づけるものであるとする決議がなされたことによる。決議の第1項と2項は次のように述べている。（植村、2001）

　　＊第一項：本会議は、ろうあ者の社会復帰と言語力の向上のためには、手話に比べて発声の優位は議論の余地はないということを考慮し、ろう児の教育と教授において手話法よりも口話法を優先すべきことを宣言する。

＊第二項：本会議は、発声と手話を同時に用いると発声と読話を妨げ、概念を明確にするのに不利となるので、純粋口話法が選ばれるべきことを宣言する。

これ以後、世界各国で口話主義が貫かれ、話すことに重点をおいた教育法が長く続くことになった。

口話法の下では、ろう児は手話の使用を厳しく制限され、教壇に立つ教師にはむしろ手話を知らない者が歓迎された。子どもたちは健聴の教師の言うことを唇の動きを読み取って理解するしかなかった。また、家に帰れば親から厳しく発話の指導を受けた。ろう児は、手話を知らない、あるいは多少知っていても使おうとしない家族や教師と口話でコミュニケーションをとらなければならず、家庭でも学校でも大変なストレスを溜めていたことは容易に想像できる。

このように、教育の場で手話の使用が禁止されたのは、手話が音声言語に劣るものであり、手話の使用が日本語の獲得の妨げになると考えられていたからである。当時、手話については以下のように認識されていた。

① 手話はジェスチャーやパントマイムと同じであり、抽象的な概念を表現できない。
② 手話は音声言語と比べると語彙数が少ない。
③ 手話と音声言語は語順が異なる。
④ 日本手話には助詞が表現されない。
⑤ 手話表現では動詞と名詞の区別ができない（例：「食事」と「食べる」が同じ表現）。
⑥ 幼児期に少しでも音声を獲得させておかないと、日本語の獲得が困難になる。
⑦ 日本語を使用しないと、日本人としての文化を共有できない。

しかし、これらの指摘はいずれも手話の言語特性を正しく理解していないことや、ろう者の手話を固有の言語と認識していないことから生じた誤解であり、言語＝音声言語という考えが手話を教育の場から排除し、ろう児から母語を奪った結果となったのは否めない。

手話の使用を禁じ、聞こえない子どもに、音声言語を最優先して「聞く」「話す」ことによって教育をほどこした結果、ろう児（者）の読み書き能力は健常児（者）と同レベルに達することが困難となった。

（2）トータル・コミュニケーション

　口話一辺倒の時代が長く続いた後、やがて1960年末には、ろう児のことばの獲得は口話法では不十分であるという見解から、「トータル・コミュニケーション」という教育理念が台頭してきた。これは、アメリカ人のろう学校教師ホルコム（Roy Holcomb）（彼自身が聴覚障害者であった）が1968年に提唱し、1976年にはアメリカろう学校校長会で公的に定義され、手話がろう教育におけるコミュニケーション手段の一つとして位置づけられた。この理念は、ろう児一人ひとりの聴力や口話力に合わせ、あらゆる方法（口話、聴覚、手話、指文字など）をトータルに用いてコミュニケーションするという考え方である。この方法は一見有効に思えたが、結果的にろう児の学力の伸びは期待されたほどではなかった（都築、1997）。その理由は、手話に堪能な教師が極めて少ない上に、1人の教師が複数の子どもを相手に個別の方法で指導することは不可能であること、さらに手話や指文字を使用するといっても、音声言語の語彙や語順に対応させた表現形式をとり、ろう者の自然な手話表現ではなかったことなどが考えられる。

　もちろん、トータル・コミュニケーションは評価できる点もあった。子どもたちは自分に合ったコミュニケーション手段をいろいろ使えることにより、自分の意志や感情を以前よりも積極的に発信するようになったのである[8]。しかし、結果的にはトータル・コミュニケーションをもってしても、健常児とろう児の学力差は消えることがなかった。あくまでも音声言語優位の環境で教育を受けたろう者が身につけた言語力は、成人した後も健常者から大きく差をつけられる結果となった。

　かつてスウェーデンの聴覚障害者協会が実施した調査によると、1970年代の成人ろう者の読み書き能力について、スウェーデン語の読み書きが満足にできる者は1割ほどにすぎず、約4割が新聞を十分に読めなかった。そして、正しい文章を書くことができたのは、ほぼ半数であった（日本手話研究所第2研究部外国手話研究部会、1992）。デンマークでも同時期に手話研究機関が同様の調査を行ったが、約3割のろう者がデンマーク語の読み書きが満足にできなかった。また、当時は徹底した口話教育を受けてきたにもかかわらず、教師が理解できるように口話を使えるものは4人に1人という割合であった[9]。

　鳥越（2002）は「聴覚障害の子どもたちは幼児期から言葉を覚える訓練にば

かり努力を強いられ、遊びやおしゃべりの機会を奪われている。手話を通してコミュニケーションを豊かなものにしてほしい。（中略）子どもたちが、耳が聞こえない、聞こえにくいことを受け入れて自分を肯定的にとらえ、安定した自分を形づくっていくうえでも、手話は有効だ。耳が聞こえず、コミュニケーションも十分にできない、ひとりぼっちの人間に子どもたちを追い込んではいけない。」と述べている。

　トータル・コミュニケーションも結局はあの手この手でろう児に「口話」と「読話」を身につけさせるものであり、口話教育の延長線上にあったといえる。「聞こえる人と同じになることをめざす」という到達目標はまだ払拭されなかったのである。口話ができる人間が優秀で、できない人間はだめだとする人間観がろう学校の中にできあがってしまった点は口話優先教育の誤りであるといえる（米川、2002）。

（3）手話教育への転換

　ろう児をめぐるこのような問題を解決するにはどうしたらよいのか、欧米ではしだいに「言語としての手話」に注目するようになり、手話がろう児の発達に及ぼす影響や、言語獲得に果たす役割について議論され始めた。先に述べたように、この時代（1970年以降）はちょうど、社会言語学の分野でノンバーバル・コミュニケーションの研究が盛んになり始めた時期でもあり、ジェスチャーやパントマイム、顔の表情などがヒトの重要なコミュニケーション手段であることが研究された。学界からの追い風も受けて、音声をもたない手話にもやっと光が当てられるようになったのである。アメリカ、カナダ、スウェーデン、デンマークでは、1970年代に入ると手話の言語学的研究や手話を使ったろう児のことばの指導に関する議論が活発となり、やがてろう児のバイリンガル・バイカルチャー教育の確立へとつながっていった。

　前述したような、成人ろう者の言語力の不十分さを重くみたスウェーデン、デンマークでは、政府の支援を受けながら手話研究機関が手話の言語学的研究に力を入れ、手話の音韻的・形態的・統語的特徴を明らかにするとともに、ろう学校の教師とろう児をもつ親たちが接触を密にして、手話について正しい知識を学び、ろう児のことばの獲得をうながすにはどのような環境を作ればよいのかを時

間をかけて議論した。

　その結果、彼らの到達した結論は手話をろう児の第1言語とし、音声言語を第2言語と認識して、ろう学校ではあらゆる場面で手話を使用し、手話ですべての教科を教えるというものであった。ただし、このときの「音声言語」とは、「聞く」「話す」を重視するのではなく、その国の書記言語（文字）の「読み」と「書き」を優先するものである。デンマークのろう学校で1982年から開始されたこの新たな教育法は、10年間で注目すべき教育効果をもたらし、世界から注目を浴びることになった[10]。

　ろう児のバイリンガル・バイカルチャー教育については、日本でも1990年代後半から全国各地のろう児教育に関するさまざまな討論集会や研究会で取り上げられ、ろう教育関係者ばかりでなく、ろう児をもつ親の関心を口話教育から手話教育へと向ける結果となっている。現在も口話教育と手話教育についてはそれぞれを支持する専門家たちの熱い議論が継続しているが、ろう児をもつ親には、医者や教師、研究者らとは異なる非常に繊細で複雑な心情がある。

7. 言語的・文化的少数者としての「ろう」

（1） ろう児の人権宣言

　北欧におけるろう児のバイリンガル教育の成果は、日本のろう児をもつ親たちにとって、ろう児が手話を使用して教育を受ける権利を有することへの意識改革にも大きな影響を及ぼした。デンマークでは、ろう児をもつ親の会が、ろう児は「耳が聞こえないことを除けば健常児と何ら変わりがない」こと、「音声言語の代わりに手話を使用して教育を受ける権利があること」を明確に述べているが、これにならい日本のろう児をもつ親の会でもろう児の成長に手話は不可欠であることを訴え、2002年に以下のような「ろう児の人権宣言」を発表した（全国ろう児をもつ親の会、2003）。

① 私たちの子どもはろう児です。
② ろう児は将来ろう者となります。
③ ろう児とろう者の母語は日本手話です。
④ 私たちは子どもの母語環境を保障し、母語で教育を受ける権利を保障し

ます。
⑤　書記日本語を第2言語とするバイリンガル教育を推進します。
⑥　ろう児をろう児として育てたいのです。
⑦　人としてろう者としての誇りを大切にしてほしいのです。
⑧　人としてろう者としての文化があることを理解し、バイカルチュラル教育を推進します。
⑨　「聞こえないこと」は不幸ではありません。
⑩　私たちはろう児の人権を守ります[11]。

　今後、「手話」をろう児の母語と認め、これを教育言語として採用するならば、手話を教える教師を養成し、教授法を確立して教材を準備する必要がある。また、健常児が「国語」の授業を受けるように、ろう学校においてはカリキュラムの中に学科目として「手話」を取り入れ、教授していくべきであろう。

(2)　「ろう」というアイデンティティ

　アメリカでは、ろう者の手話が言語として認められていく過程で、デフ・コミュニティ（deaf community:ろう者社会）を言語的少数者、文化的集団として捉える視点が生まれた（木村・市田、1996）。デフ・コミュニティは、ろう者が手話とろう文化（deaf culture）を共有することによって成り立つ社会であり、アメリカのろう者は自分たちの言語と文化に自信と誇りをもって生きている。聴覚障害といっても、聞こえない人たちは決して一様ではない。先天性ろう者もいれば、中途失聴や難聴の人もいるので、アメリカのろう者は耳の聞こえない人を指す一般的なことばとして"deaf"という語を使い、デフ・コミュニティのメンバーを指すときには"d"を大文字にして"Deaf"を使用する。"deaf"は文化的要素を含まない言い方であり、"Deaf"は「ろう」としての文化的要素を習得したろう者であることを指す。そこには、"Deaf"は病理的観点からの「障害者」ではなく、ある種の「民族」なのだという主張が存在している。

　最近、日本では、障害者の「害」という字は印象が悪いので、条例や規則を除く広範な文書の表記を「障がい者」とする取組みが広がっている。市町村によっては、担当部署の名称を「障害福祉課」から「障がい福祉課」へ改めるところが増えてきた。市民の目に触れる文書には印象が悪い表記は出さないようにしよう

という意識の高まりである。しかし、その一方で、障害者権利条約の根底にある障害の社会モデルによれば、「障害」は本人ではなく、社会の側にその責任が存在するのであるから、単に「害」を「がい」にしてことばを濁し、責任を逃れるべきではないという考え方もある。

現在、内閣府の「障がい者制度改革推進会議」で「害」の表記の検討が進められているが、「障害」のほか「障がい」「障碍」「しょうがい」などさまざまな見解があることを踏まえ、今後も学識経験者等の意見を聴取しながら、国民各層における議論の動向を見つつ、引き続き審議を行うこととしている。当面、法令等における表記では、現状の「障害」が用いられる（『障害者白書』平成23年度版、2011）。

おわりに

ヒトは生物学的な特質として「言語」をもって生まれる。したがって、ヒトは通常の環境で成育する限り、言語を習得せざるをえない。失聴はこの「言語能力」とはほとんど関係がない。聞こえの喪失が聴き取りと発話を困難にするのは事実であるが、その代わりに手話の獲得が促される。音声言語は概念を調音によって表出し、手話言語は手を中心とした身体の操作によって概念を空間に表出するという点で大きく異なるが、いずれもヒトが使用する言語であり、この2つは優劣をつけられることなく、対等に扱われるべきである。「ろう」は外見上判別しにくい障害であるため、「聞こえない」ことを気づかれない場面も多い。また、聞こえないだけなら障害はそれほど深刻でないと判断されるケースも少なくない。しかし、健常者とスムーズにコミュニケーションがとれないことから発生する2次的、3次的な障害は深刻なものであり、「聞こえない」という障害はコミュニケーション障害、情報障害、対人障害（米川、2002）へと結びつき、ろう者はさまざまな不利益を被っている。

21世紀という新たな時代を迎え、ろう者社会には大きな動きもいくつか見られる。その一つは、「手話言語法」への取組みである。2008年に発効した障害者権利条約は、言語に手話が含まれると定義し、締約国が手話の使用を認め、促進する措置をとることを義務づけている。日本では、聴覚障害の当事者団体と支援

者団体が展開した「We Love コミュニケーション運動」[12]の結果、2011 年 8 月の「障害者基本法」の改正では、障害者権利条約との整合性が図られる形で、言語に手話が含まれることが規定された。これにより、障害者が円滑に情報を取得し、意思を表示し、他人との意思疎通ができるような施策をとるべきことなどが定められた。しかし、基本法の内容を実質化するためには、聴覚障害者にかかわる情報環境の整備やコミュニケーション支援を柱とした情報・コミュニケーション法の制定と同時に、その前提となる手話言語法の制定が求められており、聴覚障害者団体がこれらの制定運動を展開している。手話言語法では、ろう者の手話に焦点を当て、手話の言語として認知、手話の獲得・習得、手話使用の保障などが規定されることが期待されている。

　ろう者は音声言語と手話言語という 2 つの言語を習得し、聴者文化とろう文化という 2 つの文化のなかで生きる運命にある。言語も文化も、遺伝によって受け継がれるものではなく、意識的に学習し、経験することによって伝承されていくものである。圧倒的多数の聴者社会のなかにあって、ろう者は言語的・文化的少数者として、「ろう」としてのアイデンティティを身につけて生きている。現在はまだ、ろう者の母語である手話は、公教育の場でコミュニケーション媒介言語としての役割を十分に果たせず、宙に浮いているという状況にある。多言語・多文化・多民族社会のあり方が議論され、異文化間コミュニケーションの重要性が謳われる昨今、今後は各国で「ろう者と手話」を含めた言語政策、教育政策が議論されなければならない。

注
1) 全日本ろうあ連盟、全国手話通訳問題研究会、日本手話通訳士協会の 3 団体の合同出資により、2003 年 8 月に社団法人全国手話研修センターが京都に設立された。このセンターは、手話の普及、研究、手話通訳者の養成等の業務を行っているが、なかでも全国手話検定試験の実施は、センターが担う最も重要な事業である。
2) 「全国手話検定試験 Can-do リスト」に関しては、同試験のウェブサイト (http://www.com-sagano.com/kentei/HP/kentei-menu.html) で公開されている。
3) 全日本ろうあ連盟は 1969 年に『わたしたちの手話』第 1 巻を出版し、日本手話の基本的な語句・表現がイラストつきの辞書形式で紹介した。その後、第 2 巻から 10 巻までが次々と発行され、ろう者と聴者のあいだで幅広く利用された。各地の手話サークルや手話講習会等で

も、手話テキストとしてこのシリーズを活用し、この手話語彙集はミリオンセラーとなった。
4) 『日本語―手話辞典』は、全日本ろうあ連盟が10年を費やして編集し、1997年に発行したわが国初の本格的な手話用例大辞典。約4,800の手話語彙と8,000を超える例文を含んでいる。なお、2011年6月には手話を大幅に追加して新たな版を編集し、『新日本語―手話辞典』が発行された。新版には1万以上の会話例が収載されている。
5) 障害者権利条約（UN Convention on the Rights of Persons with Disabilities）は、今世紀初の、国際人権条約である。2006年12月13日の第61回国連総会において採択され、2008年5月3日に発効した。手話は言語であり、聴覚障害者が手話を使用して自らの思考を表現する権利や、情報アクセスの権利などが明記されている。
　　2011年6月1日現在の批准国は101カ国にのぼる。日本は2007年9月にこの条約に署名はしたものの、まだ批准はしていない。
6) 手話の言語特性については、加藤三保子・本名信行「手話言語学」、『手話通訳の理論と実践』（全日本ろうあ連盟出版局、1998年）で詳しく述べている。
7) このプロジェクトは全日本ろうあ連盟と、ろう教育の明日を考える連絡協議会によって結成された「日本の聴覚障害教育構想プロジェクト委員会」が2002年7月から3年間実施したものである。
8) 1992年に筆者がスウェーデンのろう協会およびろう学校（マニラろう学校）で関係者にインタビューしたときの談話による。
9) 1992年に筆者がデンマークのろう学校（コペンハーゲンろう学校）で関係者にインタビューしたときの談話による。
10) 北欧におけるろう児のバイリンガル教育の成果については加藤三保子「デンマークの手話事情」、『手話コミュニケーション研究』第27, 30, 31号（日本手話研究所）で詳細が述べられている。
11) ろう児の人権宣言に関しては、小嶋勇監修『ろう教育と言語権』（明石書店、2004年）に詳細が記述されている。
12) 「We Love コミュニケーション運動」は、障害者権利条約の批准に向けた国内法整備の一環として、財団法人全日本ろうあ連盟等が展開している運動である。「We Love コミュニケーション」パンフレット30万部の販売と120万人の署名運動を実施して、一般の人々にも関心をもってもらい、手話言語法などの法制度の確立を目指している。

参考文献
植村英晴『聴覚障害者福祉・教育と手話通訳』中央法規出版、2001年
加藤三保子「デンマークの手話事情」(1)〜(3)『手話コミュニケーション研究』（第28号 第30号 第31号）日本手話研究所、1998-1999年
木村晴美・市田康弘「ろう文化宣言」『現代思想』Vol.24-5、1996年
小林昌之「中国の手話標準化事業―『中国手語（続編）』の発行過程を題材に」『手話コミュニ

ケーション研究』第 20 号、1996 年
小林昌之「アジアのろう者事情——中国」『手話コミュニケーション研究』第 29 号、1998 年
小林昌之「中国における手話研究——手話の位置づけを中心に」『手話コミュニケーション研究』第 44 号、2002 年
小林昌之「中国における手話教材の動き——ある地方での取り組みを中心に」『日本手話研究所第 8 回手話研究セミナー記録集』社会福祉法人全国手話研修センター日本手話研究所、2010 年
Stokoe, W.C., Casterline, D.C., & Croneberg, C.G., *A Dictionary of American Sign Language on Linguistic Principles*, Gallaudet College Press. 1965.
全国手話通訳問題研究会 HP, http://www.zentsuken.net/
全日本ろうあ連盟『わたしたちの手話』(1) 改訂版、1983 年
全日本ろうあ連盟『MIMI』、全日本ろうあ連盟出版局、2008 年
全国ろう児をもつ親の会『ぼくたちの言葉を奪わないで！』明石書店、2003 年
高田英一「ろう者のアイデンティティのために」『MIMI』全日本ろうあ連盟、2008 年
中国聾人協会『中国手語』華夏出版社、1990 年
張茂聡・呉永玲・于生丹・王淑栄「中国ろう者の手話と言語の基礎」『中国聾人手語与語言基礎』山東出版社、1998 年
都築繁幸『聴覚障害教育コミュニケーション論争史』御茶の水書房、1997 年
鳥越隆士『朝日新聞』(6 月 18 日朝刊) 朝日新聞社、2000 年
内閣府『平成 23 年度 障害者白書』、2011 年
日本の聴覚障害教育構想プロジェクト委員会『日本の聴覚障害教育構想——プロジェクト最終報告書——』財団法人全日本ろうあ連盟・ろう教育の明日を考える連絡協議会、2005 年
本名信行・加藤三保子「手話——もうひとつのことば」『異文化理解とコミュニケーション』三修社、1994 年
米川明彦『手話ということば』PHP 新書、2002 年
遼寧省聾人協会『手語你我他』遼寧人民出版社、2006 年

第11章

北東アジアにおける
高等教育の国際化と英語プログラム

1. 高等教育の国際化と言語

　日本、中国、韓国という北東アジアの3カ国における高等教育政策は、人々の国際移動の増加や通信技術の発達、市場経済の深化や知的基盤社会の形成に伴い、かつての国家単位の枠組みから、トランスナショナル（超国家的）でグローバルな枠組みでの議論と取り組みが行われている。現在、世界の高等教育で見られる「国際化」とは、大学生の海外留学などに代表される人的移動の活性化や、従来までの国家的な枠組みを超えて展開される国際的な学術交流、国際的志向をもつカリキュラム編成のプロセスなどを指しており、例えば大学間交換留学制度の進展、海外の大学との連携・協力によるダブル・ディグリー（共同学位）プログラムの創設や、複数地域をカバーする地域研究（Area Studies）や国際的研究（International Studies）といった学際的プログラムの提供などがその具体例である[1]。

　21世紀に入り、大学の国際化はますますその重要性と深度を加速させている。高等教育を貿易可能なサービスと考え、高等教育の市場化を促進させたWHO/GATTによって、E-learningや遠隔教育、ブランチ・キャンパスなどの形態による「教育の輸出」のみならず、海外からの留学生受け入れの拡大が、高等教育貿易における輸出と教育収支の拡大という経済効果に直結するものとみなされるようになった[2]。留学生の受け入れは、知日派・知韓派などと呼ばれる各国固有の文化に精通した若者の育成や、北東アジア地域や広くは世界の高等教育における知的拠点としての重要性の確保それに伴う地域的・政治的なプレゼンスの上昇という点でも重要である。そのため、日中韓という北東アジア諸国は、国家戦略

として高等教育の国際化政策を位置づけている。

　現在、北東アジアにおける多くの大学は、世界中から多様な背景をもった学生が集まり、外国の文化や社会、ユニバーサルな知識の共有・伝達という国際性をもつと同時に、大学を構成する教員や学生の大多数は同国出身であり、自国民育成という役割ももっている[3]。また、プルデュー＆バスロンの研究[4]によれば、学校は単一の言語や文化を教え、それに権威と正統性を与えるため、文化の複数性との親和性は低いとの指摘もあり[5]、大学は常に国際性と国民性という2つの異なる志向性を併せもった高等教育機関である。

　高等教育プログラムにおける言語（ここでは学習対象としての言語ではなく、教育プログラムにおける教授媒介言語や学生・教員間の共通言語を指す）の問題に関しても、それを単なるコミュニケーションや教育のためのツールとして考えることはできない。日本、中国、韓国という国家的コンテクストを考慮すると、それぞれの国家で共通語としてほぼ全国的に通用している日本語、中国語（普通語）、韓国語という言語は、ナショナリズムや国民統合、文化・歴史、ナショナル・アイデンティティなどと密接に結びついており、教育における言語の問題は政治的にも社会的にも敏感な問題でもある。日中韓では、20世紀以降、各国の国家語（日本語・中国語・韓国語）による高等教育システムを成立させ、国民国家型の大学[6]を形成してきた。近年、特に2000年以降になって国際化の流れはより急速になり、国家主導の国際化政策や大学における国際的なプログラムの創設が活発に行われている。

　本章では、北東アジアにおける高等教育の国際化という背景のなかで、英語を教授媒介言語とした国際的な教育プログラムの導入を中心に、プログラムの言語（教授媒介言語）に注目しながら、高等教育の国際化と言語の問題について論じていきたい。

2. 高等教育における教授媒介言語としての英語の導入

　高等教育の国際化現象のなかで、教授媒介言語としての英語の導入は、世界的なトレンドの一つとなっている[7]。日中韓のような非英語圏の高等教育機関における英語による教育プログラムは、日本語や韓国語など留学先の現地語がわから

なくても、英語だけで学位取得が可能であることを特徴としており、多くの留学生を受け入れることを前提にカリキュラムやプログラムがデザインされていることが多い。

　このような英語による教育プログラムの導入の目的は、以下の3点に整理して考えられる。1つ目は、外国人留学生の誘致である。日中韓における留学生の受け入れは、海外留学生が現地の大学で国内学生に交じって教育を受けるという形が主流であったため、留学生は、現地の学生と同じように授業に参加し、論文を書くことが可能な高い日本語・中国語・韓国語能力が求められていた。そして、このような現地語能力の必要性は留学生にとって大きな負担になるとともに、日中韓への留学の障壁ともなってきた。北東アジアの高等教育プログラムにおける英語の導入は、日本語・中国語・韓国語の語学力が不十分な学生に対しても語学面での負担を軽減し、今まで北東アジア地域への留学が難しいと考えていた学生層の留学を可能にした。世界的にみても、多くの国では中等教育以前の教育機関において英語の学習が行われているが、第2外国語としての日本語や中国語、韓国語の学習機会は英語ほど恵まれていないため、自国語以外の日中韓言語に比べ英語力の方が高い学生が多い。特に、少子化問題を抱える日本や韓国では、高等教育における英語による教育プログラムの導入は、海外からの学生獲得の裾野を広げるという点で、重要な経済・社会的政策となっている。

　2つ目は、国内におけるグローバル人材の育成という目的である。グローバル社会で活躍することのできる国際的な専門知識と競争力をもつ人材の育成は、多くの国において課題とされている。外国語能力、特に英語力の習得は、異文化間コミュニケーション能力の向上や相互理解の促進につながる。世界的通用性の高い英語能力や外国文化のリテラシーをもった自国民の育成は、グローバル社会における国家プレゼンスを高める政治的戦略の側面からも重要である。近年、日本では、海外への留学生数が減少し、日本人学生の内向き志向が指摘されている一方で、韓国や中国では、特に米国を中心とした英語圏への留学が年々増加している。自国から海外への大規模な留学生送り出しは頭脳流出にもつながることから、優秀な学生の国内育成は国際化の課題の一つである。

　最後に、大学の国際競争力強化とプレゼンスの上昇という目的が挙げられる。英語を共通言語とした知的拠点の形成は、海外から優秀な留学生や研究者・教員

を誘致することを可能にし、大学の研究力を向上させ、国際的名声を高めることにもつながる。実際、世界大学ランキングで上位に位置する大学は米国や英国に集中しており[8]、そこでは英語による教育と研究成果の発信が行われ、高等教育の世界的な中心はこれら英語圏にある。また、数多くの学術系ジャーナルや国際学術会議でも英語が使用されていることから、英語での発信力の強化は、国際的な学術界での影響力が上がることを意味する。世界大学ランキングの世界的な影響力と認知度が上がっていくにつれ、北東アジアの大学の中でも特にリーディング大学[9]は、国内競争だけでなく、国際高等教育市場における競争にさらされており、国際化を通してアジアにおける知的拠点としての覇権争いをしているとも言えよう。先にも挙げたような海外英語圏の名門大学への頭脳流出を防ぎ、グローバル人材を国内で育成し、優秀な外国人留学生を受け入れるためにも、世界に通用する英語での教育を提供することで、大学の国際的な競争力を上げることが求められている。

　以下では日本、中国、韓国の3カ国の高等教育における国際化と英語によるプログラムについて、国際化政策とそれぞれの国家におけるリーディング大学の取り組みなどを言語の観点から整理していく。

3. 日中韓における高等教育国際化と英語による学位プログラムの発展

（1）日　本

　日本では、特に海外への留学者数が2004年をピークに年々減少していることなど、若者の「内向き志向」が問題視されている。外国人留学生の受け入れ数より、送り出し学生数の多い中国や韓国に比べ、日本は送り出しの日本人留学生数が受け入れ学生数よりも少ない[10]。

　一方で、海外からの外国人留学生の受け入れに関しては、1983年の「留学生10万人計画」を皮切りに、2020年を目途に30万人の留学生受入れを目指す「留学生30万人計画[11]」を策定するなど、積極的な外国人留学生受け入れのための国際化政策を行っている。その具体的な政策の一つである「国際化拠点整備議事業（グローバル30）[12]」では、留学生の受け入れ実績があり、英語による教育・

指導が可能な教員をそろえた国際競争力のある学部や大学院研究科を選定し、国からの財政的支援を行っている。グローバル 30 に選ばれる大学には、英語で授業を行い、英語のみで学位の取れるコースがあることが必須条件であり、留学生の確保と国際競争力の上昇において、「英語」がいかに重要視されているかが窺われる。

ほかにも日本で特徴的なのは、立命館アジア太平洋大学[13]や国際教養大学[14]など、大学全体で英語による国際的・学際的なカリキュラムをもつ単科型の高等教育機関が設立されている点である。国際教養大学では主に日本人学生中心、立命館アジア太平洋大学では海外からの留学生が約半数を占めるなど学生の構成は異なっているが、「グローバル・スタディーズ」や「国際教養」といった学際的なカリキュラムを提供することで、「英語をはじめとする外国語の卓越したコミュニケーション能力と豊かな教養、グローバルな専門知識を身に付けた実践力のある人材」（国際教養大学）や「アジア太平洋地域の未来創造を担う人材」（立命館アジア太平洋大学）の育成を目指している。

一方で、その他のリーディング大学では、学部・大学院単位での英語による授業や特別プログラムの導入が主流である。東京大学の教養学部後期課程では、1995 年からアイコム（AIKOM: Abroad in Komaba）と呼ばれる短期留学プログラム[15]を実施しており、16 カ国にわたる 24 校の協定大学との留学生の送り出し、受け入れを行い、人文社会科学系の授業を中心に英語で開講している[16]。このような短期集中プログラムや大学間交換留学の制度は比較的充実している一方で、英語のみで学位を取得し卒業できる大学（学部レベル）は、2011 年の時点で上記の立命館アジア太平洋大学（アジア太平洋学部・国際経営学部）、国際教養大学（国際教養学部）のほかは、早稲田大学（国際教養学部）、上智大学（国際教養学部）、東京基督教大学（神学部）、宮崎国際大学（国際教養学部）、法政大学（グローバル教養学部）の 7 校（8 学部）と極めて少ない[17]。このように学部・研究科という単位で実施されている英語による教育プログラムは、その多くが 1990 年代の後半から 2000 年代にかけて創設されている。例えば、「アジア太平洋を中心とする地域の歴史、政治、経済、産業、経営、社会、文化および国際間の諸問題をグローバルかつ地域的観点から学際的に研究するとともに、躍動するアジア太平洋地域を理解し、この地域の未来を担う専門家、研究者を育てて

いくこと[18]」を研究科の基本理念とした早稲田大学アジア太平洋研究科（1997年〜）、「世界が直面する課題に対し多角的な視野と見識を持って対応することのできる人材を育成し、高い倫理観、競争力、そして人間性の上に世界の舞台で行動できる地球市民を作る[19]」同大学国際教養学部（2004年〜）や、「日本の文化的伝統や国際社会での政治的役割などを理解する国際的教養人を育成し、積極的に国際社会を担う人材の輩出[20]」を目的とした上智大学国際教養学部（2006年〜）など、留学生を多く擁し、国際志向の学際的なカリキュラムを英語で行う教育プログラムがある。

(2) 中　国

　中国は教育の対外開放を積極的に進めており、国際教育交流の規模を拡大させるに伴い、中国人学生の海外留学を支持し、2007年には公費派遣留学プロジェクト「国家建設高水平大学公派研究生項目」を始動させ、世界の有名大学への中国人留学生への送り出しに積極的である。2008年の送り出し数は44万1,186人で、そのうち約11万人がアメリカに、約8万人が日本に留学している[21]。

　大学レベルでは、研究大学への重点的支援や、中国の文化や教育、中国語の伝播に国を挙げて取り組んでいる。1990年以降の急速な中国経済の発展を背景に、特に日本や韓国など近隣アジア諸国からの留学生数は年々増加し、政治的・外交的に重要な結びつきをもつ中央アジアの産油国やアフリカ諸国からの留学生に対しても奨学金を提供するなど、戦略的な留学生受け入れ政策を行っている。特に、中国の重点大学の一つであり、国家を代表するリーディング大学である清華大学と北京大学では、海外大学との連携で共同学位プログラムなどを積極的に開拓しているが、これらは主に国内の優秀な中国人学生を海外の有名大学に留学させることで、国際的な競争力をつけようというものである[22]。

　中国における高等教育国際化の特徴は、外国人留学生に対する履修科目において中国の文化や言語に関するものを多く提供していること、また教授媒介言語もホスト国である中国語で行われているケースが多いことである[23]。近年では特に主要大学における大学院レベルを中心に、英語による学位プログラムが開設されているが、これらは中国語で授業を受けることが難しい外国人学生を対象とし、学位取得目的の留学機会を増やすための受け皿として創設されており、中国

籍の国内学生は入学不可となっている。また、このような英語による学位プログラムにおいても、中国に友好的な人材を育成することに主眼が置かれていることが指摘されている[24]。

同時に、中国では、中国語教育の推進が盛んであり、海外の高等教育機関との連携の下、孔子学院の設立を積極的かつ戦略的に行っている[25]。孔子学院とは、中国の大学と外国の教育機関との連携により、海外に設置される中国語教育機関で、中国語教育を中心として中国の文化・社会に関する情報の提供、文化交流などの活動を行い、現在世界中で急速にその数を増加させている。北東アジアでも、2004年に韓国のソウルで設立されたのをきっかけに、日本では16校、韓国では19校の孔子学院が存在する[26]。Yang (2010) によれば、2000年以降の中国における高等教育国際化は、かつての西洋からの知識の吸収だけではなく、中国の知的資源を海外に輸出することに大きな関心を注ぎ始めたという[27]。そのような文脈の中で、孔子学院は中国のソフトパワーの反映であり、同時に中国と海外の大学の間に、相互知的交流と人材育成のためのプラットフォームを提供しているとも言える。

(3) 韓 国

韓国では、2000年に外国への留学が自由化されたことをきっかけに、特にアメリカを中心とした英語圏への留学と、早期留学（17歳以下の留学）[28]が急増した。国内ではさまざまな社会的要因[29]に基づいた英語教育・英語学習の過熱化が問題となっている。2003年に16万人ほどだった韓国人大学生の海外留学者数も2010年で25万人を超え、韓国からの送り出しの留学生は増え続けている[30]。韓国人の増加し続ける海外留学と、それに伴う教育収支の赤字を受けて、韓国政府は2004年、Study Korea Project（スタディーコレアプロジェクト）を立ち上げ、韓国人学生の英語能力向上、外国人留学生の受け入れ重視、国際化による教育競争力の強化などを目標に掲げた政策を開始した[31]。2006年に新しく始まった2段階BK (Brain Korea／頭脳韓国) 21では、英語での授業が大学の評価基準として新たに導入されている[32]。

大学レベルにおいては、2007年に全国201校の4年制大学を対象に韓国教育科学技術部が行った調査によれば、大学の規模が大きいほど外国語を教授媒介言

語として用いた授業科目が多くなっており、全科目に対する割合は全体の2.6%である（外国語専攻、教養課程の外国語講座などを除く）。韓国における大学の国際化の実態をみても、最も活発に行われているのは外国語講座の開講であり、大学あたり平均46.8科目が外国語（主に英語）で開講されていると指摘されている[33]。

特に、SKYと呼ばれる3つのリーディング大学（ソウル国立大学・高麗大学・延世大学）を中心に、都市部の有名私立大学は英語による教育プログラムの導入に積極的である。例えば「国際大学院」（GSIS, Graduate School of International Studies）と呼ばれる独立大学院は、SKYを含む多くのリーディング大学に存在する。延世大学では、授業のすべてを英語で行う学部としてUnderwood College（アンダーウッドカレッジ）が創設され、日本の早稲田や上智における国際教養学部と同様に英語でのリベラルアーツ教育が行われている。高麗大学では、国際学部、国際大学院というすべての講義を英語で行う学部・大学院があるほか、現在は大学全体の授業のうち40%が英語で行われており、2015年までにはその割合を50%にするという目標を立てている[34]。

また、韓国の多くのリーディング大学は、大学の併設機関として外国人留学生のための韓国語学習センター（語学堂）をもっている。日本の一般的な大学が設けている日本語講座や日本語教育センター・日本語別科の授業と異なるのは、そのほとんどの語学堂において、独立した語学学校と同等のインテンシブな韓国語講座を受けることができる、という点である[35]。このことから、英語による授業や英語で学位を取得できるプログラムの創設など大学教育の英語化が急速に進んでいる一方で、外国人留学生の韓国語能力育成にも力を入れている様子がわかる。

4. 地域的高等教育交流と共通言語のあり方

上記では、日中韓3カ国の高等教育国際化の現状と教育プログラムにおける言語について、教授媒介言語としての英語導入を中心に概観してきたが、言語は学生の留学先決定に直接的な影響を及ぼしている。北東アジアの学生にとって、今までの伝統的な留学先は、米国や英国、オーストラリアなど英語国を中心とし

た西洋にあった。近年においても、英語圏への留学生は増え続けている一方で[36]、留学生が北東アジア間で双方向の移動をするようになり、北東アジア内での留学生の地域的移動は格段に増加しており、高等教育の「地域化」と呼ばれる現象が生まれてきている[37]。英語による教育プログラムの導入によって、実際どれくらいの留学生が移動をしたのかについては明らかではないが、北東アジアの国家間における経済・社会的な結びつきの進展などによる影響に加え、今まで日本語・中国語・韓国語という国家の言語が教授媒介言語であった高等教育において、英語というグローバルな言語で教育を受けることができるようになり、北東アジアにおける留学の形に柔軟性が生まれたのは間違いないだろう。同時に、米国のような英語圏留学先の代替となる選択肢として、北東アジアの英語プログラムが台頭し、今後も北東アジアへの学生の移動にも大きな影響をもたらし続けることが予想される。

　このような北東アジアの高等教育の「地域化」という現象の中で、現在北東アジアでは従来の国民国家の枠組みを超えた、多国間・高等教育機関間の教育協力が進展している。その一例として、教授媒介言語に関して対照的な観点をもつ2つのプロジェクトを見てみよう。2004年に開始された東アジア4大学フォーラム[38]と、2011年から本格的に始動しているキャンパス・アジア構想[39]である。

　東アジア4大学フォーラム（BESETOHA[40]）とは、北京大学、ソウル国立大学、東京大学、ベトナム国家大学ハノイ校の4大学で構成される学術会議である。教養教育叢書のアジア各言語による出版を行い、リベラルアーツ教育の国際発信を行うことを目的としたこのプロジェクトでは、西洋起源のリベラルアーツをいかにアジアのものにしていくか、という視点から、4大学のそれぞれの国家で使われている言語で発信・運営されている[41]。このようにそれぞれ使用される言語の異なる国家に属するリーディング大学による国際的なフォーラムであるBESETOHAは、使用される言語が「英語ではなく、参加4大学のそれぞれの国の言語である中国語、韓国語、日本語、そしてベトナム語で運営されていること」を大きな特徴としている。その言語にまつわる教育観は、「近代化の過程で、それぞれの地域で異なった歴史と文化を持っていることをお互いに認め合いながら、共通の文化の創造を目指す[42]」というフォーラムの精神に基づいている。

それに対し、2011年度より学生の移動を伴った本格的なプロジェクトが始動しているキャンパス・アジア構想（CAMPUS Asia）は、日本・中国・韓国の3カ国を中心とした大学間交流構想で、日中韓の学生が国境を越えて、各国の高等教育プログラムへ参加することを可能にするプロジェクトである。このキャンパス・アジアは、欧州における地域共同体形成のプロセスのなかで、1987年から高等教育の質の向上と学生・研究者の交流の促進と、それによるヨーロッパ市民意識の形成などを目指して実施されてきた「エラスムス計画」の影響の下に策定されており、「アジア版エラスムス計画」とも呼ばれている。キャンパス・アジアでは、先に挙げたような各国家のリーディング大学が連携をとり、共同でプログラム開発を行い、各国の学生が3カ国を周遊して学べるような形態になっている。採択プログラムは主に英語による教育が行われており[43]、このことに関しては、「ごくごく限られた時間の中で、国境を越えて行われる教育プログラムを学生にとってより効果的、あるいは効率的なものにするためには、英語を使うことが最善のアプローチ[44]」という意見が挙げられている。さらに、太田（2010）は、この3カ国間でも英語は「ニュートラルかつ共通な言語」として、教育や研究、学生支援の現場のみならず、大学間交流を行う際の教職員間・学生間の共通のコミュニケーション・ツールとしても、その重要性がますます高まっているという点を指摘し、このような地域的高等教育交流の場における英語のポジティブな存在価値を示唆している。

これらの2つの地域的な高等教育プロジェクトに共通しているのは、それぞれ「東アジア共同体の知的基盤を整備していくという課題[45]」（BESETOHA）、「日中韓において教育の質の保証を伴う大学間交流を拡大していくことは、東アジア地域における学生・教員の移動の活発化、経済活動の一体化が進展する中、地域全体を視野に入れた人材育成を実行するため不可欠であるとともに、東アジア共同体の実現にも貢献するものである[46]」（キャンパス・アジア構想）とあるように、北東アジアを含めた東アジアをひとつの地域として捉え、その中で地域の発展に資するような人材形成を目的としている点である。地域の発展と地域単位での人材育成というビジョンを共有する中で、各教育プロジェクトの教授媒介言語におけるアプローチが異なっている点が興味深い。

白石（2008）は欧州連合の実施するエラスムス計画（学生の欧州地域内流動性

促進計画)を「遍路型」モデルと名付け、一方で日本政府の「留学生30万人計画」のような、国外から一国内への留学を集中させるようなプログラムを「メッカ巡礼型」モデルと名付けている[47]。この枠組みからすれば、BESETOHA やキャンパス・アジアの取り組みは、北東アジアにおける「遍路型」の地域的高等教育政策と言えるであろう。それでは、その「遍路」のコースを、より活発で魅力的な、かつ教育効果の高いものにするためには、いったいどのような言語を介在させるべきなのだろうか。

　その介在する言語の問題に関して、BESETOHA で考えられているように、各国に固有の文化や社会と言語は不可分であるとの考えから、お互いの言語(現地語)を使用し、学び合うことによって相互理解が深まっていくのだろうか。それとも、やはり多くの人にとってよりアクセスがしやすく国際的認知度も高い英語を使うことによって、知の共有への障壁を減らし、教育やコミュニケーションをより効率的で円滑にすることができるのか。学生が日中韓のそれぞれの現地語で教育・研究活動を行うためには、より多くの言語習得期間を必要とすることから、短期間でより多くの学生の移動を効率的に行うのであれば、キャンパス・アジアにおけるプロジェクトのように英語を共通言語にしたプログラムを交流の中心とするのが、現時点では現実的であろう。

　しかし、これらの地域的な高等教育交流の効果を図る際に、移動する学生数の増加やプログラムの効率性といった問題だけではなく、言語(教授媒介言語・プログラム内での共通言語)が、留学生の地域に対する関心や相互理解の促進にどのような影響を及ぼしているのかを考察する必要がある。地域的な教育協力プロジェクトは、北東アジアにおける知のプラットフォームの形成だけではなく、政治的・経済的・社会的側面も含めた地域共同体の形成との関連のなかで、言語がどのような影響を及ぼすのかを長期的なスパンで議論し、研究していく必要があろう。このような問題意識から、最終節では今後の議論のための論点を提示する。

5. 英語＋北東アジア言語の学び

　今後、日中韓の3カ国において、北東アジアからの多くの留学生がともに集う国際的な教育プログラムの中で、言語の問題をどのように考えていくのか。そのために考察すべきことの1つ目は、英語に関する視点と位置づけに関する議論の必要性である。

　現在、北東アジアの高等教育で増加している国際的な教育プログラムにおいて、英語は教授媒介言語であり、学生間、学生と教員間の共通言語となっている。また、英語はすでに北東アジア間の貿易や通商など、商業的な場において使用される「共通言語」としての地位も獲得している。このような状況から鑑みても、北東アジアにおける英語は、どこの国の第1言語でもないことから、日中韓それぞれの言語をめぐる言語戦争的状況を回避し、3カ国における「中立的な言語」とみなされる可能性もある。同時に英語は、北東アジア地域だけでなく、世界的にも政治・経済・軍事の面において大きな影響力をもち、世界的なリーディング大学を多数擁する知の拠点、米国の言語でもある。このことから、英語を学び使いこなすことは、将来的な経済的・社会的な成功のきっかけや個人のエンパワーメント、また世界的な知の体系へアクセスするためのパスポートを手に入れることでもある。英語が世界において覇権的な位置にあることで、英語は北東アジアの国々の人々にとっても、社会的上昇のための言語として位置づけられているといえるだろう。

　カチュルは、英語は世界で広まっていくにつれてそのあり方も多様化（World Englishes（世界の英語たち））し、英米文化から切り離された新しい国際的役割をもつ、という見解を提示し[48]、アジア地域では、Asian Englishes（アジア英語）という概念も出現した[49]。しかし、アジアは欧州と比較しても言語多様性がより豊かであり、英語が国内共通語として多くの人々の間で使用され、土着化した独自の英語（インド英語、シングリッシュなど）をもつアジア諸国が存在する一方で、日中韓では、それぞれの共通言語（日本語・中国語・韓国語）の国内通用性が相対的に高く、日本語・韓国語・中国語話者特有の発音や語用などはあっても、英語は外国語として学習の対象となっている。

第11章　北東アジアにおける高等教育の国際化と英語プログラム　*211*

　グローバリゼーションの流れの中で、国際的な共通言語としての英語への重要性はますます上昇し、北東アジアの高等教育機関、特にリーディング大学を中心として、英語による教育プログラムの増加が見られるようになった。日中韓の3カ国における英語の重要性は、今後も高まっていくだろう。上記に挙げたような英語のあり方を踏まえつつ、その政治的・社会的な影響力などを含めて、高等教育の中で使われている英語をどのように捉え、位置づけ、使用していくのかということを、国家の国際化戦略や大学の中の実践的な議論の中だけでなく、キャンパス・アジアや将来的な地域共同体形成へ向けた政策会議など、地域的な枠組みの中で議論していく必要があると考える。

　英語に関する視点に加え、もう一つ大事な視点は、北東アジアの各国家語の学び合いの意義である。日本・中国・韓国の3カ国間においては、その関係性や相互依存が深まっていくと同時に、長年の歴史問題や領土問題など、政治的な緊張も存在する。このような状況の中で、それぞれの文化・社会と密接に結び付いた言語を学ぶことは、単なる言語能力の上昇とコミュニケーションの促進ではなく、北東アジアにおける人々の相互理解の促進につながるのではないだろうか。

　そこでこの最終節では、英語を基本とし、「英語＋北東アジアの言語」ということばの学びを推奨したい。例えば日本では、長年の間、第2外国語と言えばフランス語やドイツ語が中心であり、高等教育レベルにおいてアジアの言語学習に十分な関心が払われていたとは言い難い。しかし、近年の中国の急速な経済成長や、ワールドカップの日韓共同開催、韓流ブームなどの影響を受け、北東アジアの言語に対する関心は以前よりも高まっていると言えるだろう。

　また、日本人にとって、中国語や韓国語は学びやすい言語の一つである[50]。この3つの言語は同じ漢字文化圏に属するというだけでなく、日本語と韓国語は、言語の形態論上同じ膠着語に属し、文法構造も共通した部分が多いため習得が速く、中国語とは、漢字という大きな共通の文化的財産がある。韓国語話者が中国語を習う際も、義務教育課程で漢字を習わなくなっている若い世代の韓国人学生にとっては、確かに漢字の習得には時間がかかるものの、同様の熟語や単語を共有しているケースも多く、また日本語話者が苦手とする中国語のn/ngの発音も韓国語話者ならば容易に可能である。このように北東アジアの言語には、それぞれの言語を学ぶ上で相互のアドバンテージがあるだけでなく、他の2つの言

語を同時に学ぶことで、言語学習の相乗効果も生まれるのである。

　実際、日中韓のリーディング大学における英語による国際的なプログラムに留学している学生たちは、英語はもちろん、留学先である現地の言語とそれ以外の北東アジア言語を両方操る学生が少なくない。その理由として、同じプログラムにおける留学生同士の交流の機会を通して、互いの言語の学びあいが行われていることが挙げられるだろう。このように北東アジアの高等教育における英語のプログラムでは、一国の大学内であっても、留学生同士の交流や現地社会での日常生活を送る上で、英語＋北東アジア言語の学びの場になる可能性を包有している。

　さらに、複数の言語の学習は、自民族中心主義の克服にも役立つとの指摘もある[51]。欧州評議会が提唱した「複言語主義」に関する文書には、「人間はひとつひとつの言語を個別に学ぶのではない。だからこそ、複言語能力を使用し発展させることができる。学習過程やコミュニケーション場面で様々な言語を使用することで、人びとは様々な言語から影響を受ける[52]」とある。複言語主義のための統合的アプローチとして制定されたCEFR（ヨーロッパ言語共通参照枠）では、その根本理念として「ヨーロッパにおける個人一人ひとりのなかにある複言語・複文化性を認めること、そのことを基本にした個人間の相互理解が重要であること、そのための市民性の確立が必要であること、そして、そうした市民によるヨーロッパ社会形成をめざす[53]」というビジョンが描かれている。

　このようなヨーロッパの先行事例を受け、北東アジアが将来的な地域共同体の形成を視野にいれる場合、北東アジアにおける高等教育の国際化と地域的な高等教育協力が進む中で、言語に関する問題をどのように考えていくのか。各国で増加しつつある英語による教育プログラムは、英語主導の国際化を象徴する一方で、そのような国際化の動きの対極で孔子学院などの国家語拡張や国家語教育の動きが生まれつつある。このように高等教育における言語の問題が、安易な英語対現地語学習の二項対立や、教授媒介言語としての英語プログラムと現地語によるプログラムの縄張り争いにならないためにも、各国における高等教育国際化政策や、国境を越えた教育協力の取り組みの中で、言語の問題をどのように扱い、位置付けていくのかということに関して、さらなる地域的な議論と政策が求められるだろう。今後は、英語を基本的な教授媒介言語とする中でも、それぞれの国

家の言葉を学び合うプログラムを含めた高等教育交流政策や、北東アジア地域全体における言語教育システムの構築など、国境を越えた高等教育とその中の言語の問題に地域的取り組みが必要とされているのではないだろうか。

注

1) 高等教育の国際化に関しては、OECD Documents（1996）*Internationalization of Higher Education*, Paris: OECD、江渕一公（1997）『大学国際化の研究』玉川大学出版などに詳しい。
2) WTO/GATTによる高等教育の市場化に関しては、二宮皓・下村智子（2006）「高等教育市場の自由化とその影響に関する研究」広島大学大学院教育学研究科紀要第三部第55、pp.26-37などを参照。
3) 喜多村和之（2010）「国際化のなかの大学―歴史と比較の視点から」村澤昌崇編、リーディングス日本の高等教育⑥『大学と国家　制度と政策』玉川大学出版部、pp.313-341。
4) ブルデュー&パスロン著、宮島喬訳（1991）『再生産－教育・社会・文化』藤原書店。
5) 西山教行「複言語・複文化主義の形成と展開」、細川英雄・西山教行編（2010）『複言語・複文化主義とは何か　ヨーロッパの理念・状況から日本における受容・文脈化へ』くろしお出版、第2章、p.26。
6) 黒田一雄（2007）「「東アジア共同体」形成と国際教育交流」西川潤・平野謙一郎編『東アジア共同体の構築3　国際移動と社会変容』第8章、岩波書店、pp.227-247。
7) Hans De Wit（2010）"Recent Trends and Issues in International Student Mobility", International Higher Education, Issue 59, Spring 2010, pp.13-14.
8) 世界大学ランキングの代表的なものには、QS World University Ranking（http://www.topuniversities.com/）、Times Higher Education World University Rankings（http://www.timeshighereducation.co.uk/world-university-rankings/）などがある。
9) リーディング大学（Leading Universities）とは、ここでは教育の質・入学の難易度・卒業生・大学の規模などさまざまな観点から各国家において指導的な役割を果たしている、いわゆる国内有名・一流大学を指す。
10) 文部科学省「日本人の海外留学者数」および「外国人留学生在籍状況調査」並びに「外国人留学生の10月渡日状況」について（平成24年1月20日）
http://www.mext.go.jp/b_menu/houdou/24/01/1315686.htm
11) 文部科学省「留学生30万人計画」の骨子の策定について（2008年7月23日）
http://www.mext.go.jp/b_menu/houdou/20/07/08080109.htm　参照。
12) 国際化拠点整備事業（グローバル30）は文部科学省が実施する教育支援事業の一つで、2020年に日本への外国人留学生を30万人に増やすという「留学生30万人計画」の一環として導入され、日本の13大学（国立7校、私立6校）を対象に国際化拠点の形成に向けて支援

を行っている。

13) 立命館アジア太平洋大学では、英語と日本語による二言語教育システムを展開しており、日英両言語による専門科目の学習を通じて、国際ビジネスや学術の世界で通用する高度な言語運用能力と専門的知識の獲得を目指している。立命館アジア太平洋大学ウェブサイト http://www.apu.ac.jp/home/ 参照。
14) 国際教養大学ウェブサイト http://www.aiu.ac.jp/japanese/index.html 参照。
15) このような短期交換留学プログラムは、1995年の戦後50周年を機に策定された「平和友好交流計画」の一環として創設され、単位互換を前提とし、期間は1年未満で英語を共通言語とすることを基本に、国立大学を中心に導入されるようになった。文部科学省「短期留学推進制度」(平成14年12月)(http://www.mext.go.jp/b_menu/shingi/chukyo/chukyo4/007/gijiroku/030101/3-7.htm) 参照。
16) AIKOM (One year student exchange program, The University of Tokyo, Komaba) ウェブサイト http://park.itc.u-tokyo.ac.jp/aikom/eng/what.html 参照。
17) 本章執筆時のデータによる。大学院レベルでは73大学139研究科が英語のみで卒業・学位取得ができるようにプログラムされている。日本の大学における英語で学位を取得できるプログラムの詳細については、文部科学省高等教育局『大学の国際化と留学生政策』(2010)(http://www.jasso.go.jp/gakusei_plan/documents/shiryou01_22ryutan_kougi1.pdf)や、北村友人(研究代表者)「グローバル人材育成のための大学教育プログラムに関する実証的研究」(2009)などを参照。英語のみで学位取得の可能な学部プログラムは年々増えており、今後も増加していくことが予想される。
18) 創設時には国際経営学(ビジネススクール)と国際関係学の二専攻を提供していたが、2007年に国際経営学のプログラムは大学院商学研究科と統合し、アジア太平洋研究科では国際関係学の学部となっている。早稲田大学アジア太平洋研究科ウェブサイト http://www.waseda.jp/gsaps/ 参照。
19) 早稲田大学国際教養学部ウェブサイト http://www.waseda.jp/sils/jp/index.html 参照。
20) 上智大学国際教養学部は、1949年に国際部として発足し、2006年に現在の国際教養学部として再編された。http://www.fla.sophia.ac.jp/ 参照。
21) 一方で中国の大学への受け入れ留学生数は5万1,038人である。Global Education Digest 2010 p.177 参照 http://www.uis.unesco.org/library/pages/default.aspx?docID=210
22) 『欧米の学術機関と中国の学術機関の提携状況調査』、2010年1月、理化学研究所中国事務所準備室、pp.73-80参照。
23) 黄福涛(2005)「大学教育カリキュラムの国際化 —中国の事例研究—」、広島大学高等教育研究開発センター大学論集、第35集、2005年3月、pp.193-205。
24) 黒田千晴(2012)「中国の高等教育における英語を教授媒介言語としてた教育について—留学生を対象にした人文社会学系の修士学位プログラムを中心に—」日本比較教育学会第48回

大会発表資料。
25) 孔子学院に関しては、国家汉办／孔子学院总部ウェブサイト
http://www.hanban.edu.cn/ を参照。
26) 最新の孔子学院数については Hanban Confucius Institute/Classroom
http://english.hanban.org/node_10971.htm 参照。
27) Rui Yang (2010) "Soft Power and higher education: an examination of China's Confucius Institutes", Globalization, Societies and Education, Vol.8, No.2, pp.233-243.
28) 早期留学は、小さな頃からの英語の早期教育や韓国の公的教育への失望感などが背景となって 2000 年頃から急増しているが、家庭に多くの経済的負担を強いるだけでなく、父親が一人で韓国国内に残り、子どもと一緒に海外留学している母親に送金するという「ギロギアッパ（雁お父さん）」が生まれ、家庭崩壊や残された父親の自殺などが社会問題となった。2006 年度をピークに、早期留学者は減少傾向にあると言われている。日経ビジネスオンライン「親は多額の塾費用を負担、子は"超"長時間勉強で受験戦争へ"学歴インフレ社会"韓国の教育事情 (2)」(2011 年 3 月 7 日)
http://business.nikkeibp.co.jp/article/world/20110303/218703/ を参照。
29) 韓国で英語熱が高いことに関する説明として、就職の際に留学経験や TOEIC の点数が求められることなどが一般的に指摘されており、韓国人学生の英語力の高さについては近年日本でも多く報道されている（例えば、AERA English (2010 年 12 月号、朝日新聞出版）における「韓国人の英語力 韓国人はなぜこんなに英語ができるのか？」など）。この状況に対するより学術的な分析として、Joseph Sung-Yul Park (2009), *The Local Construction of a Global Language-Ideologies of English in South Korea*, Mouton de Gruyter Berlin New York などがある。
30) Global Education Digest 2010 によれば韓国の送り出し留学生数は約 11 万人だが、韓国政府が発表している学位取得を目的としない短期の語学留学などを含めた総送り出し韓国人留学生数は 2010 年で 25 万人となっており、特に語学研修を目的とした留学が盛んなことが推測できる。韓国教育科学技術部ウェブサイト 2010 年度国外韓国人留学生統計参照
http://www.mest.go.kr/web/1104/ko/board/view.do?bbsId=146&boardSeq=14618
31) ジョン・ウホン「外国人留学生誘致政策（Study Korea Project）」(2006.10.26) 韓国教育人的資源部（現教育科学技術部）参照。
32) Brain Korea (BK) 21 については「頭脳韓国 (BK) 21 を正しく知る―BK 21 説明資料」(2006.7 教育人的資源部・韓国学術振興財団)
http://www.jasso.go.jp/study_a/documents/koreaBK.pdf 参照。
33) 平成 19 年度文部科学省「先導的大学改革推進委託」『各大学や第三者機関による大学の国際化に関する評価に係る研究調査 報告書』東北大学、金美蘭「第 14 章 韓国における大学国際化の現況と評価」pp.273-298 参照。
http://ir.library.tohoku.ac.jp/re/bitstream/10097/40188/1/TM-10-09-0001.pdf

34) 高麗大学ウェブサイト　http://www.korea.edu/　参照。
35) 韓国の大学に併設されている語学堂の韓国語講座は、1級（初級）から6級（最上級）までのレベル別に分かれ、一つのレベルを毎日4時間、週5回の授業を2カ月半ほどで修了するというインテンシブなコースが多く、ほとんどの大規模な大学では同様のプログラムを用意しており、延世大学、高麗大学、ソウル国立大学、慶熙大学、梨花女子大学、成均館大学、建国大学などソウル市内の有名大学の語学堂が留学生に人気である。語学堂での卒業の後、4年生大学の学部に入学するケースも多い。
36) 英語圏の中でも特にアメリカは、アジア圏からの留学生受け入れ先として圧倒的なシェアを誇っているが、北東アジア諸国では、韓国・中国からの留学生が急増している一方で、日本からアメリカへの留学生数は微減している。Institute of International Education, *Open Doors Data*, International Students: All Places of Origin（http://www.iie.org/Research-and-Publications/Open-Doors/Data/International-Students/All-Places-of-Origin）
37) JICA研究所のポリシーブリーフによると、例えば1999年と比較したときの2007年の北東アジア内の学生交流数を見ると、中国から日本へは約2万人から約8.5万人、中国から韓国へは約900人から約2.3万人、日本から韓国へは約500人から約1,200人に増加するなど、地域内での水平な交流が活発化している（JICA研究所 Policy Brief「東アジア共同体」における高等教育国際交流・協力に向けて　2010年2月）。
38) 東京大学　東アジア・リベラルアーツ・イニシアティブ　東アジア4大学フォーラム/BESETOHAウェブサイト参照　http://www.ealai.c.u-tokyo.ac.jp/ja/projects/besetoha/
39) キャンパス・アジア構想（英語名：CAMPUS Asia: Collective Action for Mobility Program of University Students）の詳細は、文部科学省「第1回日中韓大学間交流・連携推進会議」により「CAMPUS Asia」スタート（概要）（平成22年4月16日）http://www.mext.go.jp/a_menu/koutou/shitu/1292771.htm を参照。
40) 参加大学の所在地（Beijing、Seoul、Tokyo、Hanoi）の頭文字を合わせた呼び方。
41) 東京大学　東アジア・リベラルアーツ・イニシアティブ　ウェブサイト EALAI とは http://www.ealai.c.u-tokyo.ac.jp/ja/about/about/（2011年9月22日閲覧）また国際シンポジウム「高等教育の地域協力と地域間協力」（東京大学、2011年2月17～18日）における発表、Hiroshi NISINAKAMURA "Regional Cooperation of Liberal Arts Education in East Asia" 発表資料を参照。
42) 東京大学ウェブサイト　東アジア4大学ファーラム（BESETOHA）・東京会議記者発表 http://www.u-tokyo.ac.jp/public/public01_191109_j.html　参照。
43) キャンパス・アジア構想で採択された各プログラムにおいて、どのような言語が使用されているかについては嶋内佐絵（2012）「東アジア共同体形成へ向けた高等教育の国際化・地域化と言語」『アジア太平洋研究科論集』23、pp.173-190 を参照。
44) ムン・ウシク、伊藤元重「キャンパス・アジア　日中韓の学生交流が新時代の人材を育てる（2011.2、No.60　NIRA総合研究開発機構　NIRA対談シリーズ）」より抜粋。

第 11 章　北東アジアにおける高等教育の国際化と英語プログラム　*217*

　　　http://www.nira.or.jp/president/interview/entry/n110217_516.html
45)　前掲東京大学ウェブサイト
46)　文部科学省「第一回日中韓大学間交流・連携推進会議」により「Campus Asia」スタート（概要）http://www.mext.go.jp/a_menu/koutou/shitu/1292771.htm　より抜粋。
47)　白石さや（2008）「どこから？どこへ？遍路札所を結ぶアジア・太平洋の高等教育ネットワーク構築」アジア研究、vol.54, No.4, October 2008、pp.44-55 参照。
48)　世界の英語たちに関しては、Braj Kachru,（1990）*The alchemy of English: the spread, functions, and models of non-native Englishes*, University of Illinois Press や英語で書かれたジャーナル World Englishes（2001-2011）などで多くの議論がなされている。
49)　例えば本名信行（1999）『アジアをつなぐ英語―英語の新しい国際的役割』（アルク新書）では、中国、韓国、日本で英語がどのように受容され、さらにローカライズされているかについての報告がある。
50)　佐藤巨巨呂「学びやすいアジアの言語―外国語研修レポートより」砂岡和子・池田雅之『アジア世界のことばと文化』成文堂、2006 年、pp.225-279 など参照。
51)　西川教行、前掲書 p.28。
52)　欧州評議会言語政策局による「ヨーロッパの複言語教育：半世紀に渡る国際協力」の部分訳（山本冴里「欧州評議会の言語政策」細川英雄・西山教行編（2010）『複言語・複文化主義とは何か　ヨーロッパの理念・状況から日本における受容・文脈化へ』くろしお出版、p4 より抜粋）。
53)　細川英雄「議論形成の場としての複言語・複文化主義―言語教育における海外理論の受容とその文脈化をめぐって」細川英雄・西山教行編（2010）『複言語・複文化主義とは何か　ヨーロッパの理念・状況から日本における受容・文脈化へ』くろしお出版、pp.150-151）より抜粋。

第12章

新渡戸稲造と「英語」
―「英学」との接触・「英文学」からの脱却―

はじめに

　英文学者の市河三喜が「日本の文化史上に名を残した程の人で、英文家といわれる人は、といえば先ず内村鑑三、新渡戸稲造、岡倉天心の三氏を推すに誰も異議はなかろう」［市河 1949: 69］と述べているように、英文著作『武士道』 *Bushido, the Soul of Japan*（1900）の著者として知られる新渡戸稲造（1862-1933）は、近代日本を代表する「英文家」として理解されている。本章では、明治時代における新渡戸が受けた英語教育の諸相や新渡戸の学問的関心の推移に注目することによって、たんなる「英文家」というカテゴリーを超越した段階へと到達していた新渡戸の実像を俯瞰し、日本人と「英語」をめぐる問題の再考に資するものとしたい。

1. 東京英語学校生としての新渡戸稲造
　　―「英学」の黎明とM・M・スコット―

　1862年に生まれた新渡戸は、幼少時代に過ごした盛岡で「英語」に接触したことを契機として上京を志し、築地英学校を経て、1873年、南部藩主が経営する共慣義塾に入学した［松隈 1969: 15］。文京区本郷の湯島天神下にあった共慣義塾は、南部利恭によって設立された英語学校であり［蝦名 1986: 20］、多くの南部藩の子弟が通っていた。同校は、私塾全盛時代の明治初期において、福澤諭吉の慶応義塾や中村正直の同人社とともに、「東京の三塾」として並び称されるほどであった［内川 2002: 123-124］。

共慣義塾での授業は、日本人教師による訳読とアメリカ人女性による発音とが並行して行われた。入学当初、下級クラスに加わった新渡戸は、クワッケンブス（George P. Quackenbos）の文法書に学んだが、ピーター・パーレー（Peter Parley）の『万国史』Universal History（1872）に学ぶクラスも併設されていた［WIN IV 1972: 531］。こうしたなかで、次第に頭角を現した新渡戸は、選抜クラスへと進級した。そこでは、ウェーランド（Francis Wayland）の『道徳科学』Elements of Moral Science（1835）の縮約版が使用された［WIN IV 1972: 533］。

1875年、東京外国語学校に入学した新渡戸は、M・M・スコット（Marion Merriman Scott）に師事した。スコットは、1843年8月21日、父ジョン・スコット（John Scott）と母マーガレット（Margarett Mccarrell Scott）との間に生まれ、ヴァージニア大学で教育を受けた人間である。1864年にカリフォルニアへと赴き、教員任用試験の適用を企画したスコットは、サンフランシスコのさるグラマー・スクールの校長に就任した。ところが、英語教師を物色していた少弁務使の森有礼に嘱目されたことにより、1871年にスコットは大学南校の英学教師として採用された。翌1872年、東京に設置された官立師範学校の教師に就任したスコットは、2年間の任期を経て、1875年3月、新渡戸が入学した東京英語学校の教諭となった［平田 1978: 1-11］。

スコットが最も得意とした指導分野は、「英作文」であった。「発信型の英語力」の養成においてすぐれた手腕を発揮したスコットの手法について、新渡戸は以下のように述べている。「英作文を教えるテクニックにかけて、スコットには驚嘆するほかなかった。我々の思想が具体化され、明確になったのは、文章を書くことによってである」［WIN IV 1972: 541］。以上の発言は、「英語教育」に対するスコットの基本方針を余すことなく伝えている。闇雲な「暗記」を排し、「文法事項」に拘泥することもないスコットの「英語教育」の主眼は、「多くの英文の作成」と「思想感情の発表」を意図した「作文尊重主義」にあったといえる。すなわち、スコットは、「英作文」の指導を通じて、新渡戸に対し、文化内容を媒介にした学習によって形式的能力を身に付けるということに重点をおくという意味での「形式陶冶」を行ったわけである［斎藤 1999: 39］。

スコットによる訓導を契機として、新渡戸は次第に「英文学」に関心をもつよ

うになった。スコットからシェイクスピア（William Shakespeare）、ベーコン（Francis Bacon）、ならびにゴールドスミス（Oliver Goldsmith）を学んだ新渡戸は、ミルトン（John Milton）の『失楽園』*Paradise Lost*（1667）を入手するに至った［*WIN IV* 1972: 541］。このように、「英文学のキャノン」から思想を吸収することに積極的な意義を見いだすようになった新渡戸は、「英文学」との接触について、次のように述べている。「英文学が如何に遠大な芸術的効果をもたらすかを思う。東洋人が読むと、美しいものというよりは、力あるものとして迫ってくる。言語表現の美に関する限り、中国古典が卓越した美で我々の心を打つが、英文学が伝える思想は、内容を装飾する華麗な文体と比較すると、遙かに重要なのである」［*WIN IV* 1972: 542］。要するに、文体や形式ではなく、「英文学」が内包する「力と思想」に積極的な意義を認めた新渡戸は、「英文学」の背後にある精神に接触し、これを吸収しようとしたのである。そうした意味で、スコットに学んだことにより、新渡戸の英語学習は、「文化内容それ自体の習得を重視」する「実質陶冶」の段階に到達していたといってよい［斎藤 1999: 39］。スコットは、新渡戸にとり、「英語教育」を媒介として「形式」と「実質」との両面で精神を「陶冶」したという点で、優れた資質を有する教師であったといえそうであるが、新渡戸は次のように述べている。「スコット師による熟練した手ほどきのおかげで、私は自分の勉強に興味を抱きはじめた。先生のように私の向学心を奮い立たせる教師に師事したことは、後にも先にもない。おそらく、私と同様、数多くの同窓生が、このケンタッキー出身の老錬なる教育者に対して同じ感慨を抱いていたであろう。この男は、教育者として最高であった。すなわち、生徒各自の若き魂に内在することを抽き出すのである。彼には計算が正確でないとか、代数の公式を正確に把握していなかったということがよくあった。けれども、間違えようとも、また、たとえ解らぬことがあろうとも、決して恥じているようにはみえなかった。彼は一瞬とて学識のある素振りをしたことがない。学識よりも偉大なる何かがあったのだ。すなわち、叡知である」［*WIN IV* 1972: 540-541］。新渡戸はこのように述べ、学生の内発性を巧みに誘導するスコットの英語教育者としての手腕や教師としての資質能力を極めて高く評価したのである。

2. 札幌農学校生としての新渡戸稲造―「英文学」とJ・C・カッター―

　新渡戸が入学した1877年、札幌農学校においては、「英語」6時間、「英作文」1時間、「演説」1時間、「演説草稿作成」0.5時間、「弁論」1時間、そして「英文学」6時間というように、英語・英文学関係の科目の配当比率は、全体の15％前後に達していた［佐伯 1982: 507-508］。ここで新渡戸はカッター（John Clarence Cutter）という人物に多大な感化を受けることになる。

　本来、生理学者であったにもかかわらず、カッターは新渡戸に「英文学」を薫陶した［佐伯 1982: 511］。カッターが担当した「英文学」の講座においては、大英帝国や近隣諸国の地理的特質を理解させることが重視され、イギリス史をはじめとして、イギリスやスコットランドの政治的、社会的地勢に対する包括的なアプローチが試みられた。文学作品の観賞ではなく、英国史と英文学とを貫く持続的な風俗習慣や歴史的事実の重視を主眼としたカッターの手法は、いわゆる「地域研究」のアプローチに接近したものであった［佐伯 1982: 513］。「英文学」について、カッターは以下のように述べている。「国家、民族、そして時代が文学作品に与えた影響、および、作家が同時代や後代に与えた影響について考察する」［佐伯 1982: 514］。この発言を裏書きするように、「文学作品」と時代や環境といった「条件」との関連性を重視するカッターの英文学に対する根本的認識は、教科書の選択にも反映されている。

　カッターが使用した教科書は、フランシス・H・アンダーウッド（Francis Henry Underwood）が編集した『英文学文集』 *A Hand-Book of English Literature*（1874）であった［佐伯 1982: 514］。600頁強の分量を誇るこの大部の書物は、年代順に作家の全生涯の概要、および、アンダーウッドが当該作家の代表作とみなした作品の抜粋によって構成された詞華集（アンソロジー）である。収録された作家は、チョーサー（Geoffrey Chaucer）、ベーコン（Francis Bacon）、シェイクスピア（William Shakespeare）、ベン・ジョンソン（Ben Jonson）、ヘリック（Robert Herrick）、ミルトン（John Milton）、ドライデン（John Dryden）、デフォー（Daniel Defoe）、スウィフト（Jonathan Swift）、ポープ（Alexander Pope）、フィールディング（Henry Fielding）、ジョン

ソン（Samuel Johnson）、ヒューム（David Hume）、スターン（Laurence Sterne）、グレイ（Thomas Gray）、ゴールドスミス（Oliver Goldsmith）、バーク（Edmund Burke）、ギボン（Edward Gibbon）、バーンズ（Robert Burns）、ワーズワース（William Wordsworth）、スコット（Sir Walter Scott）、シドニー・スミス（Sydney Smith）、コールリッジ（Samuel Taylor Coleridge）、ラム（Charles Lamb）、バイロン（Lord Byron）、キーツ（John Keats）、カーライル（Thomas Carlyle）、マコーレー（Lord Macaulay）、ディズレリー（Benjamin Disraeli）、テニソン（Alfred Tennyson）、サッカレイ（William Makepeace Thackeray）、ディケンズ（Charles Dickens）、フルード（James Anthony Froude）、ラスキン（John Ruskin）、ティンダル（John Tyndall）、トマス・ヒューズ（Thomas Hughes）、および、モリス（William Morris）である。

　以上のように、一見すると総花的ではあるが、内容を検討すると、シェイクスピアへの過度な傾斜がみられないなど、このアンソロジーの編集方針には注目すべき特質を指摘することも可能であろう。例えば、ベーコンには14頁、ヒュームには6頁、そして、バークには22頁もの紙幅が費やされているのに対して、シェイクスピアについては、ヒュームと同様、僅か6頁にとどまっている。肯定的な見方をすれば、19世紀後半においては、戯曲や小説の誇大視が回避されているという点において、健全なバランスが確保された情報伝達がなされていたことの反映であるとも解釈されよう。すなわち、新渡戸が学んだ「英文学」とは、戯曲や小説に限定されたものではなく、歴史、政治、社会の動向が視野に入っていたという意味で、総合的な「地域研究」であったといってよい。

　アンダーウッドのアンソロジーに収録された人物のなかで、新渡戸の人格形成に影響を与えたという点では、カーライルに関する記述にも注目しておかなければならない。カーライルの紹介には、シェイクスピアの2倍を超える紙幅が費やされていることから考えて、アンダーウッドがカーライルの存在を重視していたことがわかる。アンダーウッドはカーライルを以下のように紹介している。

　　「トマス・カーライルは、1795年に生まれ、エジンバラで教育を受けた。彼の本来の目的は宣教であったが、ただちに自己の天命が物書きであると確信した。彼は最も勤勉なる作家であり、あらゆる分野にわたるテーマを扱い、広範な読書によって蓄積

された独自の精神という力を披歴した。この男こそ、ドイツ文学という至宝に知識人の関心を向けさせた嚆矢であり、ゲーテの作品同様、この男の翻訳には、強靭と正確と優雅とが渾然として一体をなしている様子がみられる。カーライルは、前項で言及したキャンベル、フッド、あるいはラムと同様『ロンドン・マガジン』の寄稿者であり、『エジンバラ評論』、『フォーリン・クォータリー』、『フレーザーズ・マガジン』、その他諸々の定期刊行物の寄稿者でもある。批評精神において、カーライルは自立している。たしかにマコーレーは博学で明朗である。たしかにシドニー・スミスは活発で機知に富む。たしかにジェフリーは細心にして周到で、おまけに、多少は退屈なところがある。ところが、カーライルときたら、正確、強靭、想像力、はては、筆力の融合を読者に痛感させる。この点において、この男に比肩する者は絶無である。バーンズ、ボルテール、および、ジーン・ポールに関する批評を以下に紹介しておく。無論、独特で、しかも生彩に富み、それでいて深遠なカーライルの最良の精神に知悉するためである。この男のフランス革命史は尋常ならぬ作品である。歴史というよりは、壮大なる歴史画を所蔵するに等しい。それは、炎と暗黒で描かれたものである。衣服の哲学は、最も独特な書物が有する奇妙な題目である。衣服に関する議論というみせかけであるが、最も深遠な問題に対峙している。文体は、無骨、不明瞭、非英語的にして、しかも、恣意的に野暮なところがある」[Underwood 1874: 415]。

　以上のように、アンダーウッドは手放しでカーライルを礼賛しているわけではないが、多少の皮肉や諧謔を交えることで、かえってカーライルの特異性や秀逸を際立たせ、その見解に説得力が付与されている。

　新渡戸がカッターに「英文学」を学んだのは1880年頃のことであるが、新渡戸とともにカッターの薫陶を受けたさる学生は、65頁にわたるカッターの講義録を残している。そこには、英文学の初期の歴史においては国民文学の発達と宗教史とが不可分であること、596年から1066年までのアングロサクソン時代においては、自然が崇拝の対象とされたこと、さらに、ウィクリフ、チョーサー、シェイクスピア、スペンサー、ベン・ジョンソンといった名称がみられる。しかも、直接的な確信や行動を促進する役割をもつ媒体として、ジャーナリズムとパンフレットという項目が設けられていたこと、さらに、歴史が一般的な人間生活や特定国家における進化の表象であると定義されていたことが記録されている[佐伯 1982: 512-513]。新渡戸はカッターについて以下のように述べている。

　「氏の学問は他の諸先生に比して遙かに右に出でたりき。先生の頭は長く、額広くして高く、円形を為し、一目してその記憶力に富めるを現わしたる程にて、一読せし事は忘れじと、故に如何ばかりこの人の学問は深かりしかは知らねど、教場或は校外に

て談話すれば、政治、文学、農業、歴史等に至るまで何一つ直答せぬ事としてはなく、受持ちの学科は生理学のみなりしが、教師の不足になりし頃は、歴史、心理、英文学等、種々雑多のものを教えられしが、あながち是とて非常なる醜態を露わせしことなく、中にも英文学の講義を聴きし時も余り滔々と弁ずる故、帰舎して検せしこともありしに、別に先生の失敗を発見すること能わざりき。先生頗る才物にして、校外にて人々に交るにも、分に従い各々それ相応に処し、給仕女の使い方より、病院にて（一時病院長を兼ぬ）老婆、小供の患者の取扱に至るまで、何一つ遺憾とする所なく、本庁へ出頭して官吏に応対するも、当地へ来たりし外人中世才の点に至ても、先生に勝るものあらざりけらし」［松隈 1969: 79］。

以上の発言を踏まえると、東京英語学校のスコット同様、カッターも新渡戸の英語力や人格の形成に寄与した人間であったといわざるを得ない。

3. コックスへの反発とアメリカ留学

　以上みたように、東京英語学校と札幌農学校で、優れた教師による高度な英語教育を受けた新渡戸は、専門家としての立場を確立すべく、北海道庁官吏としての職を放擲し、専科生として東京大学に入学した。ところが、新渡戸は「英語」の担当教師であるコックス（William Douglas Cox）に対し、強く反発した。新渡戸の反発は、新渡戸が東京大学に失望してアメリカ留学を決意する一因となったと考えられるが、新渡戸が反発した原因と推定されるコックスの発言が残されている。1879 年、さる会合でなされた演説のなかで、コックスは次のように述べている。「家を建てる時に意を用いるところのものは土台である。それと同じ事が英語の教授にも云えるのである。私が恐れなく断言できる事は確かな文法知識にあると云うことである」［昭和女子大学 1958: 178-202］。すでにみたように、東京英語学校時代に新渡戸が師事したスコットが決して文法的規則には拘泥しなかったことが想起されるのであれば、両者の指導方針が極めて対照的であったということになる。こうした事実関係を踏まえると、スコットの指導方針の対蹠に位置し、新渡戸の文体に低い評価を与えたコックスに対し、新渡戸が反発するに至るのも、驚くにあたらない。

　結局、東京大学に失望した新渡戸は、研究テーマが白紙の状態で、アメリカ留学を決断した。紆余曲折の末に入学したジョンズ・ホプキンス大学において、

第12章　新渡戸稲造と「英語」―「英学」との接触・「英文学」からの脱却―　*225*

ハーバート・バクスター・アダムズ（Herbert Baxter Adams）の指導の下、「日米関係」という研究テーマを与えられた新渡戸は、日本人の手になる最初のアカデミックな日米関係史研究である『日米関係史』*The Intercourse between U. S. and Japan: An Historical Sketch*（1891）を出版した。「新渡戸と英語」という視点に限ってみても、新渡戸の手になる英文での学術論文には、興味深い記述がみられる。

　例えば、第4章「日本におけるアメリカ人とアメリカの影響」において、新渡戸は明治初期の日本における英語教育に言及する。慶応義塾について「ささやかに設立された福沢氏の学校は、西洋文明が導入されるにつれて発展し、多くの聡明な知識人の揺籃の地であり、いまだに日本の矜持の対象となっている」[*WIN II* 1972: 452]としながらも、外国人教師の需要が高かったという背景もあり、教育者としての資質が不十分な人間が教壇に立っていたとさえ指摘する[*WIN II* 1972: *Ibid.*]。この指摘は、築地英学校に学んだ自己の経験を踏まえたものであると考えられるが、宣教師の来日によって、一定の教育水準が保たれたという側面も強調されている[*WIN II* 1972: *Ibid.*]。いずれにせよ、こうした発言自体に「文明開化の体現者」ともいうべき新渡戸の面目躍如たるものがある。続いて、マレー（David Murray）、メイソン（Luther W. Mason）、ジェーンズ（Captain L. L. Janes）など、著名な御雇外国人教師が簡潔な略歴とともに紹介されている。特に、東京英語学校時代の新渡戸に英語を教授したスコットについて、新渡戸は次のように述べている。「1872年に男子校が、続いてその2年後に女子校が開設された師範学校は、ひとえにケンタッキー出身の紳士であるM・M・スコット修士の尽力に負っている。氏は、現在ホノルル最大の学校長に就任している。自身優れた教師であり、師範学校を日本に導入したが、そのことによって、氏の母国のみならず、立案者である氏も同時に栄誉とされるであろう」[*WIN II* 1972: 455]。新渡戸がこのように記述したことを契機として、少なくとも、アダムズをはじめとして、先駆的な社会科学の総合学術機関としての評価が定着しつつあったジョンズ・ホプキンス大学の歴史・政治学ゼミのスタッフは、日本におけるスコットの功績を知ることになったわけである。

　さらに、自らの英語教師に対する新渡戸の敬慕と感謝の念は、教育学上の著作を列挙している箇所にも反映されている。新渡戸はヘボン（James Curtis

Hepbern) の『和英語林集成』*Japanese-English and English-Japanese Dictionary* (1886)、ブラウン (Samuel Robbins Brown) の『プレンダーガスト英会話』*Prendergast's Mastery System* (1875) に加えて、札幌農学校で「英文学」を学んだカッター (John Clarence Cutter) の『解剖学、生理学、および遺伝学汎論』*Comprehensive anatomy, physiology, and hygiene* (1884) を紹介している。新渡戸は東京英語学校と札幌農学校とで鍛え上げた英語力を武器にして、『日米関係史』という先駆的な学問領域横断的な研究成果のなかで言及することによってスコットとカッターの学恩に報いたのである。以後、新渡戸は教員へと立場を変え、近代日本における「英語」の普及に尽力することになる。

おわりに―「文学」から「文化」へ―

留学を終えた新渡戸は、専任教授として札幌農学校に着任し、規定量の上限に達する授業を担当した［オーシロ 1992: 67-68］。教師となった新渡戸は、自己の学生時代の経験を踏まえつつ、学生が倫理観に接触するための手段として「英文学のキャノン」を活用し、「英学協会」と称する英語倶楽部の創設にも関与した。この組織は札幌農学校の予科の学生を中心に構成された団体であり、学生の能力や関心に合わせた 12 のクラスで運営された。新渡戸は文学作品を読む「ロングフェロー・グループ」と英会話を中心に扱う「マスタリー・グループ」を担当していたが、次学期にはトマス・カーライル (Thomas Carlyle) やチャールズ・ラム (Charles Lamb) といった英国の作家の随筆を読むクラス、ならびに、ミルトン (John Milton) の『失楽園』*Paradise Lost* (1667) を対象とするクラスを運営し、新渡戸はこれを道徳や宗教的真理を伝える機会として活用した［オーシロ 1992: 60］。いずれにおいても、英文学が内包する信仰、希望、愛、家庭、永遠、贖罪といった問題について考える機会を提供することが主眼とされていた［小泉 1969: 53］。しかも、新渡戸は授業時間にチャールズ・ディケンズ (Charles Dickens) の『ピックウィック・ペーパーズ』*The Pickwick Papers* (1836) を講じ、スケートに興じる男女の有様を語ることによって、スケートを積極的に奨励したという。やがて、中島公園や北海道庁の池ではスケートを楽しむ学生の姿がみられるようになり、1894 年にはスケーティング・クラブが組織

されるに至った［高倉 1985: 87］。このように、新渡戸が提唱した「英文学」は、カーライルへの親炙にみられた倫理的な側面に偏ったものではなく、日常生活、とりわけ身体の強壮が念頭に置かれたものであった。新渡戸が教育者として健全なる平衡感覚を確保し、「文学」の指導においても、退廃に直結する審美的感受性への埋没を唾棄した人間であったことが推察される。

　20世紀に入り、台湾総督府に迎えられた新渡戸は、札幌農学校教授時代と同様、英語教育に対して並々ならぬ関心を持続させていた。渡台する直前、新渡戸は女子英学塾の設立に奔走する津田梅子や桜井鴎村とともに、英文雑誌の発行に関与した。1901年には新渡戸を編集顧問として『英学新報』The English Student が創刊され、その第1号が同年11月15日に発行された［オーシロ 1992: 89］。英学新報社は、日本における「英学」の興隆の拠点であったといえるであろう。

　『英学新報』は、中等学校、ならびに、高等学校で英語を学ぶ学生を読者対象とする雑誌であり、英文記事には日本語の詳細な脚注が施されるなど、初学者に配慮された編集方針が貫かれていた。紙面は、評論、小説、独習用の練習問題、試験問題、名士の書簡、時事評論などによって構成され、創刊から3年足らずの1903年6月には、新渡戸が顧問と編集を兼ね『英文新誌』The Student へと改称された。新渡戸は、宗教、道徳、修養などの意義を英文で説きつづけ［オーシロ 1992: 89-90］、1907年には『英文新誌』に掲載された新渡戸の文章が纏められ、桜井鴎村による翻訳で『随想録』(1907)、さらに、その2年後には原文を収録した Thought and Essays (1909) が刊行された。多岐にわたる文章を執筆した新渡戸であるが、1905年6月、「戦後の事業」という文章において、新渡戸は読者に対して以下のように要求した。

　　「泰西との交通の進歩するに連れて、思想の交換も亦た自由なるを加へざるべからず。吾人は能く泰西を知り、また更に能く知られざるべからず。東西の間、今なほ悲しむべき誤解は存す。両者の間には篤き障壁の之れを遮ぎるあり。たゞ互に偏見を去りて他を研究することによりてのみ、此の障壁を打破するを得ん。吾人の英語を知ることは、店頭に商務を弁ずるに可なるのみなるを以て足れりとはせず。吾人は沙翁、ミルトン、スコット、ディッケンズ、ダーウィンおよびカーライルを読んで、之を味ひ楽むことを得ざるべからず。而して又た読書力あるのみを以て足れりとせず。泰西人をして、吾人の思想を明解せしめんが為に、能く英文を草することを学ばざるべか

らず。吾人は自国の説明者たらざるべからず。吾人の感情を伝へんが為には、到処として小泉八雲あるを期すべからず。一人の岡倉氏悉く我を他に顕示するの労に任ずる能はず」［新渡戸 1970: 68-69］。

新渡戸はこのように述べ、偏見を脱した公平な視点を確保することの必要性を主張するとともに、英語学習の目的と到達点を明確に示したのである。

けれども、新渡戸の学問的関心は、さらに広範なものであった。新渡戸は大隈重信の要請に応えて「泰西思想の影響」と題する論考を寄稿した。大隈は新渡戸に対し、『武士道』とは逆の側面、つまり、西洋が近代日本に与えた影響に関する考察を期待したのであろう。ここで新渡戸は、「英語」について、自己の体験を踏まえつつ、以下のように述べている。「吾々の思想力におよぼした英語の力は実に測るべからざるものである。其力の如何なる深さにまでおよぼしたかは、個人に依つて異なる事であるが、其広くおよんだ事は、実に無限である。中学以上の教科書に英語を用ひ、其道徳的影響は測るべからざるものである。其外英語を理解すると云ふのは、既に彼我互いに相感応する所ある証拠である」［新渡戸 1986: 433］。このように、新渡戸は「英語」を媒介として、日本人が外来思想を同化することに対して積極的に肯定し、西洋人に連なる特質を有する日本人であれば西洋文化の根幹をなす「道徳的感化力」を吸収することが可能であると主張した。要するに、文化の基層においては、西洋と東洋の区分は解消されると、そう新渡戸は考えたわけである。西洋との接触により、折衷主義的な認識の枠組みを獲得した新渡戸は、この論考を以下のように締め括る。

> 「吾人は日本の欧化を嘉し、之を国是として今後も進まなければならぬと信ずると同時に、又日本の欧化は表面的の現象にあらずして、我が思想の発展たることを信ずる。エマソン曽て唯発明者のみ能く他より物を借ることを知ると言うて居るが、日本の欧化も或は真似と言ひ、或は借ると言ふが、少しく語弊はあるにしても、此借ると云う言葉はエマソンの用ひたるものであつて、新に発明するだけの能力あるものにして、始めて借り得るのである」［新渡戸 1986: 434-435］。

ここに、内発性— Spontaneity —を重視したエマソンの影響が顕著にみられる。エマソンの感化は、『開国五十年史』で「自己」を披歴した新渡戸の主張に「独自性」を与えた要因であったと考えられる。

以上みたように、「英学」との接触を契機として「英文学」に学んだ新渡戸であるが、この「近代日本人」は、決して狭義の文学研究に埋没することなく、

「社会科学」へと関心の領域を拡大させた。それどころか、この「近代日本人」は、「社会科学」にさえも安住することなく、「英語」との接触を契機として涵養した自己の問題意識を「日本における近代化の問題」―比較文化論―へと収斂してみせた。学問の専門化を蔑視し、学者の矮小化を峻拒した新渡戸の面目躍如たるものがある。

参考文献

市河三喜「鑑三、稲造、天心の英文」『小山林堂随筆』研究社、1949年
内川永一朗『新渡戸稲造―永遠の青年』新渡戸基金、2002年
蛯名賢造『新渡戸稲造―日本の近代化と太平洋問題』新評論、1986年
ジョージ・オーシロ『新渡戸稲造―国際主義の開拓者―』中央大学出版会、1992年
小泉一郎「新渡戸博士とクェーカー主義」『東京女子大学新渡戸稲造研究会編』春秋社、1969年
佐伯有清「札幌農学校と英学」『北大百年史　通説』北海道大学、1982年
斎藤里美「学習指導」吉田辰雄・大森正編著『教職入門―教師への道』図書文化、1999年
昭和女子大学近代文学研究室『近代文学研究叢書　第8巻』昭和女子大学、1958年
高倉新一郎「札幌農学校教授」『さっぽろ文庫　34　新渡戸稲造』北海道新聞社、1985年
新渡戸稲造『新渡戸稲造全集　第五巻』教文館、1970年
――『新渡戸稲造全集　第二十一巻』教文館、1986年
平田宗史「M・M・スコットの活動と業績」『教育学研究　第45号　第1号』福岡教育大学、1978年
松隈俊子『新渡戸稲造』みすず書房、1969年
The Works of Inazo Nitobe (Tokyo: University of Tokyo Press 1972) cited as *WIN* with volume and page numbers
Underwood, Francis Henry, *A Hand-Book of English Literature* (New York NY: Lee, Shepard & Dillingham 1875)

■執筆者・翻訳者紹介

 樋口謙一郎　（ひぐち　けんいちろう）
  椙山女学園大学文化情報学部准教授

 斉藤　竜成　（さいとう　たつなり）
  一般財団法人ラヂオプレス編集部次長待遇

 田　　　雁　（ティエン　イェン）
  南京大学中日文化研究中心研究員

 三嶋　信行　（みしま　のぶゆき）
  中国語翻訳者（第3章翻訳担当）

 江　　仁傑　（クォン　ヤンキッ）
  香港城市大学シニアリサーチアソシエート

 桜井　厚二　（さくらい　こうじ）
  専修大学非常勤講師

 仲　　　潔　（なか　きよし）
  岐阜大学教育学部准教授

 柴田亜矢子　（しばた　あやこ）
  椙山女学園大学国際コミュニケーション学部准教授

 加藤三保子　（かとう　みほこ）
  豊橋技術科学大学総合教育院教授

 小林　昌之　（こばやし　まさゆき）
  日本貿易振興機構アジア経済研究所主任調査研究員

 嶋内　佐絵　（しまうち　さえ）
  日本学術振興会特別研究員

 小林　竜一　（こばやし　りゅういち）
  中央学院大学商学部非常勤講師

シリーズ監修者

杉田 米行(すぎた よねゆき)　大阪大学言語文化研究科准教授

編著者紹介

樋口謙一郎　(ひぐち　けんいちろう)

椙山女学園大学文化情報学部准教授。
東アジア政治・言語政策専攻。英語・韓国語・中国語の翻訳も手がける。

主な著書

『米軍政期南朝鮮における言語・文字改革』(金壽堂出版)
『「グローバルチャイナ」の現在』(田雁との共編著、大学教育出版)
Multilingual Hong Kong（Joint work with Kwong Yan Kit, V2 Solution）など

ASシリーズ 第9巻

北東アジアのことばと人々

2013年10月20日　初版第1刷発行

■編 著 者────樋口謙一郎
■発 行 者────佐藤 守
■発 行 所────株式会社 **大学教育出版**
　　　　　　　　〒700-0953　岡山市南区西市 855-4
　　　　　　　　電話（086）244-1268　FAX（086）246-0294
■印刷製本────サンコー印刷㈱

© Kenichiro Higuchi 2013, Printed in Japan
検印省略　　落丁・乱丁本はお取り替えいたします。
本書のコピー・スキャン・デジタル化等の無断複製は著作権法上での例外を除き禁じられています。本書を代行業者等の第三者に依頼してスキャンやデジタル化することは、たとえ個人や家庭内での利用でも著作権法違反です。
ISBN978-4-86429-214-6